In unseren Veröffentlichungen bemühen wir uns, die Inhalte so zu formulieren, dass sie allen Menschen gerecht werden, dass sich alle Geschlechter angesprochen fühlen, wo alle gemeint sind, oder dass ein Geschlecht spezifisch genannt wird. Nicht immer gelingt dies auf eine Weise, dass der Text gut lesbar und leicht verständlich bleibt. In diesen Fällen geben wir der Lesbarkeit und Verständlichkeit des Textes den Vorrang. Dies ist ausdrücklich keine Benachteiligung einzelner Geschlechter.

Für in diesem Titel enthaltene Links auf Websites/Webangebote Dritter übernehmen wir keine Haftung, da wir uns deren Inhalt nicht zu eigen machen, sondern sie lediglich Verweise auf den Inhalt darstellen. Die Verweise beziehen sich auf den Inhalt zum Zeitpunkt des letzten Zugriffs: 15.07.2024.

Impressum

ejw Evangelisches Jugendwerk in Württemberg

Praxisverlag buch+musik bm gGmbH, Stuttgart
Erstauflage 2020 bei buch+musik ejw-service gmbh, Stuttgart

ISBN Buch 978-3-86687-274-5
ISBN E-Book 978-3-86687-275-2

Lektorat: buch+musik – Tamara Röse, Stuttgart
Umschlaggestaltung: buch+musik – Daniela Buess, Stuttgart
Gestaltung und Satz: buch+musik – Fred Peper, Stuttgart
Satz Downloads: Heike Volz, Böblingen
Bildrechte Umschlag, Inhalt: istock: artisteer, belterz, lamnee, Paperkites, valigursky
Bildrechte Autorenfotos: bei den Autoren

Druck und Gesamtherstellung: Gutenberg Beuys Feindruckerei GmbH, Langenhagen

www.praxisverlag-bm.de

Ingo Müller | Timo Nöh (Hg.)

DER GEHEIMNISVOLLE RAUM 2

u. a. mit Games für Kids

13 Live Escape Games zur Bibel
in 8 Spielformaten

buch+musik

MEHR ALS EIN LIVE ESCAPE GAME

Schön, dass du unser Buch aufgeklappt hast! Herzlich willkommen in einer Welt, die man überhaupt nicht auf ein Buch begrenzen kann!

Um den Sinn und Zweck dieses Buches zu erfüllen, bedarf es nicht nur des Werkes selbst, sondern auch Material, Zeit und mindestens einer motivierten Leserin / eines motivierten Lesers, die/der Spaß an Live Escape Games hat und inhaltlich etwas weitergeben möchte. Wenn das auf dich zutrifft, dann ist das doch ideal – lies gern weiter!

Im Frühjahr 2015 haben meine Kollegen und ich in Freudenberg im Siegerland den MysteRiOOM, unsere eigene Location mit Live Escape Games, eröffnet und zählten damit zu den ersten 50 Betreibern in Deutschland. Inzwischen sind Live Escape Games bekannt und man muss nicht mehr ganz so häufig erklären, was man denn da eigentlich tut. Mit aktuell über 370 Anbietern und fast 1.000 Escape Rooms in Deutschland steht die Branche natürlich nicht still. Nachdem viele am Anfang auf einfache Rätsel und lockeres Kombinieren gesetzt haben, gehören inzwischen mehr als ein roter Faden und eine gute Ausstattung zum Anspruch der Besucherinnen und Besucher: „Immersion" beschreibt das Gefühl, Teil der Geschichte zu sein und nicht nur partiell in eine andere Zeit geworfen zu werden. Aus vielen Escape Games werden Adventure Games, bei denen es nicht um Befreiung als letztes Rätsel, sondern vielmehr um das gemeinsame Erlebnis und die Mission geht. Die Branche entwickelt und professionalisiert sich.

Relativ schnell zu Beginn des Hypes in Deutschland brachte Ingo die Idee der biblischen Live Escape Games mit und wir waren direkt überzeugt. Das wollten wir machen! Was für eine tolle Möglichkeit, von unserem Schöpfer weiterzusagen! Und wie immer galt auch hier: Wenn wir es nicht machen, dann macht es jemand anderes. Dass das Buch „Der geheimnisvolle Raum" inzwischen in der 9. Auflage erschienen ist, hätten wir jedoch nicht erwartet. Scheinbar haben wir einen Nerv getroffen und freuen uns, dass du nun auch dieses Werk in den Händen hältst.

Wir haben lange überlegt, ob und mit welchen Inhalten wir ein weiteres Buch zum gleichen Thema veröffentlichen sollen, denn klar war schon vorher, dass wir nicht einfach eine Handvoll weiterer Spiele und Anleitungen drucken wollen. Auch wir wollen mit der Entwicklung der Live Ecape Games mitgehen, auf andere Ideen und Möglichkeiten eingehen, die sich ausgehend von Live Escape Games ergeben. Während der erste Band insbesondere Jugendgruppen in einer Größenordnung von drei bis acht Personen im Blick hatte, wollen wir nun Formate anbieten, die diese um andere Zielgruppen, Gruppengrößen und Orte ergänzen. Bei Weitem sind wir mit den biblischen Live Escape Games nicht die einzigen, die auf diesem Gebiet Spiele entwickeln, und aus diesem deutschlandweiten Potenzial wollen wir schöpfen. Daher freuen wir uns über alle Autorinnen/ Autoren und Spieleentwicklerinnen/Spieleentwickler, die diesen zweiten Band mit ihren Ideen und Konzepten bereichern.

Entstanden ist ein bunter Mix an Live Escape Games für Kinder, Jugendliche und Erwachsene, für Outdoor-Fans und Hightech-Freaks, für große Gruppen und mit geringem Vorbereitungsaufwand. Immersion ist natürlich auch hier ein wichtiges Stichwort. Ein immersives Erlebnis zu schaffen liegt aber nicht nur an uns, sondern vor allem an dir und deinem Team. Live Escape Games, die nicht an einem festen Standort oder einer immer gleichen Location stattfinden, sind immer ein Kompromiss, weil sie nicht so viel Erlebnis erzeugen können wie ein fester Raum, und daher solltest du dazu beitragen, dass die Spielerinnen und Spieler sich mitten in der Story wiederfinden. Das ist nicht allein eine Frage der Raumdekoration, auch die Art der Spielleitung, die Wortwahl der Ankündigung des Programmpunktes und die Wahl der zugehörigen Gegenstände spielen eine wichtige Rolle. Für die Spielerinnen und Spieler ist es spannend, sich zu fragen, was eine mit Jeans und Baseball-Cap gekleidete Spielleitung auf einem Schiff am See Genezareth zu suchen hat. Wenn du die Spielerinnen und Spieler mit einem Paar Ledersandalen und einem beigen Umhang als einer der Jünger begrüßt, die mit Jesus unterwegs waren, ist das wahrscheinlich ein völlig neues Erlebnis für sie. Die Spielerinnen und Spieler wollen nicht nur ein Rätsel lösen, sondern ein Erlebnis in Erinnerung behalten – das macht die Sache einzigartig und unterstützt idealerweise die Aussage des Spiels bzw. biblischen Textes.

Dabei erheben wir nicht den Anspruch einer 1:1-Umsetzung unserer Spielkonzepte. Tausche gern Rätsel aus und ändere damit den Schwierigkeitsgrad oder beeinflusse die Wahl der Zielgruppe. Du kannst Rätsel personalisieren oder verfremden. Lass dich von einzelnen Elementen inspirieren und erstelle dein ganz eigenes Game. Es gibt unzählige Möglichkeiten, Live Escape Games zu einem tollen Erlebnis für die und mit den Spielerinnen und Spielern werden zu lassen!

Wir haben einiges zusammengestellt, um dich gut vorzubereiten – jetzt liegt es an dir: Stelle dein Vorbereitungsteam zusammen, begeistere die Spielerinnen und Spieler und schaffe eine ganz neue Art der Begegnung mit biblischen Inhalten!

Ich wünsche dir Gottes reichen Segen für deinen geheimnisvollen Raum!

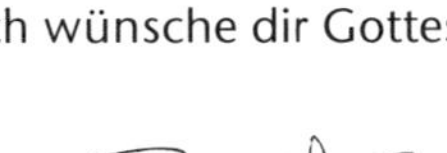

Dein Timo

PS: Als Grundlage für dein Live Escape Game empfiehlt es sich, „Teil 1: Allgemeine Grundlagen“ und „Teil 2: Anforderungen und Anleitung“ aus unserem ersten Buch zu lesen: Müller, Ingo / Nöh, Timo / Sander, Simon / Stöhr, Michael: Der geheimnisvolle Raum. 7 Live Escape Games zur Bibel, buch+musik, Stuttgart ^{9}2023.

INHALTSVERZEICHNIS

Teil 2: Verkündigung und Reflexion

Anhang

INFOS ZUM BUCH

„Der geheimnisvolle Raum 2“ ist der Titel und doch beschränken sich dieses Buch und die Spiele keineswegs auf einen Raum. Vielmehr sind es sehr unterschiedliche Räume, Landschaften, Städte und Kombinationen daraus, mit denen jedes Vorbereitungsteam ganz individuell umgehen darf und muss. Die Herausforderungen sind ganz unterschiedliche und um diese bestmöglich zu meistern, findest du hier ein paar Hilfestellungen.

Im ersten Band gehen wir sehr ausführlich auf grundlegende Bestandteile und Merkmale eines Live Escape Games ein: In „Teil 1: Allgemeine Grundlagen“ und „Teil 2: Anforderungen und Anleitungen“ in „Der geheimnisvolle Raum“ findest du viele Details rund um Rätselmöglichkeiten und die Gestaltung, aber auch Infos zu Raumanforderungen und Hinweise zum Transport geistlicher Inhalte sowie zur Rolle der Mitarbeiterinnen und Mitarbeiter im Spiel. Bewusst haben wir in diesem zweiten Band auf solche grundsätzlichen und vorbereitenden Ausführungen verzichtet und möchten dir zur ausführlichen Vorbereitung „Der geheimnisvolle Raum – 7 Live Escape Games zur Bibel“ empfehlen (s. Kapitel „Mehr als ein Live Escape Game“).

In diesem zweiten Band findest du dreizehn Spiele in acht unterschiedlichen Spielformaten, die die Arbeit mit den Live Escape Games flexibel und vielseitig machen. Egal ob im Wald, für kleine Gruppen, für Kinder oder größere Gruppen – mit den sehr unterschiedlichen Games haben wir für sehr viele Settings etwas dabei! Außer den Spielen selbst sind auch hier einige zusätzliche Hilfsmittel enthalten:

- Im Kapitel „Unsere Live Escape Game-Formate“ findest du eine Übersicht über diverse Formate von Live Escape Games. Einige haben es leider nicht ins Buch geschafft, aber wir wollten sie dir trotzdem nicht vorenthalten.
- Wir haben einige Verkündigungsformate beschrieben, die sich gut dazu eignen, nicht nur Spielspaß, sondern auch geistlichen Inhalt zu transportieren. Lass dich im Kapitel „Methoden der Verkündigung“ inspirieren – die klassische Andacht muss nicht immer das Mittel der Wahl sein!
- Vier Andachten findest du im Kapitel „Andachten zur inhaltlichen Vertiefung“, die du unabhängig vom gespielten Live Escape Game und dennoch passend zum Thema nutzen kannst.
- Reflektiere das Spiel, den Teamerfolg und das gemeinsame Arbeiten an einer Problemstellung! Eine Vorlage dazu stellen wir dir im Kapitel „Reflexion der Live Escape Games“ zur Verfügung!

Aufbau der Live Escape Games

Um dir die Vorbereitungen deiner Games zu erleichtern, findest du im Kapitel „Die Spiele im Überblick“ eine Spieleübersicht über alle Live Escape Games. Aus ihr kannst du schließen, um welches Thema oder um welche Bibelstelle es im jeweiligen Game geht, für welches Alter das Game geeignet ist, wie groß deine Gruppe sein sollte usw. Diese Informationen findest du für jedes Live Escape Game auch nochmal zu Beginn der jeweiligen Spielebeschreibung wieder. Danach bekommst du Tipps, wie du am besten an Vorbereitung und Durchführung des jeweiligen Games herangehst. Mit der Materialliste hast du immer im Blick, was du noch besorgen musst. Dann geht es an die Vorbereitungen zu Hause und vor Ort, bevor nach der Spieldurchführung alle Lösungswege der Rätsel detailliert beschrieben werden. Zuletzt findest du noch einen Denkanstoß, wie du den Inhalt des Games in einer kleinen Andacht oder thematischen Reflexion mit den Spielerinnen und Spielern nachbesprechen kannst.

Materialempfehlungen

Für die Durchführung der Live Escape Games benötigst du oft ganz bestimmte Materialien. Hier findest du dazu kleine Skizzen und Empfehlungen, an denen du dich beim Kauf orientieren kannst:

1 2 3 4 5

1. Vorhängeschloss mit Kombination, die aus vier Richtungen besteht (z. B. das Vorhängeschloss „One“ der Firma Master Lock)
2. Verriegelungshaspe (z. B. das Produkt „701 Lock Out Haspe“ der Firma Abus)
3. Padlock mit 10-stelligem Zahlencode (z. B. das Produkt „10 Digit Push Button Password Lock“ der Firma Sakury Sky)
4. Buchstaben-Kombinationsschloss (z. B. das Produkt „Gym Locker Lock, 5-Buchstaben-Kombinationsschloss“ der Firma Ming)
5. Tresorschloss (z. B. das Master Lock Vorhängeschloss „Tresor“ der Firma Hellweg)

Downloads zum Buch

Unter download.praxisverlag-bm.de können die Rätselvorlagen und weitere Informationen zu den Rätseln und Games als digitale Daten heruntergeladen werden. Der Kauf des Buches berechtigt zum Downloaden, Ausdrucken, Kopieren und Verwenden dieser Daten, sofern sie zur Vorbereitung und Durchführung der Inhalte dieses Buches verwendet werden. Eine Vervielfältigung, Verwendung oder Weitergabe darüber hinaus ist ohne Erlaubnis ausdrücklich nicht gestattet.

Rechtlicher Hinweis zur Nutzung für öffentliche Angebote

Werden die Games durch gemeinnützige Anbieter oder im schulischen Kontext für öffentliche Angebote genutzt, ist dies ohne Genehmigung kostenfrei möglich, wenn die Nutzung des Angebots ebenfalls kostenfrei oder gegen Spende möglich ist. Wird ein Eintrittsgeld oder eine Gebühr erhoben, muss die Genehmigung des Verlags eingeholt werden und es wird eine Lizenzgebühr fällig. Kommerzielle Anbieter müssen immer die Genehmigung des Verlags einholen und eine Lizenzgebühr zahlen.

Danke!

Die dreizehn ganz unterschiedlich komplexen und umfangreichen Spiele wurden von fleißigen Spieletesterinnen und -testern ausprobiert. Mit Motivation und der notwendigen Portion Kritik und an vielen Stellen mit eigenen Ideen für Lösungen haben unter anderem folgende Personen mit ihren Teams, Jugendgruppen und Freundinnen/Freunden die Spiele getestet: Christine Wulff, Jugendkreis Seelbach, Sabine Korytko, Daniel Dorn, Ina Lutz, Elisa Heidt, Christiane Schulte, Matthias Engelhardt, Johannes Krupinski, Kathrin König, Alexander Otto, Thorsten Scholl, Tobias Rompf, Stefan Westhauser.

Ebenso gilt unser Dank auch denen, die mitgeschrieben und ein oder sogar mehrere Live Escape Games beigesteuert haben. Ganz vielen Dank für eure Zeit, Geduld, Feedbacks, das Beantworten von Rückfragen und eure Begeisterung!

Meine Notizen

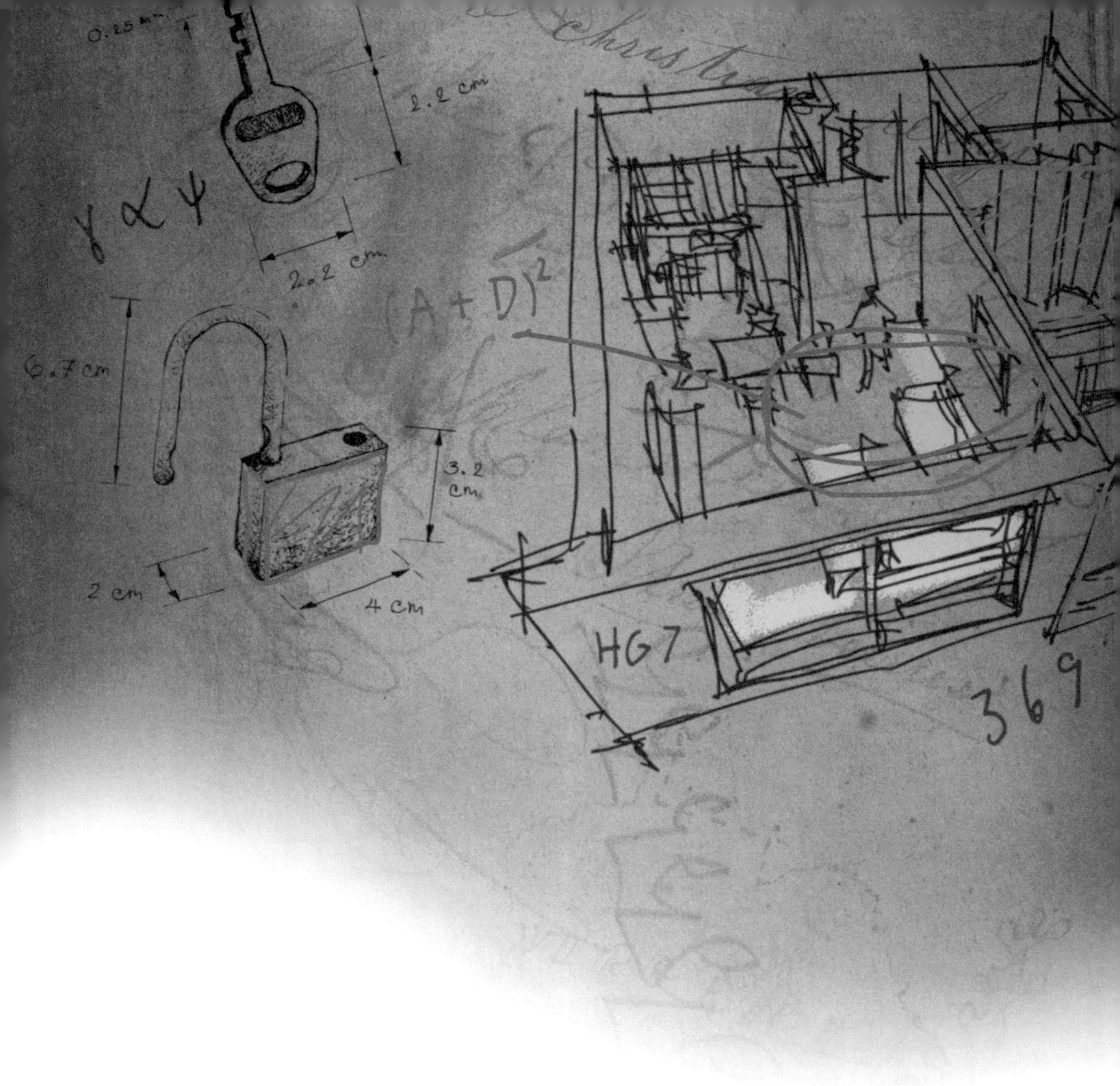

TEIL 1:
DIE GAMES

DIE SPIELE IM ÜBERBLICK

Titel	Bibelstelle/Thema	Alter	ab 8 Jahren	ab 12 Jahren	ab 14 Jahren
Der Brief in die Freiheit	Philemon 1,1-25 / Freiheit			x	
Die Löwengrube	Daniel 6,1-29 / Daniel in der Löwengrube			x	
Flucht aus Deutschland	Psalm 34,15 / Frieden, Flucht, Diskriminierung, Waffenexporte, Umweltzerstörung, Ausbeutung, Pressefreiheit, (globale) Gerechtigkeit				x
Die verschlossene Bundeslade	2. Mose 20,1-17 / Die Zehn Gebote		x		
Exit Box – Raus aus der Komfortzone	Jugendarbeit in 4D		x		
Sturmstillung	Markus 4,35-41 / Sturmstillung			x	
Weltveränderer	Matthäus 25,40; Lukas 10,29-37; Johannes 13,1-5; Jakobus 2,14-7 / Nächstenliebe				x
Der Engel	Engel		x		
Wieviel Samariter steckt in dir?	Lukas 10,25-37 / Der barmherzige Samariter			x	
Die Befreiung	Johannes der Täufer		(x)	x	
Das Schlupfloch der Spione	Josua 2,1-24 / Rahabs Geschichte			x	
Der Schatz im Acker	Matthäuas 13,44-46 / Der Schatz im Acker		x		
Das Video	Wie wäre es, wenn Liveaufnahmen von Jesus Christus existieren würden??			x	

Gruppengröße	min. Personenzahl	max. Personenzahl	Spieldauer	weniger als 60 Minuten	60 Minuten	mehr als 60 Minuten	Spielformat	Klassisches Live Escape Game	Mobiles Live Escape Game	Großgruppen Live Escape Game	Kleingruppen Live Escape Game	Outdoor Live Escape Game	City Live Escape Game	Kurzes Live Escape Game	Hightech Live Escape Game	Raumanforderungen	Standard	darüber hinaus	keine	draußen spielbar	Vorbereitungsaufwand	weniger als 2 Stunden	2 bis 5 Stunden	mehr als 5 Stunden
	3	6			x			x									x						x	
	3	8			x			x									x						x	
	4	8			x			x									x						x	
	2	6			x				x										x	x			x	
	2	3		x					x					x					x	x			x	
	8	20			x					x							x							x
	6	offen		x						x				x				x					x	
	2	offen		x							x			x			x					x		
	4	offen		x							x			x			x					x		
	4	8			x			(x)				x						x		x			x	
	2	8				x						(x)	x					x		x			x	
	4	offen				x						(x)	x					x		x			x	
	3	6			x										x		x							x

UNSERE LIVE ESCAPE GAME-FORMATE

Der Begriff „Live Escape Game" ist mittlerweile zu einem feststehenden Überbegriff geworden. Die Spiele können dabei unglaublich vielseitig sein: Sie können als normales Brettspiel vorkommen oder als Stadtspiel, für Gruppen oder einzelne Personen – der Fantasie sind fast keine Grenzen gesetzt. Du findest in diesem Buch nicht nur das klassische Format eines Live Escape Games, das ca. 60 Minuten lang in einem Raum stattfindet. Unser Ziel war es, neben weiteren klassischen Räumen auch neue Formate dieses Genres aufzugreifen, zu entwerfen und für die Arbeit mit jungen Menschen zur Verfügung zu stellen. Dabei haben die Räume alle eines gemeinsam: Sie funktionieren nach dem einfachen Prinzip: Indizien suchen, Hinweise kombinieren, Rätsel lösen und Codes knacken, um das Geheimnis zu lüften. Ohne Teamarbeit geht dabei nichts! Welche speziellen Formen der Live Escape Games wir in diesem Buch benutzen, wird nun kurz vorgestellt:

Der Klassiker: Klassisches Live Escape Game

Ein Team ist in einem Raum und hat meist 60 Minuten Zeit, um eine Aufgabe zu lösen. Logik und Kommunikation sind die Erfolgsfaktoren. Geheime Verstecke, verborgene Hinweise, verschlossene Gegenstände und spannende Rätsel, das sind Live Escape Games! Du und dein Team kämpfen gemeinsam gegen den Countdown, um rechtzeitig alle Aufgaben zu lösen und aus dem Raum zu „flüchten".

Das Mobile: Mobiles Live Escape Game

Ein Team bekommt eine verschlossene Kiste und eine Aufgabe, die es in 15 – 60 Minuten lösen muss. Das Besondere bei einem mobilen Game ist, dass es nicht aufgebaut werden muss, sondern einfach in einem beliebigen Raum aufgestellt wird und es sofort losgehen kann. Es ist so mobil, dass es im Wohnzimmer, in der Fußgängerzone oder auf einer Wiese spielbar ist. Nach dem Spiel wird es so verpackt, dass es sofort wieder genutzt werden kann.

Für die Masse: Großgruppen Live Escape Game

Diese Variante ist ein abgewandeltes Live Escape Game für eine große Freizeit von 8 bis ca. 50 Personen. Auch ein riesiges Event von 250 bis über 1.000 Menschen wäre möglich, wenn man das Live Escape Game mehrmals anbietet. Damit auch hier der Rätselspaß umgesetzt werden kann, muss der Rahmen an die Größe der Gesamtgruppe angepasst werden. Die Spielerinnen und Spieler werden in kleinen Gruppen nacheinander durch mehrere hintereinander angeordnete Räume geschleust, um je eine Aufgabe in 15 – 30 Minuten zu lösen.

Das Flexible: Kleingruppen Live Escape Game

Mehrere Teams spielen parallel in einem Raum die gleiche Aufgabe in 20 – 45 Minuten. Das Kleingruppenprinzip ermöglicht es, dass mehrere Teams gleichzeitig die identischen Rätsel lösen. Je nach Personenanzahl wird das Material häufiger produziert und zur Verfügung gestellt.

Das Naturerlebnis: Outdoor Live Escape Game

Das klassische Game in der Natur: In 60 Minuten erfüllt ein Team in einem Spielraum in der Natur eine Aufgabe. Naturerfahrungen sind besonders und ein Outdoor Live Escape Game hebt das Geländespiel in eine neue Dimension. Die Materialien sind an die Gegebenheiten des Geländes angepasst und sorgen für ein Erlebnis mit Rätselvergnügen in haptischer Umgebung.

Das Urbane: City Live Escape Game

Ein Team löst in einer Stadt eine Aufgabe in 90 – 120 Minuten. Das City Live Escape Game ist mehr als nur ein klassisches Stadtspiel in der Kinder- und Jugendarbeit. Es überträgt die Art und Weise des Live Escape Games in ein altbewährtes Gewand. Die Stadt bietet tolle Möglichkeiten und Rahmensituationen.

Das Kompakte: Kurzes Live Escape Game

Ein Team ist in einem Raum und hat in der Regel weniger als 30 Minuten Zeit, um eine Aufgabe zu lösen. Das Besondere an diesem Format ist, dass es in kurzer Zeit zu spielen und damit für verschiedene andere Anwendungsmöglichkeiten geeignet ist.

Für Tüftler: Hightech Live Escape Game

Ein Team ist in einem Raum und hat meist 60 Minuten Zeit, um eine Aufgabe zu lösen. Einsetzbar ist Hightech in quasi jedem beschriebenen Format. Hier jedoch wird ein Live Escape Game beschrieben, das aus mehreren aufwendigen Konstruktionen besteht, die technisches Verständnis voraussetzen. Diese Module heben das Niveau der Rätsel und sorgen für noch mehr Wow-Momente.

Formate, Formate und noch mehr Formate

Es gibt noch einige Formate mehr, die wir aus unterschiedlichen Gründen nicht in diesem Buch bedienen. Bei einigen wäre das Buch einfach ein falsches Medium, bei anderen fehlt uns die Anwendungsmöglichkeit oder die Umsetzbarkeit für die finanzschwächere Kinder- und Jugendarbeit. Wir wollen euch diese Formate aber nicht vorenthalten. Diese Aufzählung ist ein Ausschnitt und hat keinen Anspruch auf Vollständigkeit:

Langzeit Game: Ein Spiel, das über einen langen Zeitraum (z. B. ein Jahr) andauert und immer wieder weitergespielt wird.

Messenger Game: Ein Spiel, das über einen Messenger-Dienst gespielt wird.

Krimi-Rollenspiel: Je nach Umsetzung eines Krimi-Rollenspiels gehört dieses auch zu dem Genre Live Escape Game.[1]

Tech Games: Es gibt unzählige Apps, Homepages, QR-Codes und Smartphone-Spiele, die wie ein Live Escape Game aufgebaut sind.

Abenteuerlauf: Breche aus einem echten Gefängnis aus und laufe danach auf der Flucht einen Langstreckenlauf.

Table Top Game: Das Live Escape Game für den Spieleabend am Tisch. Dieses Rätselspiel ist aus der Szene der Gesellschaftsspiele nicht mehr wegzudenken.

VR/AR Games: Technisch unterstützt durch Virtual oder Augmented Reality erlebt man ein Live Escape Game hautnah in einer virtuellen Realität.

Buch: Das Buch als Spiel. Folge einfach den Seitenangaben, um die Rätsel zu lösen.

1 Du hast Lust auf ein Krimi-Rollenspiel? Wir haben die Lösung! Im Buch „Die verschollenen Kapitel" findest du acht interaktive Krimispiele (Müller, Ingo / Liebmann, Tobi (Hg.): Die verschollenen Kapitel. 8 interaktive Krimispiele für spannende Begegnungen, buch+musik, Stuttgart 2015)! Im Krimispiel „Mord unter Schafen" schlüpfst du in die Rolle der Mitglieder einer Schafherde und sollst herausfinden, wer Schäfer Benjamin ermordet hat und in „Streit unter Bauern" findest du gemeinsam mit den anderen Dorfbewohnerinnen und -bewohnern heraus, wer Bauer Willy getötet hat (Böck, Anna: Mord unter Schafen. Das geht unter die Wolle - Ein Krimispiel für Gruppen, buch+musik, Stuttgart 2021; Böck, Anna: Streit unter Bauern. Die Macht der Straße - Ein Krimispiel für Gruppen, buch+musik, Stuttgart 2022). Lust auf ein saisonales Krimispiel? Dann stürze dich doch in „Entführung im Stall" hinein in die Ermittlungen an der leeren Krippe oder in „Diebstahl am Markt" in die Geschehnisse rund um einen zerrissenen Vorhang und ein leeres Grab (Braun, Jürgen: Entführung im Stall. Für ein Stück Himmel auf Erden - ein Krimispiel für Gruppen, buch+musik, Stuttgart 2022; Braun, Jürgen: Diebstahl am Markt. Stoff, der verbindet - ein Krimispiel für Gruppen, buch+musik, Stuttgart 2024).

Meine Notizen

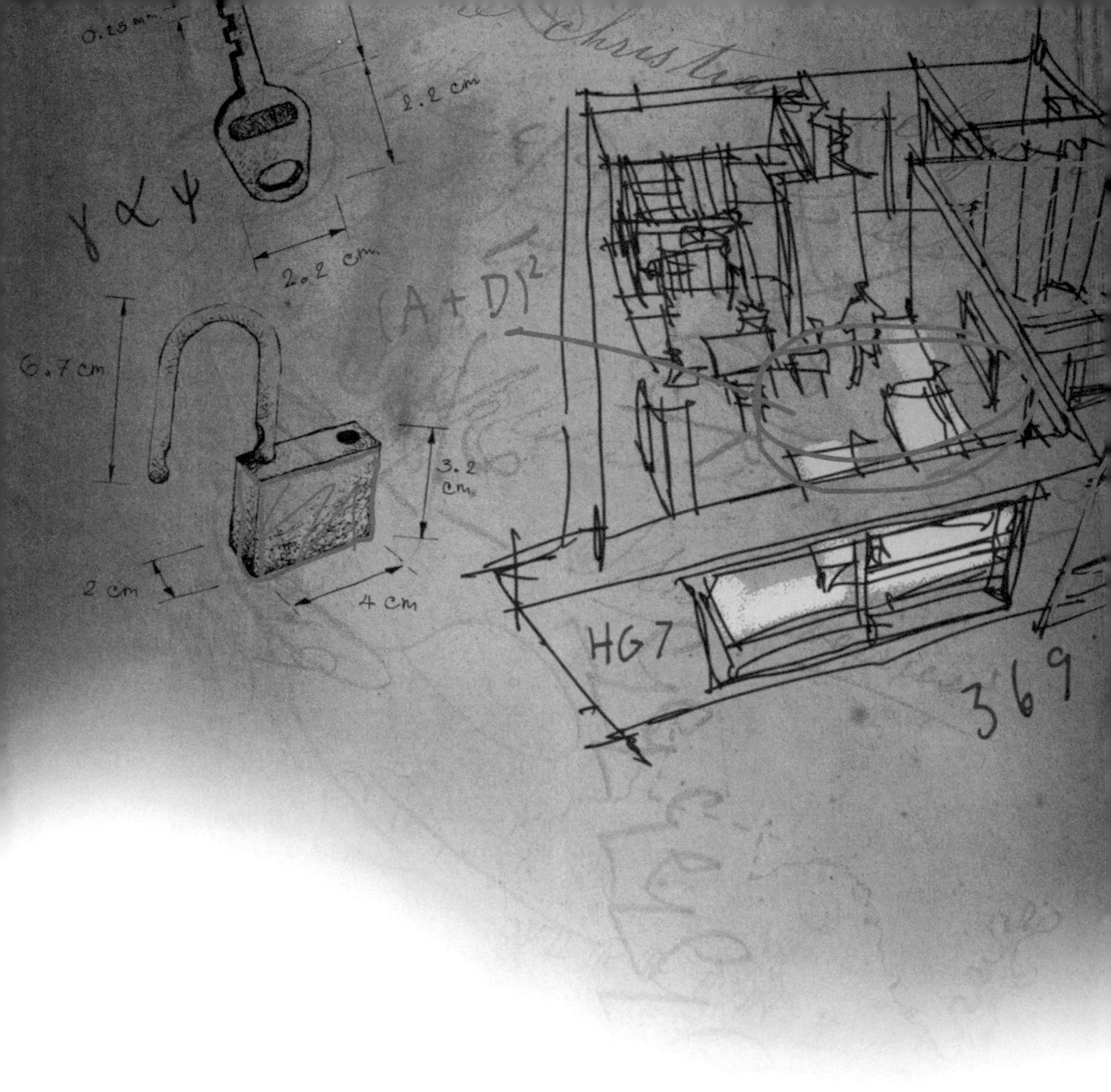

DAS GAME

DER BRIEF IN DIE FREIHEIT

von Kathi Sandmann

1. Allgemeine Informationen

Ziel des Spiels:	Die Spielerinnen und Spieler finden den Brief von Paulus an Philemon und werden so Teil des historischen Hintergrundes dieses biblischen Buches. Spielerisch setzen sie sich damit auseinander, dass Gott sich Freiheit für die Menschen wünscht.
Bibelstelle/Thema:	Philemon 1,1-25 / Freiheit
Alter:	ab 12 Jahren
Gruppengröße:	3 – 6 Personen
Aufgabe:	Die Spielerinnen und Spieler nehmen die Rolle von Freundinnen und Freunden des Sklaven Onesimus ein. Dieser wünscht sich nichts mehr, als in Freiheit leben zu können. Dafür hat Paulus Onesimus' Herrn Philemon einen Brief geschrieben mit der Bitte, ihn freizulassen. Diesen Brief müssen die Spielerinnen und Spieler finden und Paulus dazu ein Stück in seinem Arrest begleiten.
Dauer:	**Vorbereitung zu Hause:** 4 – 5 Stunden **Aufbau vor Ort:** ca. 1 Stunde **Spieldauer:** 1 Stunde plus 10 Minuten Einführung und 10 Minuten Auswertung und Andacht
Spielformat:	Klassisches Live Escape Game
Raumanforderungen:	Ein Raum mit abschließbarer Tür; falls ein zweiter Raum oder Nebenraum (ebenfalls abschließbar) vorhanden ist, kann dieser mitgenutzt werden.

Spielprofil mit Schlussbemerkung:

●○○ RAUMANFORDERUNG

●●○ VORBEREITUNGSAUFWAND

●●○ WIEDERAUFBAU

●●○ MATERIALAUFWAND

●●○ KOSTEN

●○○ IMMERSION

●●○ SUCHEN

●●○ KOMBINIEREN

●○○ TEAMWORK

●●●○○ SCHWIERIGKEITSGRAD

Variante: Wenn es einen zweiten, abschließbaren Nebenraum (s. Raumanforderungen) gibt, kann dieser genutzt werden. Dann werden dort platziert: ein Landkartenquadrat, einige Schachfiguren und Symbolkarten, Kiste Nr. 5, die Bibel, die Batterien für die Schwarzlichtlampe. Der Schlüssel für den Raum wird im Hauptspielraum direkt frei zugänglich versteckt.

2. Herangehensweise

- Zuerst ist es wichtig, dass du dich als Spielleitung näher mit dem Brief an Philemon aus dem Neuen Testament beschäftigst (Phlm 1,1-25). Schließlich handelt es sich dabei um die Grundlage dieses Live Escape Games. Lies dir also dieses (ganz kurze!) Buch aufmerksam durch. Im Kapitel „Tipps zur Andacht“ findest du auch Hinweise zum historischen Kontext und Anlass dieses Briefes. Überlege dir anschließend, was dir an dem Brief wichtig ist und welche Botschaft darin steckt, die du den Teilnehmerinnen und Teilnehmern vermitteln möchtest. Diese Gedanken baust du am besten in die Einleitung des Spiels und die Auswertung am Ende ein.
- Nun solltest du dir einen ersten Überblick über die Spielvorbereitungen und den Spielablauf verschaffen. Wirf dazu einen Blick auf die Materialliste und lies die Kapitel „Vorbereitung zu Hause“, „Aufbau vor Ort“ und „Spieldurchführung“.
- Besorge sämtliche Materialien, die auf der Liste stehen. Im Idealfall sprecht ihr euch im Team zwei Wochen vorher ab, wer welches Material besorgen kann und was noch besorgt werden muss.

- Wenn du die erforderlichen Materialien besorgt hast, kannst du mit den Vorbereitungen zu Hause beginnen, indem du die Schritte 1. bis 11. (ggf. bis 12., falls du den Raum sehr gut kennst) befolgst. Vorher solltest du jedoch das Kapitel „Lösungswege" mit der Erklärung der Rätsel gelesen haben. Die Vorbereitungen fallen nämlich leichter, wenn man weiß, wie die einzelnen Rätsel funktionieren.
- Nach den Vorbereitungen zu Hause kannst du dich um den Aufbau vor Ort kümmern. Wähle einen Raum aus, der die erforderlichen Bedingungen erfüllt, und absolviere die Schritte 12. bis 31. Auch hier gilt: Der Sinn der einzelnen Aktionen ist teilweise erst dann erkennbar, wenn man weiß, wie das Spiel später ablaufen wird.
- Wenn die Vorbereitungen abgeschlossen sind, lies dir noch einmal sorgfältig das Kapitel „Spieldurchführung" durch. Dann kann es endlich losgehen!

3. Materialliste

Manche Materialien können mit einer passenden Idee auch durch etwas anderes ersetzt werden – da gibt es oft viele Optionen. Einige Materialien sind zwingend erforderlich, andere Materialien dienen nur dem Flair oder der Veranschaulichung. Sie sind nicht notwendig und werden daher extra aufgeführt.

Material, das zwingend erforderlich ist

- ☐ heller Stoff (etwas größer als ein Schachbrett)
- ☐ 3 Stoffstücke (ca. 10 x 10 cm)
- ☐ 1 Symbolschloss, z. B. mit chinesischen Schriftzeichen (Code beliebig wählbar)
- ☐ 15 – 20 kleine, weiße Zettel (ca. 10 x 10 cm)
- ☐ Packpapier (in 5 Stücke gerissen)
- ☐ 3 Zahlenschlösser mit 4-stelligem Zahlencode (1 Rätsel lässt sich leicht auf einen beliebigen Code abändern)
- ☐ 1 Zahlenschloss mit 3-stelligem Zahlencode (Rätsel lässt sich leicht auf einen beliebigen Code abändern)
- ☐ 1 Tresorschloss (s. Kapitel „Materialempfehlungen"; Code beliebig wählbar)
- ☐ 6 Kisten/Rucksäcke o. Ä., mit Schloss verschließbar
- ☐ 1 Rätselbox / Knobelbox / Rätselschraube o. Ä.
- ☐ 1 Schachspiel mit Figuren
- ☐ 1 UV-Taschenlampe mit Batterien
- ☐ pro Gruppe 2 – 3 Bögen DIN-A5- oder DIN-A6-Papier
- ☐ Klebeband/Kreppband
- ☐ Papier und Stifte
- ☐ 1 Wecker/Stoppuhr o. Ä.

Material, das nur bei der Vorbereitung zu Hause benötigt wird

- ☐ 1 (Farb-)Drucker
- ☐ 1 Computer
- ☐ 1 Schere
- ☐ Blumendraht/Schleifenband o. Ä.
- ☐ 1 Cutter-Messer
- ☐ 1 Edding/Filzstift
- ☐ 1 UV-Stift (z. B. edding 8280, farblos)
- ☐ Büroklammern

Material, das aus dem Downloadbereich benötigt wird

- ☐ Briefrätsel
- ☐ Brief an Philemon
- ☐ Hinweiskärtchen
- ☐ Landkarte
- ☐ Anleitung Tresorschloss
- ☐ Hinweise Buchstabenrätsel
- ☐ Schachrätsel (muss nicht zwingend ausgedruckt werden)

Material, das nur optional benötigt wird

- ☐ diverse alte Bücher oder weitere Bibeln, Gesangbücher o. Ä.
- ☐ Dekoration für den Raum unter dem Motto „Arrest“ (je nach Raumsituation wie ein Schlafzimmer, Aufenthaltsraum oder Mischung aus beidem)
- ☐ Laminiergerät und Folien (zum Haltbarmachen der Materialien)
- ☐ rot-weißes Absperrband (zum Abtrennen von Bereichen, die nicht zum Spiel gehören)

4. Vorbereitung zu Hause

1. Erstelle dir eine persönliche Materialliste anhand der angegebenen Liste und besorge alle Materialien.
2. Drucke alle nötigen Seiten aus (s. Downloads).
3. Rolle das Dokument „Briefrätsel“ (s. Downloads) und verschließe die Rolle mit einem Stück Blumendraht/Schleifenband o. Ä.
4. Verfahre genauso mit dem Dokument „Brief an Philemon“ (s. Downloads). Binde das Dokument „Hinweiskärtchen“ (s. Downloads) an den Blumendraht / das Schleifenband.
5. Schneide die verschiedenen Teile aus dem Dokument „Landkarte“ (s. Downloads) entlang der markierten Linien aus. Lege die so entstandenen Quadrate passend auf die Lücken und beschrifte sie auf der Rückseite mit den Lösungsziffern des Tresorschlosses, sodass von oben nach unten und von links nach rechts der Lösungscode zu lesen ist, wenn man die Landkartenquadrate umdreht. (Beispiel: Ist der Lösungscode 22-34-53, beschrifte die beiden Karten oben mit „2“, die beiden in der mittleren Reihe mit „3“ und „4“ und die beiden in der unteren Reihe mit „5“ und „3“.) Schneide dann die drei welligen Teile aus dem Dokument „Anleitung Tressorschloss“ (s. Downloads) aus. Sie passen exakt auf das Dokument „Landkarte“ und geben eine Anweisung, wie das Schloss richtig zu bedienen ist. Wenn du das Spiel häufiger durchführen möchtest, ist es ratsam, alle diese Teile und auch die Gesamtkarte zu laminieren. Lies die Lösung zum Landkartenrätsel (s. unten), um die welligen Teile richtig beschriften zu können.
6. Schneide aus dem Stoff ein Quadrat, das etwas größer als ein herkömmliches Schachfeld ist, und übertrage mit einem Edding/Filzstift das Schachfeld vom Dokument „Schachrätsel“ (s. Downloads) auf den Stoff.

7. Schneide drei kleinere Stoffstücke zurecht und übertrage mit einem Edding oder Filzstift die beiden Anleitungen für das Schachrätsel sowie die Figurenübersicht aus dem Dokument „Schachrätsel“ (s. Downloads) darauf.
8. Übertrage alle Symbole des Symbolschlosses mit einem Edding oder Filzstift auf kleine, weiße Zettel – jeweils ein Symbol pro Zettel. Die Zettel, deren Symbol Teil der Lösungskombination sind, beschriftest du groß mit dem UV-Stift in der entsprechenden Reihenfolge der Schlosskombination mit „1.“, „2.“, „3.“ usw. Wenn dein Symbolschloss weniger als 15 verschiedene Symbole enthält, beschrifte noch weitere kleine Zettel mit Symbolen, die du dir ausdenkst und die zu den Symbolen auf dem Symbolschloss passen, bis du 15 – 20 kleine, weiße Zettel mit Symbolen hast.
9. Übertrage die Hinweise für das Buchstabenrätsel vom Dokument „Hinweise Buchstabenrätsel“ (s. Downloads) auf fünf Stücke Packpapier (gerissen, nicht geschnitten wirkt authentischer). Das Lösungsblatt mit dem Hinweis „Schreiben ist hier erlaubt!“ brauchst du so oft, wie Gruppen den Raum spielen werden.
10. Programmiere die Zahlenschlösser auf folgende Codes und kennzeichne sie so, dass du beim Spielaufbau noch weißt, welches Schloss mit welchem Code geöffnet wird: A: 1567, B: 1286 (leicht veränderbar, wenn du das Prinzip des Rätsels verstanden hast), C: 2750, D: 315 (leicht veränderbar, wenn du das Prinzip des Rätsels verstanden hast).
11. Lies dir Schritt 12. „Erstellung des Raumplanrätsels“ genau durch. Wenn du sichergehen willst, probiere die Erstellung des Rätsels zu Hause beispielhaft einmal aus, dann fällt es dir vor Ort deutlich leichter, passende Gegenstände zum Zählen im Raum auszuwählen. Bereite ein Stück Papier vor, auf das du vor Ort den Grundriss des Spielraumes skizzieren kannst. Falls du den Raum gut kennst, kannst du Schritt 12. – 14. natürlich auch schon komplett zu Hause vorbereiten.

5. Aufbau vor Ort

12. **Erstellung des Raumplanrätsels:** Lies erst unten, wie das Rätsel gelöst wird, damit du das Prinzip im Kopf hast. Erstelle dann deinen Raumplan, indem du auf das vorbereitete Stück Papier aus Schritt 11. den Grundriss deines Spielraumes aufzeichnest. Dabei musst du nicht maßstabsgetreu zeichnen, aber durch das Einzeichnen von Türen und Fenstern sollte der Raum deutlich erkennbar sein.
13. Nun erstellst du deinen Code für die Abschlusstruhe: Dazu brauchst du drei Elemente des Raumes, die sich eindeutig zählen lassen und mit denen die Spielerinnen und Spieler das Raumplanrätsel lösen können. Dazu infrage kommen z. B. Fenster, Steckdosen, Säulen, Lampen oder Stühle. Deiner Kreativität sind hier keine Grenzen gesetzt – allerdings müssen sich die benötigten

Zahlenwerte für die Beschriftung der Abschlusstruhe daraus ermitteln lassen (s. Schritt 14.). Zeichne in jede Ecke deines Raumplanes einen der von dir ausgewählten Gegenstände und das zugehörige Symbol, wie in der Vorlage erkennbar. Schneide den Plan in drei Teile, sodass auf jedem Teil ein Gegenstand abgebildet ist.

14. Erstelle die Beschriftung der Abschlusstruhe Nr. 6 mit deinem in Schritt 13. erstellten Code.
15. Hänge die in Schritt 8. erstellten weißen Symbolzettel mit Kreppband im Raum und im Vorraum verteilt auf. Achte darauf, dass nicht alle mit dem UV-Stift markierten Zettel direkt nebeneinander hängen.
16. Hänge die in Schritt 9. erstellten Vorlagen für das Buchstabenrätsel im Raum und Vorraum verteilt auf.
17. Hänge die in Schritt 9. erstellte Vorlage mit der Aufschrift „Schreiben ist hier erlaubt!“ im Raum so auf, dass sie schnell sichtbar ist und auf einem Untergrund hängt, auf dem man tatsächlich gut schreiben kann.
18. Lege das Dokument „Brief an Philemon“ (s. Schritt 4.) in die Abschlusstruhe Nr. 6 und verschließe diese mit Schloss C (2750). Verstecke die Truhe im Raum.
19. Lege einen Teil des Raumplans in die Rätselbox und verstecke diese im Raum.
20. Lege einen Teil des Raumplans in Kiste Nr. 5, verschließe sie mit Schloss D (315) und verstecke diese im Raum.
21. Lege einen Teil des Raumplans und die „Anleitung schwarz“ vom Dokument „Schachrätsel“ in Kiste Nr. 4, verschließe diese mit dem Tresorschloss und verstecke diese im Raum.
22. Lege die wellig ausgeschnittenen Teile der Landkarte von Dokument „Anleitung Tresorschloss“ in Kiste Nr. 2, verschließe sie mit Schloss B (1286) und verstecke diese im Raum.
23. Lege zwei der viereckig ausgeschnittenen Landkartenteile in Kiste Nr. 3, verschließe sie mit dem Symbolschloss und verstecke diese im Raum.
24. Verstecke zwei der viereckig ausgeschnittenen Landkartenteile und die große Landkarte im Raum.
25. Verstecke/verteile alle Schachfiguren im Raum. Stelle auch an mehreren Stellen sichtbar einige Figuren gemeinsam im Raum auf.
26. Verstecke das Schachfeld, die Figurenübersicht und die „Anleitung weiß“ aus dem Dokument „Schachrätsel“ im Raum.
27. Lege die Bibel zusammen mit den Büchern zur Deko im Raum bereit.
28. Nimm die Batterien aus der UV-Lampe und verstecke Batterien und Lampe getrennt voneinander im Raum.

29. Hefte 2 – 3 Bögen Papier als Notizblock für die Spielerinnen und Spieler mit einer Büroklammer zusammen und befestige dazwischen einen viereckig ausgeschnittenen Landkartenteil.
30. Verstecke das in Schritt 3. vorbereitete Dokument „Briefrätsel“ (s. Schritt 3.) im Nebenraum oder im eigentlichen Raum.
31. Zuletzt: Schließe die Tür des Raumes ab und lege den Schlüssel in Kiste Nr. 1. Lege ein viereckig ausgeschnittenes Landkartenteil mit in Kiste Nr. 1. Verschließe diese Box mit Zahlenschloss A (1567). Verstecke diese Box im Nebenraum oder im eigentlichen Raum.

Wiederaufbau
Für den Wiederaufbau für eine neue Spielrunde müssen die Schritte 15. bis 31. noch einmal durchgegangen werden.

6. Spieldurchführung

6.1 Anmoderation

Erklärung für die Spielenden
Ein Live Escape Game lässt sich mit vier Begriffen erklären: ein Raum – ein Team – eine Aufgabe – eine Stunde Zeit. Man hat als Team 60 Minuten Zeit, um verschiedene Rätsel zu entschlüsseln und die Aufgabe zu lösen. Dazu ist es notwendig, viele Hinweise richtig zusammenzubringen. Die Aufgaben und Rätsel lassen sich nach einem einfachen Prinzip lösen: suchen, sammeln, kombinieren und anwenden.
Gleich müsst ihr irgendwo anfangen und dann ist es wie bei einer Schnitzeljagd: Ihr folgt als Team einem roten Faden und setzt verschiedene Dinge zusammen, um das große Puzzle zu lösen. Alles kann wichtig sein, muss es aber nicht. Es ist okay, wenn ihr nicht bei jedem Rätsel mitbekommt, wie es gelöst wurde. Dafür seid ihr ein Team! Für dieses Spiel begeben wir uns gleich in eine Geschichte aus der Bibel – aber dazu später mehr.
Viel Spaß und Freude beim Öffnen von Kisten und Finden von Geheimnissen!

Regeln
- Die Aufgaben und Rätsel sind ohne Gewalt lösbar. Ihr müsst nichts demontieren oder mutwillig auseinandernehmen.
- Schlösser werden mittels Schlüssel oder Codes geöffnet und nicht „geknackt“ oder durch Herumprobieren geöffnet, es sei denn, es sind z. B. die Zahlen bekannt, aber nicht die Reihenfolge.
- Lasst bitte geöffnete Schlösser ggf. mit Schlüssel einfach hängen.
- Alles, was durch Klebeband festgeklebt oder anderweitig fixiert ist, soll an diesem Ort bleiben!
- Mit rot-weißem Band markierte Bereiche dürfen nicht betreten werden bzw. die Gegenstände dürfen nicht berührt werden – sie gehören nicht zum Spiel.

- Ihr dürft parallel arbeiten, ihr müsst also nicht immer alle dasselbe machen, sondern ihr könnt euch auch aufteilen.
- Die Nutzung eigener technischer Hilfsmittel ist verboten!
- Ebenso das Anfertigen von Foto-, Video- oder Audioaufnahmen. Bewahrt das Geheimnis, damit sich bei einem solchen Spiel nicht die Lösung verbreitet.
- Ihr habt 60 Minuten Zeit. Ich stoppe für euch die Zeit und erinnere euch zwischendurch daran. (Gemeinsam runterzählen und den Wecker / die Stoppuhr einstellen.)

Aufgabe

„Wir schreiben das Jahr 56 nach Christus. In Ephesus, einer florierenden Stadt in Kleinasien, leben ungefähr 200.000 Menschen. Mein Name ist Onesimus, aber das wisst ihr ja, schließlich seid ihr meine Freunde, seit ich in dieser Stadt bin. Klar, das ist noch nicht so lange, ich bin ich ja erst vor Kurzem in Ephesus angekommen. Ich bin geflohen, eigentlich hätte ich weiter als Sklave meinem Herrn Philemon dienen sollen. Dort hielt mich jedoch nichts. Also fast nichts. Fasziniert hat mich schon, dass mein Herr, Philemon, sich dieser neuen Sekte angeschlossen hat, die an einen Christus glaubt. Da ist viel die Rede von Freiheit und davon, dass jede und jeder Einzelne wertvoll und wichtig ist. Von der Freiheit habe ich allerdings wenig gespürt. Ich musste als Sklave dienen und Befehlen gehorchen. Daher habe ich mich trotz aller Faszination über diese Christinnen und Christen aus dem Staub gemacht und hoffe jeden Tag, nicht erwischt zu werden.
Ich muss euch aber noch eine Neuigkeit erzählen: Ich habe in den letzten Tagen immer wieder einen Mann namens Paulus getroffen. Paulus sitzt in Ephesus in Hausarrest. Er gehört auch zu diesen Christen und das hatte den römischen Besatzern gar nicht gefallen. Aber dieser Paulus ist wirklich ein guter Mann. Er hat versprochen, bei Philemon, meinem Herrn, ein gutes Wort für mich einzulegen und um die offizielle Freilassung zu bitten. Paulus' Wort ist wohl bei den christlichen Gemeinden so wichtig, dass ich wirklich Hoffnung habe, dass mein Herr der Bitte nachkommen wird. Die offizielle Freilassung – das wäre schon enorm! Ein freier Mann sein und nicht mehr von Versteck zu Versteck hetzen zu müssen!
Eben hat Paulus mir einen Boten geschickt. Er hat an seinem Arrest-Ort einen Brief an meinen Herrn hinterlegt. Den soll ich abholen und damit zu meinem Herrn gehen. Und dann bin ich frei! Stellt euch das mal vor! Paulus sagt, dass er mit dem Hausherrn zu einer Vernehmung gebracht wird und daher jetzt für 60 Minuten niemand dort ist. Ich soll also schnell zu dem Haus kommen. Könnt ihr mitkommen und mithelfen? Ich weiß nicht, wie es dort aussieht und ob ich den Brief allein finden kann."

Findet den Brief von Paulus an Philemon und verlasst das Haus innerhalb von 60 Minuten wieder. Nehmt nichts aus dem Haus mit außer diesem Brief – ihr wollt Paulus ja keinen Ärger machen. Wer weiß, ob er euch nicht auch einmal helfen kann.

6.2 Das Team begleiten – Tipps

- Hinweise zu möglichen Schwierigkeiten findest du bei der Beschreibung der jeweiligen Rätsel.
- Je nach Alter und Spielerfahrung ist mehr bis keine Hilfe notwendig. Gerade bei jüngeren Spielerinnen und Spielern reicht manchmal schon ein Hinweis, womit sie sich als nächstes beschäftigen könnten, wenn eigentlich alle Gegenstände zur Lösung eines Rätsels bereits gefunden sind.
- Sich mit Tipps zurückzuhalten, ist nicht leicht – erhöht aber die Spielfreude und Eigenständigkeit der Spielerinnen und Spieler!
- Wenn bei jüngeren Spielerinnen und Spielern die Konzentration irgendwann nachlassen sollte, lieber einen Hinweis mehr geben.
- Die Spannung am Ende steigert sich durch regelmäßige Zeitansagen und Anfeuerungen: „Ihr schafft es, ihr könnt Onesimus helfen! Aber beeilt euch, die Wachen kommen bald zurück!"

6.3 Spielablauf

- Du erklärst das Spielprinzip und die Regeln.
- Du stellst die Aufgabe vor.
- Du stellst den Wecker / die Uhr auf 60 Minuten und beginnst damit das Spiel.
- Die spezifischen Rätselelemente dieses Spiels müssen in der richtigen Reihenfolge gelöst werden.

6.4 Spielende

- Lob und inhaltliche Zusammenfassung des Spiels, Onesimus' Dank an seine Freunde
- Auswertungsrunde
- Foto zum Schluss

7. Lösungswege

7.1 Beschreibung der Rätsel

Briefrätsel

Die Spielerinnen und Spieler finden im Raum einen Brief von Paulus an Onesimus. Dieser ist komplett in kleinen Buchstaben geschrieben, lediglich einzelne Buchstaben fallen auf, weil sie Großbuchstaben sind. Liest man diese Buchstaben hintereinander, ergeben sich Zahlwörter und aus diesen der Lösungscode für Kiste Nr. 1: E-I-N-S, F-U-E-N-F, S-E-C-H-S, S-I-E-B-E-N – 1567.

Hinweis: Wenn du einen anderen Code nutzen willst, schreibe den Brieftext ab und setzte dabei die für deinen Code passenden Buchstaben groß.

Buchstabenrätsel

Im Raum (und ggf. im Nebenraum) finden die Spielerinnen und Spieler vier Hinweisblätter aufgehängt. Auf diesen sehen sie scheinbar wahllos aneinandergereihte Buchstaben, die Kennerinnen/Kenner als griechische Buchstaben identifizieren können, was aber keinerlei Relevanz für die Lösung hat. Mehr Wissen ist hier eher hinderlich, weil es ablenkt! Ein fünftes Blatt mit dem Hinweis „Schreiben ist hier erlaubt!“ findet sich im Spielraum. Darauf stehen in vier Blöcken die gleichen Buchstaben wie auf den Hinweisen 1 – 4. Verbindet man in diesem Block die dargestellten Buchstaben in der gleichen Reihenfolge, wie sie auf den Hinweisblättern dargestellt sind, mit geraden Linien, erkennt man die vier Lösungszahlen 1286 für den Lösungscode von Kiste Nr. 2.

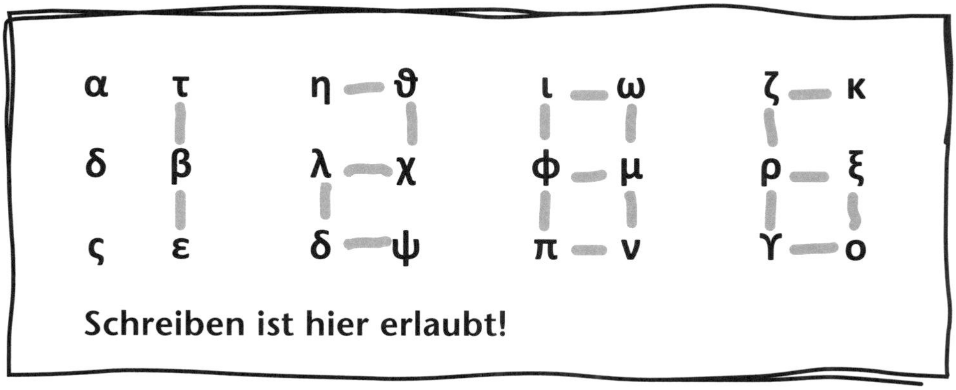

Typische Schwierigkeiten: Wer zu viel an das griechische Alphabet denkt, fängt an, abgefahrene Lösungen zu entwickeln. Es wird wirklich kein Vorwissen gebraucht! Ggf. hilft der Tipp, dass das Schreiben auf dem Lösungsblatt wirklich hilft.

Symbolrätsel

Dieses Rätsel muss wie oben beschrieben individuell an dein Schloss angepasst werden. Die Spielerinnen und Spieler finden im Raum (und ggf. im Nebenraum) an Wänden und Gegenständen ganz viele Symbole, die zunächst willkürlich erscheinen. Erst wenn sie die UV-Taschenlampe und die Batterien gefunden und kombiniert haben und alles im Raum ableuchten, finden sie auf einzelnen Karten die Hinweise „1.“, „2.“ usw. Die auf den entsprechenden Karten abgebildeten Symbole bilden den Lösungscode für das Symbolschloss, welches Kiste Nr. 3 verschließt.

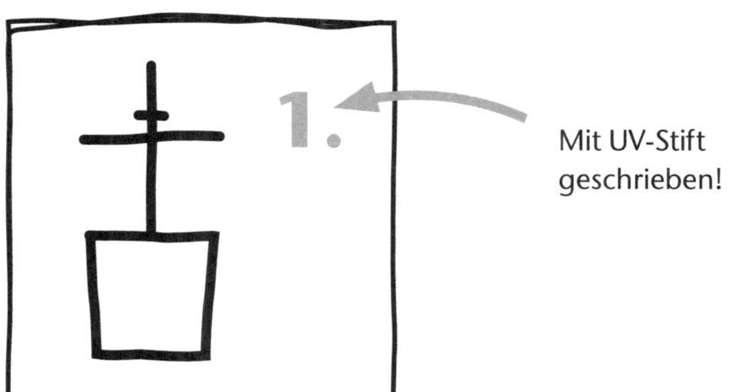

Typische Schwierigkeiten: Es dauert oft eine Weile, bis die UV-Taschenlampe an der richtigen Stelle eingesetzt wird. Sobald der erste Hinweis gefunden ist, geht es aber oft schnell weiter. Je nach Schloss ist es manchmal schwierig, wohin genau die Symbole gedreht werden müssen. Ggf. auf dem Schloss gut markieren oder auf einem zusätzlichen kleinen Zettel mit dem UV-Stift lesbar einen Hinweis notieren und mit aufhängen.

Landkartenrätsel

Für dieses Rätsel müssen die Spielerinnen und Spieler im Raum die Landkarte sowie die einzeln versteckten Landkartenquadrate finden. Landkartenquadrate und die „Anleitung Tresorschloss" sind außerdem in den Kisten Nr. 1, Nr. 2 und Nr. 3 verborgen. Wenn sie alle Teile gefunden haben, erkennen die Spielerinnen und Spieler, dass die Quadrate genau in die Lücken in der Landkarte passen. Die drei Teile der „Anleitung Tresorschloss" sind ebenfalls Kartenausschnitte und können passend auf der Karte platziert werden. Auf der Rückseite der Quadrate sind die Lösungszahlen notiert. Nun kombinieren die Spielerinnen und Spieler alle Infos. Die Anleitung und Zahlen müssen dem eigenen Schloss angepasst werden. (Zum Beispiel: Zunächst 2 volle Umdrehungen nach rechts und weiter auf die [Zahl 1 und Zahl 2]. Dann eine volle Umdrehung nach links und weiter auf die [Zahl 3 und Zahl 4]. Jetzt direkt weiter auf die [Zahl 5 und Zahl 6].) Das Rätsel könnte wie rechts abgebildet aussehen.

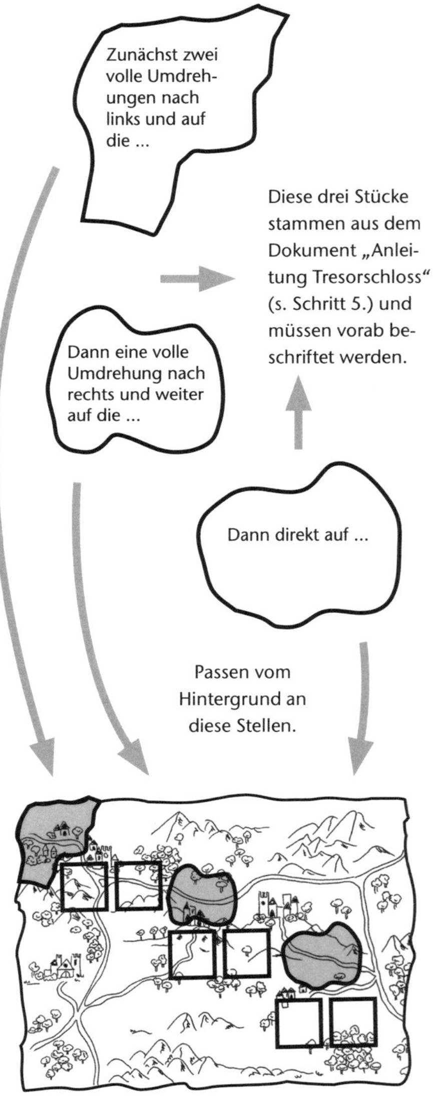

Typische Schwierigkeiten: Erfahrungsgemäß ist die Öffnung des Drehschlosses selbst dann nicht ohne Anleitung möglich, wenn Spielerinnen und Spieler das System z. B. von Schulspinten kennen. Die Zahlen werden nicht kombiniert und z. B als „2 – 3" statt als „23" wahrgenommen. Beim Drehen des Schlosses wird ungenau gearbeitet.

Schachrätsel

Die Spielerinnen und Spieler müssen zunächst im Raum das Schachfeld, die Figurenübersicht und die Schachfiguren finden. Mit der „Anleitung weiß“ aus dem Dokument „Schachrätsel“ wird dann klar, wie diese Gegenstände genutzt werden müssen: Für alle weißen Figuren findet sich hier ein Hinweis, auf welches Feld sie platziert werden müssen (z. B.: B: A3 – Bauer auf das Feld A3 stellen). Aus Kiste Nr. 4 kommen die Hinweise für die schwarzen Figuren dazu. Von oben betrachtet lässt sich so aus den Figuren der Code 315 erkennen, der von einer Linie aus Bauern unterstrichen wird. Dieser Code öffnet Kiste Nr. 5.

Typische Schwierigkeiten: Die Spielerinnen und Spieler bauen das Schachspiel erst einmal richtig auf oder versuchen anhand bekannter Zugweisen für Schachfiguren, diese zu bewegen. All dieses Wissen wird nicht gebraucht.

Rätselbox

Für dieses Rätsel lässt sich jede beliebige Rätselbox nutzen, die z. B. im Internet günstig erworben werden kann. Dieses Rätsel ist mit weniger Kombinationsgabe einfach irgendwann zwischendurch lösbar und oft erledigen das Spielerinnen und Spieler, die bei anderen Rätseln weniger Freude haben und eher gern Hände als Kopf benutzen.

Raumplanrätsel

Bei diesem Rätsel laufen nun alle Stränge zusammen: Die Spielerinnen und Spieler brauchen die drei Raumpläne und die Abschlusstruhe mit Beschriftung. Zunächst müssen sie erkennen, dass die drei Raumteile zusammengepuzzelt den Grundriss des Raumes ergeben. Auf dem Plan finden sich nun drei Hinweise, die einem Symbol (Kreis, Dreieck, Quadrat) jeweils eine Zeichnung eines Gegenstandes (z. B. Fenster, Steckdose) aus dem Raum zuordnen. Die Gegenstände wurden vorab ausgewählt nach Dingen im Raum, die gut zählbar sind. Die Spielerinnen und Spieler müssen zunächst die Zeichnung des Gegenstandes erkennen und durchschauen, dass „#“ ihnen sagt, dass sie die Gegenstände zählen müssen. Hat der Raum z. B. 3 Fenster, 1 Heizkörper und 7 Steckdosen, könnte der Raumplan folgendermaßen aussehen:

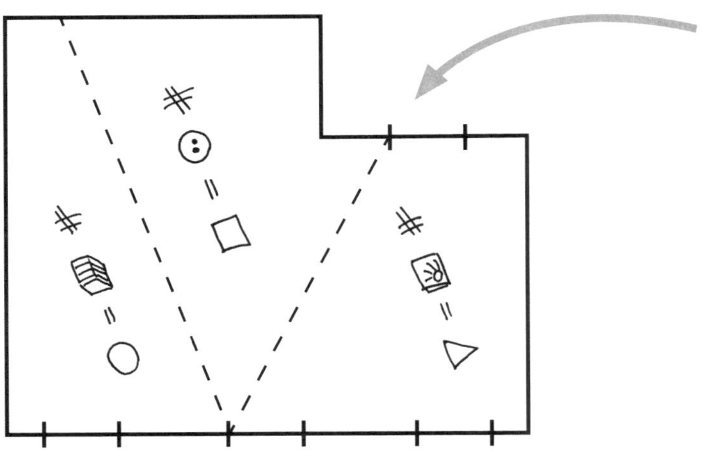

Die gestrichelte Linie ist die Schnittkante der drei Teile.

Die drei Symbole finden sich auf der Beschriftung der Abschlusstruhe wieder. Dort werden sie in einer Art Rechenaufgabe verwendet. Durch Einsetzen der Lösungszahlen wird aus der Aufschrift auf der Kiste „4. Mose 4,36". Auch Spielerinnen und Spieler, die kaum christlich sozialisiert sind, kommen erfahrungsgemäß irgendwann darauf, in die Bibel zu schauen, da das Setting des Spiels das ja hergibt. Sonst ist hier Hilfe notwendig. Ist in der Bibel der richtige Vers gefunden, können die Spielerinnen und Spieler im Text die Lösungszahl 2750 finden und damit die Abschlusstruhe öffnen.

△ + ○ Mose □ − △ , 5 • □ + ○

Weitere Beispiele: Der Raum hat 6 Lampen (Dreieck), 2 Tische (Quadrat) und 5 Stühle (Kreis). Die Beschriftung für die Abschlusstruhe könnte dann folgendermaßen aussehen:

△ − □ Mose 2 • ○ − △ , △ • ○ + 3 • □

Der Raum hat 7 Fenster (Kreis), 3 Steckdosen (Quadrat) und 4 Bilder (Dreieck). Die Beschriftung für die Abschlusstruhe könnte dann folgendermaßen aussehen:

○ − □ Mose △ , 5 • ○ + △ − □

Tipps zur Erstellung eines eigenen Codes:

- Die beiden 4 nicht auf die gleiche Weise berechnen lassen.
- Jedes Symbol mindestens einmal benutzen.
- Rechenregeln beachten (Punkt vor Strich usw.)!
- Den Teil des Raumplanes in Kiste Nr. 5 verstecken, dessen Symbol in der Rechnung am häufigsten vorkommt.

Typische Schwierigkeiten: Gegenstände werden auf dem Raumplan nicht erkannt. Das „#" wird als Hashtag o. Ä. erkannt, aber es dauert eine Weile, bis die Spielerinnen und Spieler darauf kommen, die Gegenstände zu zählen. Manchmal zählen sie dann erst einmal nur die Gegenstände, die sich in dem Teil des Raumes befinden, der auf dem entsprechenden Kartenteil abgebildet ist, nicht im ganzen Raum. Das Ausrechnen der

Bibelstelle macht manchmal Schwierigkeiten. Auch Spielerinnen und Spieler mit Bibelwissen sind schon daran gescheitert zu erkennen, dass die Lösung nicht 4436 ist, sondern noch ein Denkschritt fehlt.

7.2 Spielschema

In der folgenden Übersicht ist der Lösungsweg schematisch und kompakt aufgezeigt. Dieses Spielschema ist ausdrücklich keine Aufbauanleitung, sondern dient der Prozessverfolgung, an welcher Stelle sich die Gruppe gerade auf dem Weg zum Ziel befindet. Die verschiedenen Schraffierungen sollen die verschiedenen Arten deutlich machen und dienen der besseren Erkennung.

Legende

nicht verschlossene Gegenstände, können sofort genutzt werden

Rätsel

verschlossene Kisten / Koffer / Taschen

Rätsel oder Infos, die aus solchen verschlossenen Objekten hervorkommen

Nebenraum

(wenn es keinen gibt, werden diese Dokumente auch im Spielraum versteckt)

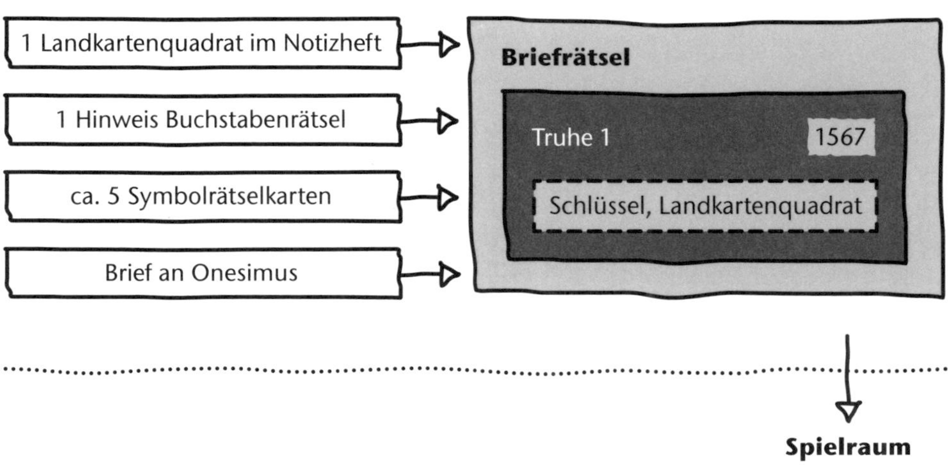

Spielraum

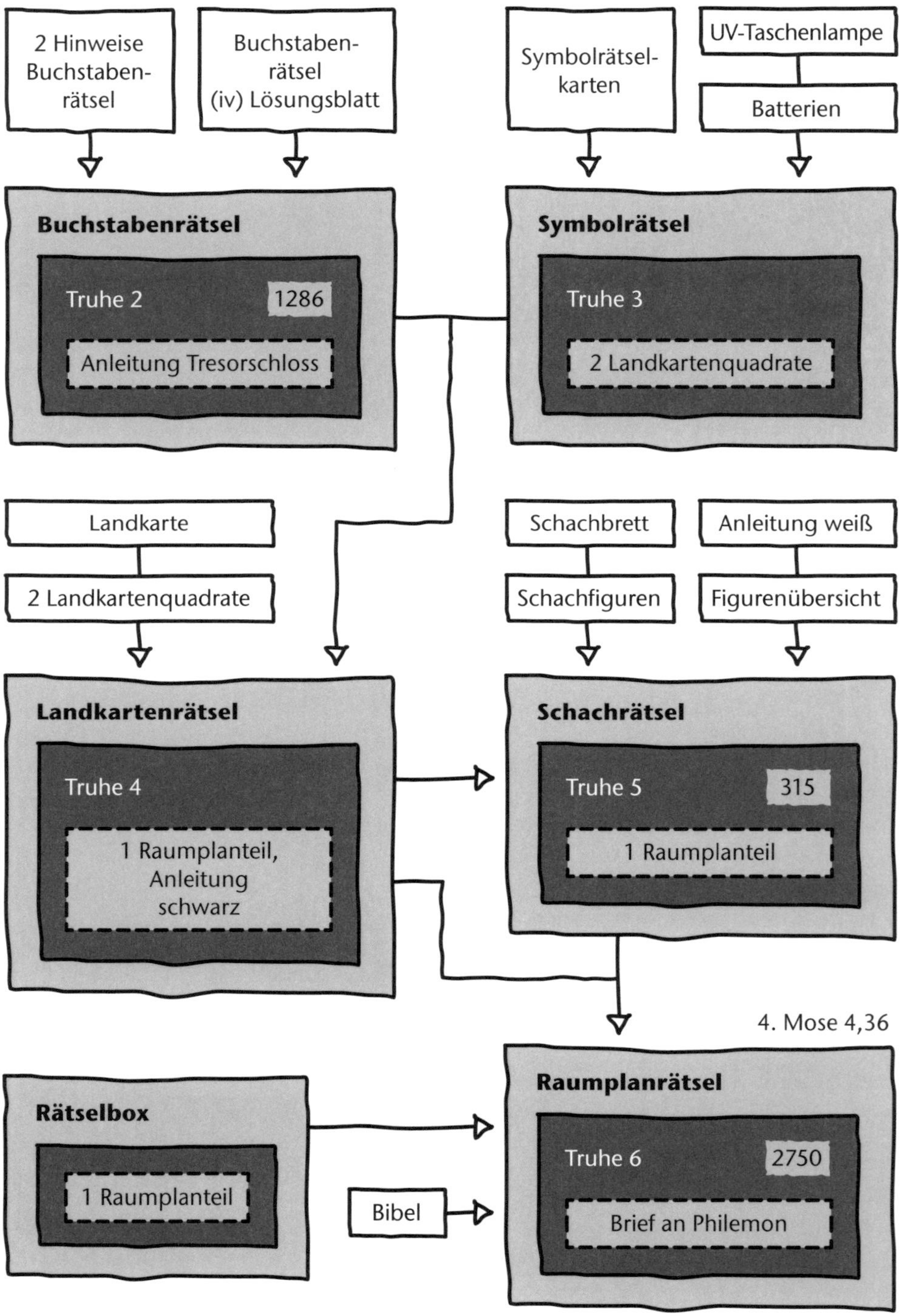

2 Hinweise Buchstaben-rätsel
Buchstaben-rätsel (iv) Lösungsblatt
Symbolrätsel-karten
UV-Taschenlampe
Batterien
Buchstabenrätsel
Truhe 2
1286
Anleitung Tresorschloss
Symbolrätsel
Truhe 3
2 Landkartenquadrate
Landkarte
2 Landkartenquadrate
Schachbrett
Schachfiguren
Anleitung weiß
Figurenübersicht
Landkartenrätsel
Truhe 4
1 Raumplanteil, Anleitung schwarz
Schachrätsel
Truhe 5
315
1 Raumplanteil
4. Mose 4,36
Rätselbox
1 Raumplanteil
Bibel
Raumplanrätsel
Truhe 6
2750
Brief an Philemon

8. Tipps zur Andacht

Der Brief an Philemon ist einer der persönlichsten Briefe des Neuen Testaments, weil er an einen einzelnen Menschen und nicht an eine ganze Gemeinde gerichtet ist. Paulus schreibt diesen Brief, um dem Sklaven Onesimus zur Freiheit zu verhelfen. Dessen Herr Philemon ist Christ geworden – womit Paulus für ihn zur Autorität wird. In dem Brief tritt Paulus für Onesimus ein und erinnert Philemon daran, dass es Gottes Anliegen ist, dass Menschen in Freiheit leben.

Der Brief wird ziemlich selten in Gottesdiensten genutzt, sodass er selbst bei christlich sozialisierten Jugendlichen kaum bekannt sein wird. Die Überraschung, dass sich in der Bibel ein Brief findet, der so einen praktischen Hintergrund hat und es dennoch in die Bibel „geschafft" hat, zeigt, wie groß das Anliegen der Freiheit für die Menschen ist. In Einleitung und Auswertung des Spiels lassen sich daher leicht Impulse platzieren, dass es auch heute noch Gottes Anliegen ist, dass Menschen in Freiheit leben – auch wenn das heute sicher etwas anderes bedeutet als für Onesimus, der als Sklave leben musste.

Ein zweiter Gedanke, der in diesem Spiel steckt, ist der, dass die Spielerinnen und Spieler in die Rolle von Freunden schlüpfen und diesen auf dem Weg in die Freiheit helfen. Auf diese Weise machen sie sich Gottes Anliegen der Freiheit buchstäblich zu eigen. Die Frage, wo sie im Alltag daran mitwirken können, dass Menschen frei werden, liegt da nahe.

Gerade wenn der Raum mit Jugendlichen gespielt wird, die wenig christlich sozialisiert sind, ist es erfahrungsgemäß sinnvoll, diese Impulse im Laufe der Spieleinführung und der Abschlussauswertung zu platzieren, statt eine alleinstehende Andacht anzuschließen.

Impulsfragen

- Wann hast du dich zuletzt richtig frei gefühlt?
- In welchen Situationen fühlst du dich unfrei?
- Gott wünscht sich Freiheit für uns Menschen – was könnte das für dich und dein Leben bedeuten?

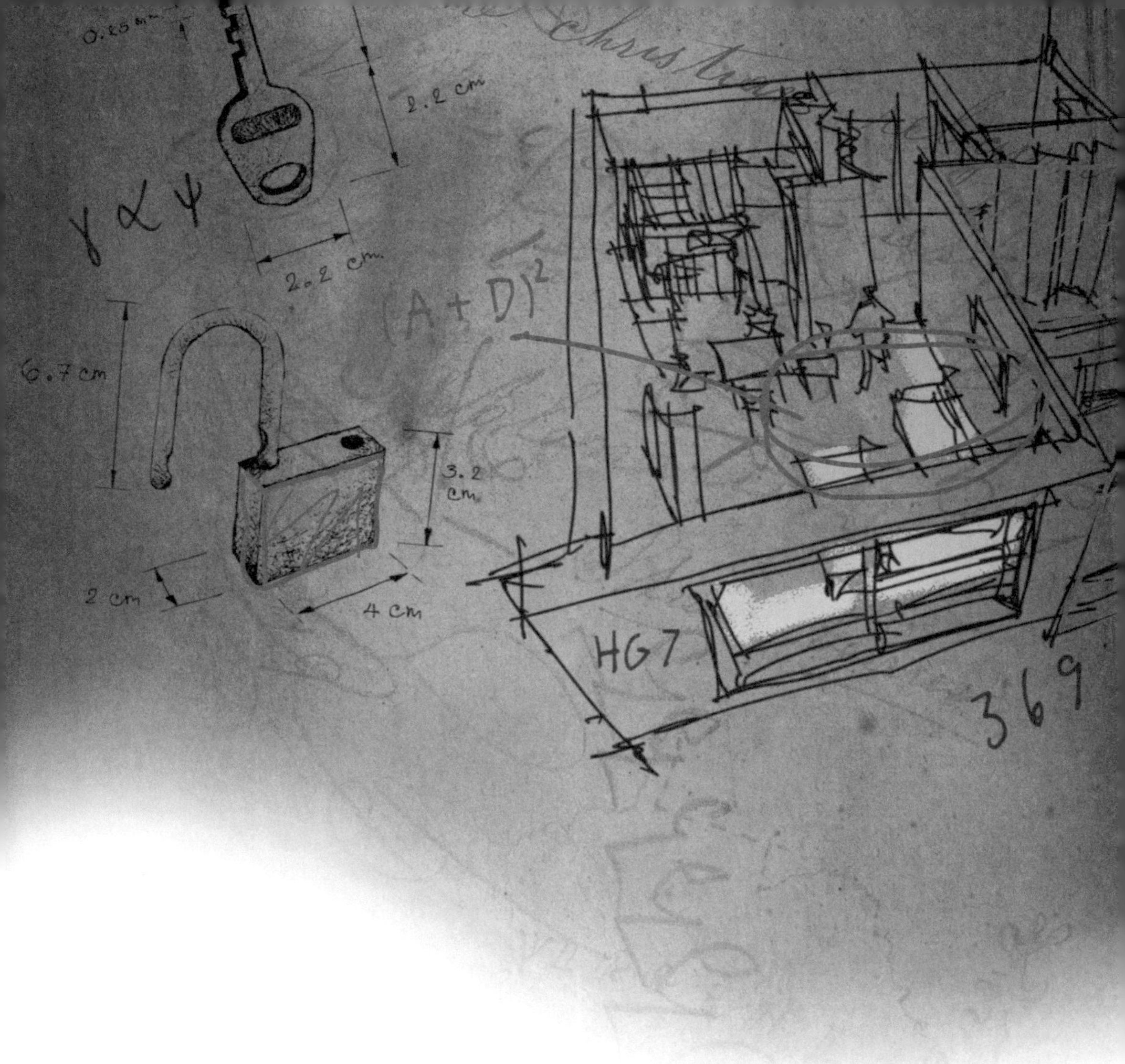

DAS GAME

DIE LÖWENGRUBE

von Robin Feldhaus

1. Allgemeine Informationen

Ziel des Spiels:	Die Spielerinnen und Spieler versetzen sich in die Situation Daniels, der aufgrund seines Glaubens in Todesgefahr gerät.
Bibelstelle/Thema:	Daniel 6,1-29 / Daniel in der Löwengrube
Alter:	ab 12 Jahren
Gruppengröße:	3 – 8 Personen
Aufgabe:	Die Spielerinnen und Spieler nehmen die Position von Gefangenen ein, die mit Daniel in die Löwengrube geworfen werden. Sie versuchen, sich durch das Lösen der Rätsel am Leben zu erhalten.
Dauer:	**Vorbereitung zu Hause:** ca. 2 Stunden **Aufbau vor Ort:** ca. 3 Stunden **Spieldauer:** ca. 1 Stunde plus 10 Minuten Einführung und 10 Minuten Auswertung und Andacht
Spielformat:	Klassisches Live Escape Game
Raumanforderungen:	Ca. 5 x 5 m oder größer. Es müssen zwei große, freie Flächen an den Wänden vorhanden sein: eine Freifläche auf Augenhöhe mit den Maßen 340 x 120 cm, die andere ab Bodenhöhe mit den Maßen 300 x 240 cm.

Spielprofil mit Schlussbemerkung:

●○○ RAUMANFORDERUNG

●●○ VORBEREITUNGSAUFWAND

●●○ WIEDERAUFBAU

●●○ MATERIALAUFWAND

●●○ KOSTEN

●○○ IMMERSION

●●○ SUCHEN

●●○ KOMBINIEREN

●○○ TEAMWORK

●●●○○ SCHWIERIGKEITSGRAD

2. Herangehensweise

- Zuerst ist es wichtig, dass du dich als Spielleitung näher mit der Geschichte von Daniel in der Löwengrube beschäftigst. Schließlich handelt es sich dabei um die Grundlage dieses Live Escape Games: Lies die betreffende Bibelstelle in Daniel 6,1-29 mehrmals aufmerksam durch. Überlege dir anschließend, was dir an der Geschichte wichtig ist und welche Botschaft darin steckt, die du den Teilnehmerinnen und Teilnehmern vermitteln möchtest. Du kannst jetzt schon damit beginnen, die abschließende Andacht vorzubereiten. Lies dazu das Kapitel „Tipps zur Andacht“.
- Nun solltest du dir einen ersten Überblick über die Spielvorbereitungen und den Spielablauf verschaffen. Wirf dazu einen Blick auf die Materialliste und lies die Kapitel „Vorbereitung zu Hause“, „Aufbau vor Ort“ und „Spieldurchführung“.
- Entscheide dich für eine Materialvariante. Sie bestimmt in manchen Punkten, welche Materialien du besorgen musst. Besorge dann sämtliche Materialien, die auf der Liste stehen. Im Idealfall sprecht ihr euch im Team zwei Wochen vorher ab, wer welches Material besorgen kann und was noch besorgt werden muss. Einige Gegenstände werden allerdings erst für den Aufbau vor Ort benötigt und sind dort möglicherweise schon vorhanden. Diese Dinge musst du also nicht extra im Voraus besorgen.
- Wenn du die erforderlichen Materialien besorgt hast, kannst du mit den Vorbereitungen zu Hause beginnen, indem du die Schritte 1. bis 6. befolgst. Vorher solltest du jedoch das Kapitel „Lösungswege“ mit der Erklärung der Rätsel gelesen haben. Die Vorbereitungen fallen nämlich leichter, wenn man weiß, wie die einzelnen Rätsel funktionieren.

- Nach den Vorbereitungen zu Hause kannst du dich um den Aufbau vor Ort kümmern. Wähle einen Raum aus, der die erforderlichen Bedingungen erfüllt, und absolviere die Schritte 7. bis 25. Auch hier gilt: Der Sinn der einzelnen Aktionen ist teilweise erst dann erkennbar, wenn man weiß, wie das Spiel später ablaufen wird.
- Wenn die Vorbereitungen abgeschlossen sind, lies dir noch einmal sorgfältig das Kapitel „Spieldurchführung" durch. Dann kann es endlich losgehen!

3. Materialliste

Manche Materialien können mit einer passenden Idee auch durch etwas anderes ersetzt werden – da gibt es oft viele Optionen. Einige Materialien sind zwingend erforderlich, andere Materialien dienen nur dem Flair oder der Veranschaulichung. Sie sind nicht notwendig und werden daher extra aufgeführt.

Material, das zwingend erforderlich ist

- ☐ 49 gleich große Kisten (z. B. Umzugskisten)
- ☐ 3 mittelgroße Kisten (ca. 30 x 40 cm Fläche; mit Vorhängeschloss absperrbar)
- ☐ 2 Zahlenschlösser mit 3-stelligem Zahlencode
- ☐ 1 Zahlenschloss mit 4-stelligem Zahlencode
- ☐ Papier (DIN A4 und DIN A5) und Stifte
- ☐ 1 Vase/Krug
- ☐ 2 Vogelfiguren
- ☐ 6 Münzen
- ☐ 3 dicke Eddings
- ☐ 1 Wecker/Stoppuhr o. Ä.

Alternativen zu den Materialien

- ☐ Als einfacher zu besorgende und kostengünstigere Variante zu den Kisten können auch 49 Klarsichtfolien oder Briefumschläge in DIN-A4-Größe (sog. Versandtaschen) anstelle der großen Kartons verwendet werden. Wichtig ist, dass der Inhalt nicht einsehbar ist und nach der Befüllung nach außen hin keine Unterschiede zu erkennen sind!
- ☐ Für mehrfache Verwendung bieten sich wasserlösliche Folienstifte an. Dazu müssen die ausgedruckten Materialien vorab laminiert werden.

Material, das nur bei der Vorbereitung zu Hause benötigt wird

- ☐ 1 (Farb-)Drucker
- ☐ 1 Computer
- ☐ 1 Schere
- ☐ 1 Cutter-Messer
- ☐ 1 (Metall-)Lineal
- ☐ Papier und Stift

Material, das aus dem Downloadbereich benötigt wird

Hinweis: Alle Materialien sollten mit der Einstellung „randloser Druck" ausgedruckt werden.

- ☐ Theaterstück Einführung
- ☐ Wandinschrift (auf DIN-A5-Papier)
- ☐ Schablone (entweder in der DIN-A4-Variante oder in der großen Variante) Farbpuzzle (entweder in der DIN-A4-Variante oder in der großen Variante)
- ☐ Hinweis Logikrätsel
- ☐ Gedicht Logik
- ☐ Sudoku (Achtung: Posterdruck auf 4 DIN-A4-Blättern)
- ☐ Puzzleteile Sudoku
- ☐ Hinweis Pfeile Sudoku
- ☐ Hinweis Sudoku
- ☐ Lösung Sudoku (muss nicht zwingend ausgedruckt werden)
- ☐ Abschlusstext
- ☐ Engelsbild (Posterdruck, wenn Kisten verwendet werden; DIN-A4-Ausdruck bei der Nutzung von Klarsichtfolien/Versandtaschen)
- ☐ Hinweis Wandinschrift
- ☐ Hinweis Gegenstände
- ☐ 40x Gefahr
- ☐ 2x Hoffnungsengel
- ☐ Symbole farbig
- ☐ Farbige
- ☐ blaue Symbole
- ☐ Symbole
- ☐ gelbe Symbole
- ☐ Schwaerzen
- ☐ rote Symbole
- ☐ Feld Wege
- ☐ Regeln Wege
- ☐ Richter
- ☐ Jeremia
- ☐ Aufforderung Einsturz

Material, das nur optional benötigt wird

- ☐ 1 weitere Mitarbeiterin / weiterer Mitarbeiter
- ☐ Klebestift oder Reißzwecken (je nach Befestigungsart der Wandinschrift)
- ☐ Laminiergerät und Folien (für DIN A4 und DIN A5; zum Haltbarmachen der Materialien)
- ☐ Tonpapier/-karton (Farbe egal)
- ☐ Musterklammern
- ☐ Stofftuch oder Papier (330 x 120 cm; wird nur dann benötigt, wenn freie Fläche an Wand nicht mit Reißzwecken bespickt werden darf)
- ☐ 1 Rätselkiste
- ☐ Verkleidungen für das Anspiel
- ☐ Hintergrundgeräusche (z. B. Höhlen- oder Löwengeräusche)
- ☐ 1 Abspielgerät
- ☐ Lautsprecher und Kabel
- ☐ Dekoration: Holz(stapel) und Äste, Steine, Dekopflanzen, Plüschtiere, Knochen usw., was Raum in Löwengrube verwandelt
- ☐ rot-weißes Absperrband (zum Abtrennen von Bereichen, die nicht zum Spiel gehören)

4. Vorbereitung zu Hause

1. Erstelle dir eine persönliche Materialliste anhand der angegebenen Liste und besorge alle Materialien.

2. Drucke alle nötigen Seiten aus. Beachte die Hinweise zu variierenden Druckformaten!

3. Wenn die Wandinschrift nicht direkt an einer Wand am Durchführungsort befestigt werden darf/kann, dann besorge dir ein Tuch oder ein großes Papier mit den Maßen 330 x 120 cm. Befestige/klebe die DIN-A5-Zettel aus dem Dokument „Wandinschrift" (s. Downloads) in der richtigen Reihenfolge mit ca. 1 cm Abstand darauf. Achte dabei darauf, dass du die Zettel so anordnest, wie es das Dokument „Schablone" (s. Downloads) vorgibt (vier Zeilen; schwarze Kästchen = leere DIN-A5-Blätter). Die verschlüsselte Textzeile „Zehn Min Zeit Plus" (auf dem Dokument „Wandinschrift" enthalten) wird etwas weiter unter dem Vierzeiler befestigt.

4. Entferne vom Dokument „Schablone" (s. Downloads) alle farbigen Rechtecke mithilfe eines Cutter-Messers. Das bunt ausgedruckte Dokument „Puzzle" (s. Downloads) wird in sechs Einzelteile zerschnitten.

5. Zerschneide das Dokument „Hinweis Logikrätsel" (s. Downloads) entlang der gestrichelten Linien.

6. Klebe die vier Seiten des Dokuments „Sudoku" (s. Downloads) so zusammen, dass es eine große Seite mit fließenden Übergängen der Linien ergibt. Für mehr Stabilität kann diese zusätzlich auf Tonpapier/-karton geklebt werden. Schneide dann die Dokumente „Puzzleteile Sudoku", „Hinweis Pfeile Sudoku" und „Hinweis Sudoku" (s. Downloads) aus.

5. Aufbau vor Ort

7. Befestige an der Wand, wo du die Kistenwand aufbauen willst, die Dokumente „Abschlusstext" und „Engelsbild" (s. Downloads). Solltest du dich für die Variante mit den Klarsichthüllen/Versandtaschen entschieden haben, kommen beide DIN-A4-Ausdrucke in den Umschlag, der durch das letzte Rätsel herausgefunden wird.

8. Baue alle Kartons vor den in Schritt 7. aufgeklebten Dokumenten an einer Wand auf. Zur besseren Stabilität können Musterklammern verwendet werden, die die Kartons oben, unten und zur Seite miteinander verbinden. Es ist zwingend erforderlich, dass die Kartons ein Feld von 7 x 7 Kartons ergeben.

9. Solltest du dich für die Alternative mit den Klarsichtfolien bzw. Versandtaschen entschieden haben, warte noch mit der Befestigung, bis du diese mit Material gefüllt hast.

10. Befestige die Wandinschrift an einer Wand (s. Schritt 3.). Wenn die Buchstaben bereits auf einem Tuch oder Papier befestigt wurden, hänge dieses im Raum auf. Die Textzeile „Zehn Min Zeit Plus“ (im Dokument „Wandinschrift“ enthalten) wird etwas weiter unter dem Vierzeiler befestigt.
11. Dekoriere den Raum. Der Raum soll wie eine Höhle aussehen, worin wilde Tiere leben. Je authentischer die Löwengrube gestaltet wird, desto glaubwürdiger wird das Setting und intensiver die Spielerfahrung.
12. Platziere die drei abschließbaren Kisten im Raum. Stelle das 4-stellige Zahlenschloss auf den Code 9111 ein. Stelle ein 3-stelliges Zahlenschloss auf den Code 612 und das andere auf den Code 177 ein. Lege die Schlösser zu den jeweiligen Kisten. (Größe der Kisten nicht vom Schloss abhängig)
13. Platziere das Dokument „Hinweis Wandinschrift“ (s. Downloads) zusammen mit einem Stift offen im Raum. Verstecke das Dokument „Schablone“ und die Teile des Dokuments „Farbpuzzle“ (s. Schritt 4.) frei zugänglich im Raum.
14. Platziere die Vase / den Krug und eine Vogelfigur im Raum. Platziere die andere Vogelfigur, zwei Münzen sowie das Dokument „Hinweis Gegenstände“ in der Kiste mit dem 4-stelligen Code 9111. Verstecke die übrigen Münzen frei zugänglich im Raum. Optional können Münzen in einer Rätselkiste verstaut und diese versteckt werden.
15. Platziere den Hinweis des Logikrätsels mit der Tabelle darauf in der Kiste mit dem 3-stelligen Zahlenschloss mit dem Code 612. Platziere einen beliebigen Hinweis des Logikrätsels in der Kiste, die durch das 4-stellige Zahlenschloss gesichert ist. Verstecke einen beliebigen weiteren Hinweis des Logikrätsels frei zugänglich im Raum. Solltest du eine Rätselkiste verwenden (s. Schritt 14.), kannst du den Hinweis stattdessen darin verstecken. Verstecke das Dokument „Gedicht Logik“ (s. Downloads) in der Kiste in der 2. Kiste von rechts, 3. Reihe von oben.
16. Platziere im Raum offensichtlich das Dokument „Sudoku“ (s. Schritt 6.).
17. Platziere nun in der Kistenwand in der 3. Reihe von unten folgende Dinge: In der 1. Kiste von links einen Ausdruck des Dokuments „Gefahr“ (s. Downloads). Die 2. Kiste von links bleibt leer. Die 3. Kiste von links erhält wieder einen Ausdruck des Dokuments „Gefahr“. In die 4. Kiste von links kommt ein Ausdruck des Dokuments „Hoffnungsengel“ (s. Downloads), sowie der letzte übrig gebliebene Hinweis aus dem Dokument „Hinweis Logikrätsel“ (s. Schritt 15.). In die 5. Kiste von links kommt wieder ein Ausdruck des Dokuments „Gefahr“. In die 6. Kiste von links legst du einen Ausdruck des Dokuments „Hoffnungsengel“. In die Kiste ganz rechts der Reihe kommen alle Dokumente aus „Puzzleteile Sudoku“, „Hinweis Pfeile Sudoku“ und „Hinweis Sudoku“ (s. Schritt 6.).

18. Nun benötigst du die farbigen Ausdrucke aus dem Dokument „Symbole farbig“. Befestige an den Ecken der Kistenwand und in der Mitte die Symbole, die auf dem Sudoku abgebildet sind, in einer beliebigen Farbe. Platziere in der Kiste, die mit dem 4-stelligen Zahlencode 9111 verschlossen ist, ein beliebiges Symbol. Platziere zwei weitere beliebige Symbole in der Kiste, die mit dem Code 612 verschlossen ist. Verteile die restlichen zehn Symbole im Raum, manche mehr, manche weniger offensichtlich.
19. Platziere in der Kiste in der 3. Reihe von oben, 3. Kiste von rechts der Kistenwand einen dicken Edding, das Dokument „Farbige“ und das Dokument „blaue Symbole“. In die nächste Kiste (4. Reihe von oben/unten; 2. Kiste von links) kommen erneut ein dicker Edding, sowie das Dokument „Symbole“ und die Datei „gelbe Symbole“. In die dritte Kiste (unterste Reihe; 2. Kiste von rechts) kommen auch ein dicker Edding, sowie das Dokument „Schwaerzen“ und „rote Symbole“. Solltest du dich für die Variante mit den Klarsichtfolien bzw. den Versandtaschen entschieden haben, lege die Eddings frei zugänglich im Raum aus. Die Stifte wären in den Folien/Umschlägen verräterisch.
20. Platziere nun die Ausdrucke der Dokumente „Feld Wege“ und „Regeln Wege“ in der Kiste, die mit dem Code 177 verschlossen wird.
21. Platziere das Dokument „Richter“ in der Kiste, die mit dem Code 612 verschlossen wird. Das Dokument „Jeremia“ kommt in die Kiste, die mit dem Code 177 verschlossen wird. Schließe nun die drei Kisten mit den jeweiligen Zahlenschlössern ab.
22. Platziere in der Kiste in der 2. Reihe von oben, 3. Kiste von links der Kistenwand das Dokument „Aufforderung Einsturz“. Hast du dich für die Variante mit den Klarsichthüllen/Versandtaschen entschieden, platziere dort stattdessen das Engelsbild und den Abschlusstext aus Daniel 6,20-24.
23. Platziere in alle „unbelegten“ Kisten der Wand weitere Dokumente „Gefahr“. Indem diese mit der bedruckten Seite nach unten hineingelegt werden, können die Teilnehmerinnen und Teilnehmer den Inhalt nicht erkennen. Schließe dann alle Kartons.
24. Hast du dich für die Variante mit den Klarsichthüllen/Versandtaschen entschieden, befestige diese an der dafür vorgesehenen Wand, sobald alle Hüllen/Umschläge befüllt worden sind.
25. Lege im Raum Papier und Stifte aus.

Wiederaufbau

Für den Wiederaufbau für eine neue Spielrunde müssen alle Schritte „Aufbau vor Ort“ 7. bis 25. noch einmal durchgegangen werden. Achte darauf, dass beschriftete Materialien saubergemacht, weggeworfen oder ersetzt werden müssen.

6. Spieldurchführung

6.1 Anmoderation

Erklärung für die Spielenden

Ein Live Escape Game lässt sich mit vier Begriffen erklären: ein Raum – ein Team – eine Aufgabe – eine Stunde Zeit. Man hat als Team 60 Minuten Zeit, um verschiedene Rätsel zu entschlüsseln und die Aufgabe zu lösen. Dazu ist es notwendig, viele Hinweise richtig zusammenzubringen. In diesem Raum startet ihr zuerst nur mit 30 Minuten Zeit. Weitere 30 Minuten könnt ihr euch durch das Lösen von Rätseln erspielen. Im Spiel kommt immer wieder der Begriff „Hoffnung" vor. Dieser ist gleichzusetzen mit zusätzlicher Spielzeit. Die Aufgaben und Rätsel lassen sich nach einem einfachen Prinzip lösen: suchen, sammeln, kombinieren und anwenden.

Ihr nehmt als Team die Rolle von Gefangenen ein, die mit Daniel in die Löwengrube geworfen werden. Ihr versucht euch durch das Lösen der Rätsel am Leben zu erhalten.

Gleich müsst ihr irgendwo anfangen. Dann ist es wie bei einer Schnitzeljagd: Ihr folgt als Team den Hinweisen und setzt verschiedene Dinge zusammen, um das große Rätsel zu lösen.

Viel Spaß und Freude beim Öffnen von Kisten und Finden von Geheimnissen!

Regeln

- Die Aufgaben und Rätsel sind ohne Gewalt lösbar. Ihr müsst nichts demontieren oder mutwillig auseinandernehmen.
- Im Raum befindet sich eine Wand aus Kisten (bzw. Klarsichtfolien/Versandtaschen). Die meisten enthalten Strafzeit. Öffnet nur Kisten, wenn ihr ausreichend Hinweise habt. Falls die Kisten Lücken zum Hineinschauen aufweisen, verderbt euch nicht den Spaß des Spiels damit, hineinzuspicken.
- Schlösser werden mittels Schlüssel oder Codes geöffnet und nicht „geknackt" oder durch Herumprobieren geöffnet, es sei denn, es sind z. B. die Zahlen bekannt, aber nicht die Reihenfolge.
- Lasst bitte geöffnete Schlösser ggf. mit Schlüssel einfach hängen.
- Alles, was durch Klebeband festgeklebt oder anderweitig fixiert ist, soll an diesem Ort bleiben!
- Mit rot-weißem Band markierte Bereiche dürfen nicht betreten werden bzw. die Gegenstände dürfen nicht berührt werden – sie gehören nicht zum Spiel.
- Ihr dürft parallel arbeiten, ihr müsst also nicht immer alle dasselbe machen, sondern ihr könnt euch auch aufteilen.
- Die Nutzung eigener technischer Hilfsmittel ist verboten!
- Ebenso das Anfertigen von Foto-, Video- oder Audioaufnahmen. Bewahrt das Geheimnis, damit sich bei einem solchen Spiel nicht die Lösung verbreitet.
- Ihr habt vorerst 30 Minuten Zeit. Ich stoppe für euch die Zeit und erinnere euch zwischendurch daran. (Gemeinsam runterzählen und den Wecker / die Stoppuhr einstellen.)

Einführung in die Geschichte von Daniel 6

Die Einführung dient dazu, dass die Teilnehmerinnen und Teilnehmer ihre Rolle als Gefangene einnehmen können und ist von großer Bedeutung für die inhaltliche Verknüpfung des Live Escape Games mit der Hintergrundgeschichte. Möglicherweise ist dir bei der Vorbereitung des Raumes aufgefallen, dass die Rätsel keinen direkten inhaltlichen Bezug auf Daniel 6 nehmen. Dies ist beabsichtigt. Angesichts des drohenden Todes sollen die Gruppen in einen Aktionismus verfallen, der sie womöglich aus der Situation befreit. Im Gegensatz dazu steht die Erfahrung Daniels, der auf den befreienden Gott Israels vertraut. Bitte lies in diesem Zusammenhang auch die Tipps zur Andacht, insbesondere die Reflexion zum Bibeltext.

Die Einführung geschieht durch ein kurzes Anspiel. Hierzu braucht es die Spielleitung sowie – wenn möglich – eine weitere Person. Sowohl eine Ein-, als auch eine Zwei-Personen-Variante des Anspiels findest du im Downloadbereich. Die Spielleitung nimmt vor dem Start des Live Escape Games die Rolle des Urteil verkündenden Herrschers Darius ein. Die zusätzliche Mitarbeiterin / der zusätzliche Mitarbeiter nimmt die Rolle einer Person ein, die genauso wie Daniel und mit der Gruppe zusammen zum Tod durch die Löwen verurteilt wird. Dieser Charakter ist angesichts seiner Verurteilung völlig verzweifelt. Er empfindet das Gesetz, das in Daniel 6 verabschiedet wurde, als lächerlich und tut dies lauthals kund. Er wird dennoch verurteilt und mit der Gruppe in den Raum geführt. Das Ziel dieses Charakters ist es, der Gruppe vor Augen zu führen, wie ausweglos diese Strafe in der Löwengrube ist. Er versucht durch irgendwelche Aktionen (Lösen der Rätsel) nicht die Hoffnung zu verlieren und sich selbst aus dieser Situation zu befreien. Dabei bindet er die Gruppe mit ein. (Weitere Hinweise zu dieser Rolle findest du im Downloadbereich in der Datei „Theatertext Einführung".)

Was passiert, wenn die Gruppe die Aufgaben nicht vor Ablauf der Zeit schafft? Es gibt zwei Möglichkeiten:

- Lass die Gruppe zu Ende spielen, sofern die Zeit dafür da ist. So kann die Gruppe mit Daniel die Geschichte zu Ende erleben. Die Zeit wird dadurch jedoch zur Nebensache.
- Die Gruppe „stirbt" und das Spiel wird abgebrochen. Dieses Schicksal wird jedoch nicht von Daniel geteilt und seine Geschichte kann im Rahmen der Andacht zu Ende erzählt werden. Es sollte jedoch mit der Gruppe reflektiert werden, dass Gott nicht Daniel, den Vertrauenden, gegenüber der Gruppe bevorzugt. Es handelt sich um eine fiktive Situation, dass sich noch mehr Personen als Daniel in der Löwengrube befunden haben. Die biblische Geschichte ist hier bedeutender einzustufen als die fiktive Aufarbeitung als Live Escape Game! Dies sollte der Gruppe auch so vermittelt werden.

Aufgabe

Die Spielerinnen und Spieler nehmen die Position von Gefangenen ein, die mit Daniel in die Löwengrube geworfen werden. Sie versuchen, sich durch das Lösen der Rätsel am Leben zu erhalten.

6.2 Das Team begleiten – Tipps

Der verzweifelte Charakter aus dem Anspiel kann auf unterschiedliche Art und Weise Einfluss auf den Spielverlauf nehmen. Dabei darf aber nicht vergessen werden, dass die Hauptaufgabe dieser Person ist, der Gruppe darzustellen, wie lebensbedrohlich ihre Situation ist. Dies sollte achtsam auf die Stimmung der Gruppe geschehen, da es auch ein „zu viel" geben kann. Gleichzeitig kann dieser Charakter motivierend auf die Gruppe einwirken und teilweise die Rolle der begleitenden Spielleitung übernehmen, indem er die Gruppe auf Details im Raum hinweist, die zur Lösung des Rätsels beitragen. Dazu muss die Person, die den Charakter verkörpert, die Lösungswege der Rätsel kennen. Die Lösung des Games selbst sollte sie aber nicht verraten, da dies den Charakter unglaubwürdig macht. Das Vorbereitungsteam kann sich jedoch auch dazu entscheiden, alle Hinweise hinsichtlich der Lösungen der Rätsel der Spielleitung zu überlassen.

6.3 Spielablauf

- Du erklärst das Spielprinzip und die Regeln.
- Durch das Anspiel wird die Gruppe in die Geschichte eingeführt.
- Du stellst die Aufgabe vor.
- Du stellst den Wecker / die Uhr auf 30 Minuten und beginnst damit das Spiel.
- Die spezifischen Rätselelemente dieses Spiels müssen in der richtigen Reihenfolge gelöst werden.

6.4 Spielende

- Andacht
- Auswertungsrunde
- Foto zum Schluss

7. Lösungswege

7.1 Beschreibung der Rätsel

Rätsel 1: Wandinschrift

Die Wandinschrift ist nach der hebräischen Atbasch-Verschlüsselung codiert. Die Atbasch-Codierung vertauscht den ersten Buchstaben gegen den letzten, den zweiten gegen den vorletzten usw. Entsprechend ist das A = Z, das B = Y, das C = X usw.

A	B	C	D	E	F	G	H	I	J	K	L	M
Z	Y	X	W	V	U	T	S	R	Q	P	O	N

Den Hinweis auf die Lösung gibt das Dokument „Hinweis Wandinschrift“. Der Lösungstext ist dann Psalm 91,11 Lu: „‚Der Herr hat seinen Engeln befohlen, dass sie dich behueten auf allen deinen Wegen.‘ Zehn Min Zeit Plus.“

Rätsel 2: Schablone

Im Raum befinden sich das Dokument „Schablone“, sowie die Teile des Dokuments „Farbpuzzle“, die zusammengesetzt ein farbiges Muster ergeben. Sowohl auf der Schablone als auch auf dem Farbpuzzle befindet sich ein Sternsymbol, das andeutet, dass diese beiden Materialien zusammengehören. Wenn nun die Schablone auf das Farbpuzzle gelegt wird (Stern über Stern), erscheinen in den ausgeschnittenen Feldern einzelne Farben.
Die Schablone symbolisiert mit ihren Flächen die Wandinschrift (je Kasten ein Buchstabe, Leerzeichen sind schwarz gefärbt). Diese Verbindung müssen die Spielerinnen und Spieler durch Vergleichen selbst herausfinden. Werden alle blauen, alle orangenen und alle grünen Felder den jeweiligen Buchstaben der übersetzten Wandinschrift zugeordnet, ergeben sich die Zahlen „Eins“, „Neun“ und „Elf“. Durch diese vorgegebenen Zahlen ergeben sich vier mögliche Zahlenkombinationen (1119, 1191, 1911 und 9111), die ausprobiert werden müssen. Das 4-stellige Zahlenschloss muss auf den richtigen Code 9111 (Psalm 91,11) eingestellt werden, damit es sich öffnet.

	W	V	I		S	V	I	I		S	Z	G		H	V	R	M	V	M	
	D	E	R		H	E	R	R		H	A	T		S	E	I	N	E	N	
	V	M	T	V	O	M		Y	V	U	L	S	O	V	M		W	Z	H	H
	E	N	G	E	L	N		B	E	F	O	H	L	E	N		D	A	S	S
H	R	V		W	R	X	S		Y	V	S	F	V	G	V	M		Z	F	U
S	I	E		D	I	C	H		B	E	H	U	E	T	E	N		A	U	F
	Z	O	O	V	M		W	V	R	M	V	M		D	V	T	V	M		
	A	L	L	E	N		D	E	I	N	E	N		W	E	G	E	N		

Rätsel 3: Gegenstände

Im Raum sind viele verschiedene Gegenstände (Dekoration!) zu finden. Manche haben eine Bedeutung, manche nicht. Wichtig sind die Folgenden: sechs Münzen, ein Krug / eine Vase, zwei Vogelfiguren. Einige dieser Gegenstände sind im Raum versteckt. Einer oder mehrere (z. B. Vogelfigur und ein bis zwei Münzen) befinden sich in Kiste 1 (Code 9111; s. Schritt 14.) zusammen mit dem Dokument „Hinweis Gegenstände“. Das erste Symbol darauf stellt den griechischen Großbuchstaben „Sigma" dar, der in der Mathematik als Summenzeichen verwendet wird. Die drei Symbole beziehen sich auf die gesuchten Gegenstände, die jeweils in ihrer Anzahl eine Zahl für einen 3-stelligen Code liefern. Der Hinweis soll wie folgt interpretiert werden: Je die Summe aller Münzen, der Krüge und der Vögel. Die Lösung lautet entsprechend 612 und ist ein Hinweis auf Richter 6,12 Lu: „Da erschien ihm der Engel des Herrn und sprach zu ihm: Der Herr mit dir, du streitbarer Held!" Mit dem Code kann das Schloss an Kiste 2 geöffnet werden.

Rätsel 4: Logik

Bei diesem Rätsel kommt die Kistenwand ins Spiel. An ihr befindet sich von Anfang an eine Warnung, die vor unbedachtem Öffnen warnt. Mithilfe von vier weiteren Hinweisen kann das Rätsel durch logisches Ausschlussverfahren gelöst werden. Die wichtigen Informationen: Drei Kisten sind nahezu tödlich (geben Strafzeit); zwei machen Hoffnung möglich (geben zusätzliche Zeit); eine macht gar nichts (ist leer); eine führt euch weiter (enthält das nächste Rätsel). Weitere Hinweise finden die Spielerinnen und Spieler im Dokument „Hinweis Logikrätsel", dessen Bestandteile an verschiedenen Stellen im Raum versteckt sind (s. Schritt 15.). Die Lösung für die Reihenfolge der Kisten sieht folgendermaßen aus:

Gefahr	leer	Gefahr	Hoffnung + Hinweis	Gefahr	Hoffnung	Nächstes Rätsel

Durch den Hinweis, dass jeweils die zweite von links und rechts keine Gefahr enthalten, dürfen (und müssen) diese sofort geöffnet werden. In einer befindet sich „Hoffnung" (zusätzliche Zeit), die andere ist leer. Durch das Aufdecken der ersten Hoffnung ist klar, dass links von ihr Gefahr lauert. Der einzige Ort, wo sich Hoffnung nun verbergen kann, ist die Mitte, da links von ihr immer Gefahr lauert. Damit bleiben die Kiste ganz rechts und die Kiste ganz links übrig. Entscheidend ist nun der Hinweis (Dokument „Hinweis Logikrätsel"), der sich in der zweiten Hoffnungskiste (Mitte) befindet. Die bunten Felder bilden ein verwirrendes Muster. Wenn man aber den weißen Linien dazwischen folgt, erkennt man das Wort „RECHTS". (Es ist leichter zu erkennen, wenn man das Blatt aus einiger Entfernung betrachtet). Die Spielerinnen und Spieler sollen sich somit für die rechte Kiste entscheiden und haben damit das Rätsel gelöst.

Rätsel 5: Sudoku

Das Sudoku ist von Anfang an im Raum offensichtlich platziert. Es symbolisiert die Kistenwand. In der Lösungs-Kiste des Logikrätsels sind die Dokumente „Puzzleteile Sudoku" enthalten, sowie das Dokument „Hinweis Pfeile Sudoku" und „Hinweis Sudoku", das einen Hinweis darauf gibt, wie das Rätsel gelöst werden kann. Die Lösung gestaltet sich zunächst nach dem Sudoku-Prinzip: Pro Zeile und Spalte darf jede Farbe nur einmal benutzt werden. Als Starthilfe sind auf fünf Teilen die gleichen Symbole abgebildet. Der Rest kann entweder durch Logik oder durch Ausprobieren gelöst werden. (Die korrekte Lösung findest du in den Downloads.) Ist das Feld richtig gefüllt, kommen die Dokumente „Hinweis Pfeile Sudoku" ins Spiel: Jeder der Hinweise deutet auf je eine zu öffnende Kiste in der Kistenwand hin. Jeder Hinweis ist in einer Farbe gestaltet, die die Spielerinnen und Spieler im Sudokurätsel finden. Der Hinweis bezieht sich auf die Felder mit dieser Farbe. Die Zahl und der Pfeil zeigen an, welche Kiste geöffnet werden soll. Ist auf dem Hinweis z. B. eine orange 7 zu sehen, neben der der Pfeil nach unten zeigt, muss die Kiste geöffnet werden, die auf dem Sudoku als 7. orange Kiste von oben markiert ist. Öffnen die Spielerinnen und Spieler die richtige Kiste, finden sie darin das nächste Rätsel.

Rätsel 6: Symbole schwärzen

Die Materialien in den drei geöffneten Kisten werden nun mit den farbigen Symbolen, die die Spielerinnen und Spieler von Anfang an im Raum wahrgenommen oder durch das Öffnen vorheriger Kisten gefunden haben, kombiniert (Dokumente „blaue Symbole", „gelbe Symbole", „rote Symbole", „Farbige", „Symbole", „Schwaerzen"). Die Anweisung ergibt sich aus den drei einzelnen horizontalen Wörtern in den Dokumenten „Farbige", „Symbole" und „Schwaerzen", die den Satz „Farbige Symbole schwaerzen" bilden. Wie viele verschiedene Symbole je schwarz angemalt werden müssen, verraten die vertikalen Worte „Je sechs Stück". Diese Anweisungen können durch die Art der Gestaltung unterschiedlich gelesen werden. Hier muss die Spielleitung möglicherweise unterstützen. Es existieren insgesamt neun unterschiedliche Symbole: Tora, Tempel, Löwe, Kreisel, Horn, Stern, Kelch, Gebotstafeln, Kerzenleuchter. Sie sind aus der jüdischen Kultur abgeleitet. Davon gibt es immer sechs Symbole je in den Farben rot, blau und gelb. Drei Symbole fehlen entsprechend je Farbe. Die Kopfzeile der Symbolfelder ist farblich markiert, damit man je Blatt zuordnen kann, welche Symbolfarbe gestrichen werden muss. Indem die Spielerinnen und Spieler alle Symbole, zu denen es ein entsprechend farbiges Pendant gibt, mit den gefundenen Eddings schwärzen, bleibt mithilfe der drei nicht geschwärzten Symbole eine Zahl übrig. (Achtung: Wenn das Papier recht dünn ist, kann der Edding durch das Papier durchdrücken.) Dies ist auf jedem Blatt der Fall. So kommt eine dreistellige Zahlenkombination heraus: 177 (die Reihenfolge muss durch Ausprobieren herausgefunden werden). Mithilfe dieser Kombination wird Kiste 3 geöffnet.
(Ein Beispiel für die Lösung des Rätsels mit den blauen Symbolen siehst du rechts.)

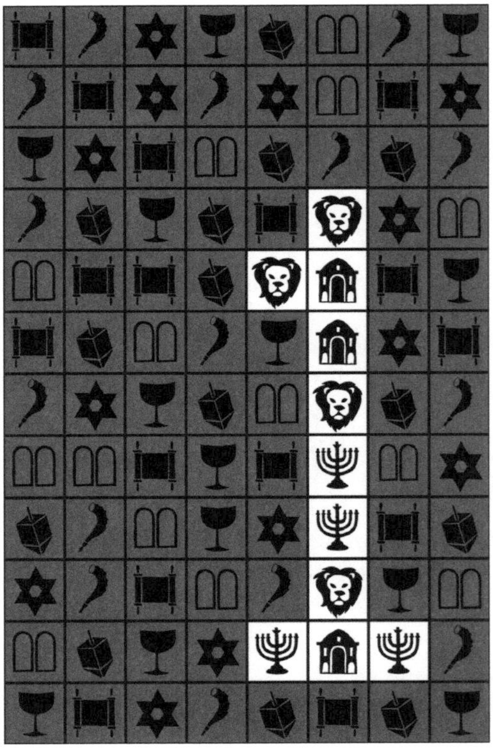

Rätsel 7: Verquere Wege

In Kiste 3 befinden sich die Dokumente „Regeln Wege“ und „Feld Wege“. Die Regeln sind durch den Hinweis vorgegeben. Das Feld in 7 x 7 bezieht sich erneut auf die Kistenwand. Alle schwarzen Felder entsprechen Kisten, die im Verlauf des Spiels bereits geöffnet wurden. Der Hinweis „Geht den direkten Weg“ ist so zu verstehen, dass möglichst wenig Kurven gemacht werden sollen. Dies ist für die Verbindung der zwei Felder, die mit der „3“ gekennzeichnet sind, relevant. Folgen die Spielerinnen und Spieler den Anweisungen, bleibt am Schluss die 3. Kiste in der 2. Reihe von oben der Kistenwand zum Öffnen übrig. Dieses Feld ist auf dem Plan das einzige, das nicht auf dem Weg von Nummer zu Nummer durchquert wurde.

Die nun geöffnete Kiste enthält die Aufforderung, die Kistenwand zum Einsturz zu bringen und so das Engelsbild freizulegen. Dies beendet das Spiel.

7.2 Spielschema

In der folgenden Übersicht ist der Lösungsweg schematisch und kompakt aufgezeigt. Dieses Spielschema ist ausdrücklich keine Aufbauanleitung, sondern dient der Prozessverfolgung, an welcher Stelle sich die Gruppe gerade auf dem Weg zum Ziel befindet. Die verschiedenen Schraffierungen sollen die verschiedenen Arten deutlich machen und dienen der besseren Erkennung.

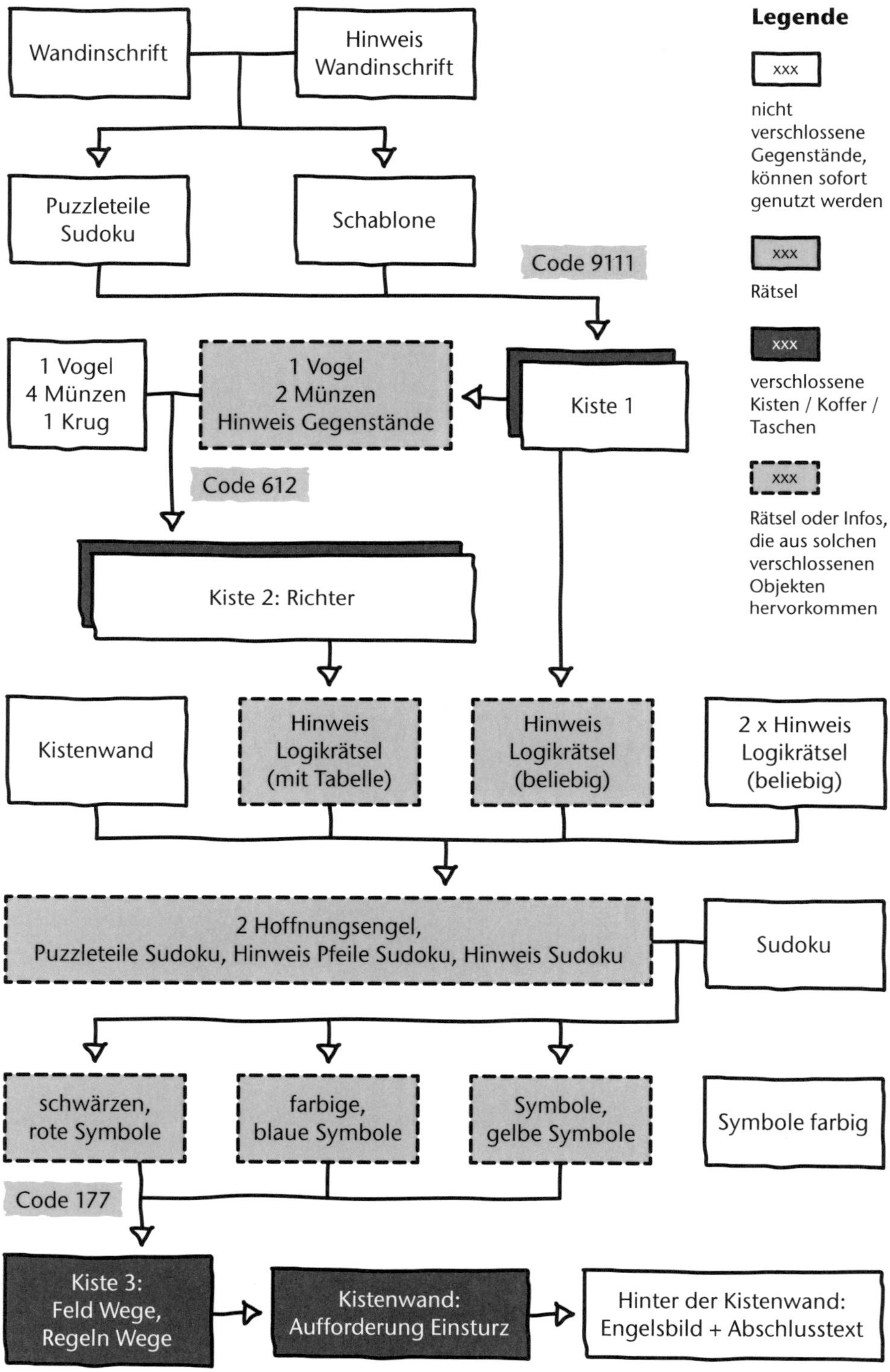
Wandinschrift
Hinweis Wandinschrift
Puzzleteile Sudoku
Schablone
Code 9111
1 Vogel 4 Münzen 1 Krug
1 Vogel 2 Münzen Hinweis Gegenstände
Kiste 1
Code 612
Kiste 2: Richter
Kistenwand
Hinweis Logikrätsel (mit Tabelle)
Hinweis Logikrätsel (beliebig)
2 x Hinweis Logikrätsel (beliebig)
2 Hoffnungsengel, Puzzleteile Sudoku, Hinweis Pfeile Sudoku, Hinweis Sudoku
Sudoku
schwärzen, rote Symbole
farbige, blaue Symbole
Symbole, gelbe Symbole
Symbole farbig
Code 177
Kiste 3: Feld Wege, Regeln Wege
Kistenwand: Aufforderung Einsturz
Hinter der Kistenwand: Engelsbild + Abschlusstext
Legende
xxx
nicht verschlossene Gegenstände, können sofort genutzt werden
xxx
Rätsel
xxx
verschlossene Kisten / Koffer / Taschen
xxx
Rätsel oder Infos, die aus solchen verschlossenen Objekten hervorkommen

8. Tipps zur Andacht

Daniel wird in der Geschichte zum Tode (!) verurteilt. Tod durch hungrige Löwen. Aus der Löwengrube können Menschen nicht von allein entkommen. Es gibt keinen Ausweg für diejenigen, die in die Grube geworfen werden, als sich ihrem Schicksal zu ergeben. Angesichts dieser Situation würden Menschen sich entweder ihrem Schicksal ergeben oder verzweifelt versuchen zu überleben, z. B. durch blinden Aktionismus. Aus menschlicher Sicht ist etwas zu tun besser, als sich seinem Schicksal zu ergeben, selbst wenn nur geringe Hoffnung auf Überleben besteht. Doch in Daniel 6 wird keine Gefühlsregung von Daniel geschildert. Seine Reaktion ist nicht normal. Es besteht Grund zur Vermutung, dass er sein Schicksal ähnlich annimmt wie seine Freunde in Daniel 3,17f. Ähnlich wie seine Freunde im Feuerofen wird Daniel seinem Tod durch das Eingreifen Gottes entgehen.

Diesem Vertrauen entgegen steht der ums Überleben ringende Aktionismus, der durch den mit der Gruppe zusammen verurteilten Charakter verkörpert wird. Dieser Unterschied sollte in der Andacht oder in der Reflexion des Spielerlebnisses aufgegriffen werden.

Hinweis: Die Gruppe erlebt Daniels Zeit in der Löwengrube. Durch das Live Escape Game könnte der Eindruck entstehen, dass Menschen selbst Einfluss auf Gottes Eingreifen nehmen können, indem sie etwas tun. Dies widerspricht den biblischen Grunderfahrungen (z. B. Auszug aus Ägypten, Richter, Daniel, Jesu Tod und Auferstehung). Gott ist es, der in dieser Geschichte befreit. Gleichzeitig soll auch nicht der Rückschluss gezogen werden, dass alles Streben des Menschen (z. B. nach körperlicher oder geistiger Gesundheit) sinnlos und nur vom persönlichen Glauben abhängig ist. Bitte beachte in deinen Überlegungen zur Andacht diese Punkte.

Impulsfragen

- Wo willst du selbst dein Glück in die Hand nehmen?
- Wann vertraust du Gott etwas an?
- Was bedeutet Hoffnung für dich?
- Wann ist es gut, Gott Gott sein zu lassen und wo ist es gut, selbst aktiv zu werden?

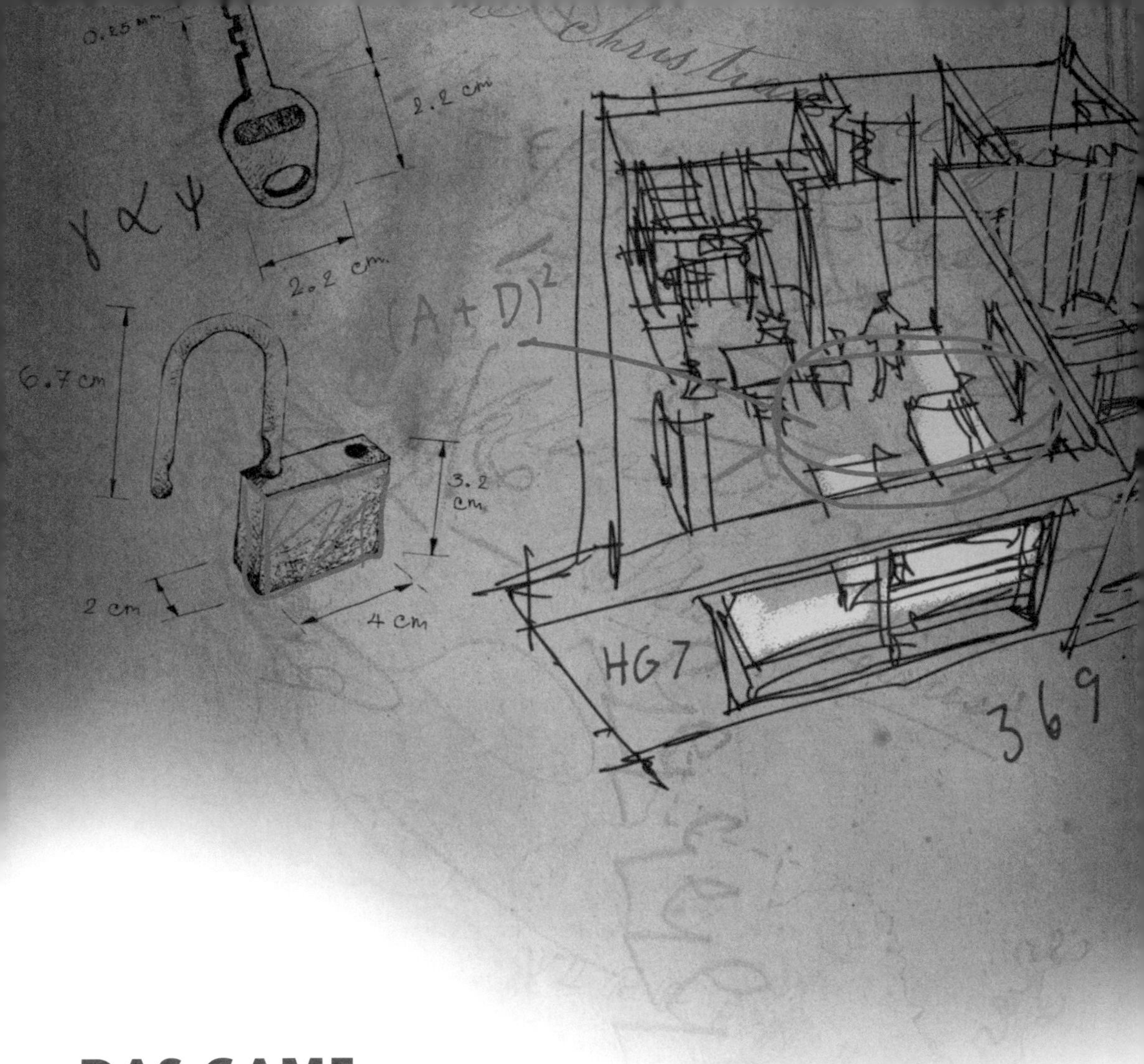

DAS GAME

FLUCHT AUS DEUTSCHLAND

von Damaris Märte, Franziska Vorländer, Thomas Göttlicher und Jakob Schlosser

1. Allgemeine Informationen

Ziel des Spiels: Die Spielerinnen und Spieler setzen sich mit verschiedenen gesellschaftlichen und politischen Themen auseinander. Durch den Einstieg und die abschließende Andacht lässt sich das Themenspektrum jedoch auf die Dimension „Frieden“ fokussieren.

Bibelstelle/Thema: Psalm 34,15 / Frieden, Flucht, Diskriminierung, Waffenexporte, Umweltzerstörung, Ausbeutung, Pressefreiheit, (globale) Gerechtigkeit

Alter: ab 14 Jahren

Gruppengröße: 4 – 8 Personen

Aufgabe: Die Spielerinnen und Spieler müssen der Protagonistin Emilia Kuhn helfen. Als verfolgte Aktivistin kann sie nicht mehr in ihre Wohnung zurückkehren. Deshalb müssen die Spielerinnen und Spieler ein paar Dinge für Emilia finden und zudem etwas Wichtiges erledigen.

Dauer:
Vorbereitung zu Hause: 3 Stunden
Aufbau vor Ort: 1 Stunde
Spieldauer: 1 Stunde plus 10 Minuten Einführung und 30 Minuten Auswertung und Andacht

Spielformat: Klassisches Live Escape Game

Raumanforderungen: Der Raum stellt das Zimmer von Emilia Kuhn dar. Dementsprechend sollte er ein bisschen wohnlich eingerichtet sein mit Regalen, Schreibtisch und Stuhl, eventuell sogar mit einem Bett. Der Raum sollte zudem der Gruppengröße entsprechend gewählt werden.

Spielprofil mit Schlussbemerkung:

●○○ RAUMANFORDERUNG

●●○ VORBEREITUNGSAUFWAND

●●○ WIEDERAUFBAU

●●○ MATERIALAUFWAND

●●○ KOSTEN

●●○ IMMERSION

●●○ SUCHEN

●●○ KOMBINIEREN

●○○ TEAMWORK

●●●●○ SCHWIERIGKEITSGRAD

Du kannst das Live Escape Game auch beim CVJM Baden, CVJM Bayern oder der Evangelischen Jugend Baden direkt ausleihen und von deren Anleitung profitieren. Kontakt kannst du einfach über die entsprechenden Webseiten herstellen:

- www.cvjm-baden.de
- www.cvjm-bayern.de
- www.ejuba.de

2. Herangehensweise

- Zuerst ist es wichtig, dass du dich als Spielleitung näher mit dem Thema „Frieden" beschäftigst. Schließlich handelt es sich dabei um die Grundlage dieses Live Escape Games: Lies die betreffende Bibelstelle in Psalm 34,15 mehrmals aufmerksam durch. Lies dir dazu ergänzend außerdem weitere Bibelstellen zum Thema „Frieden" durch (z. B. Joh 14,27; Joh 16,33; Apg 10,36). Überlege dir anschließend, was dir an den Versen wichtig ist (achte auf den Kontext) und welche Botschaft darin steckt, die du den Teilnehmerinnen und Teilnehmern vermitteln möchtest. Auch persönliche Beispiele sind bei so einem abstrakten Thema oft hilfreich. Frage dich selbst: Wann und wo hast du Frieden erlebt? Was bedeutet Frieden für dich? Wie kann man ihn „erlangen" oder „schaffen" bzw. ihm „nachjagen"? Welche Rolle hat Jesus bei dem Ganzen? Du kannst auch bereits damit beginnen, die abschließende Andacht vorzubereiten. Lies dazu das Kapitel „Tipps zur Andacht".
- Nun solltest du dir einen ersten Überblick über die Spielvorbereitungen und den Spielablauf verschaffen. Wirf dazu einen Blick auf die Materialliste und lies die Kapitel „Vorbereitung zu Hause", „Aufbau vor Ort" und „Spieldurchführung".

- Besorge sämtliche Materialien, die auf der Liste stehen. Im Idealfall sprecht ihr euch im Team zwei Wochen vorher ab, wer welches Material besorgen kann und was noch besorgt werden muss. Einige Gegenstände (Schreibtisch, Stuhl, Regal, usw.) werden allerdings erst für den Aufbau vor Ort benötigt und sind dort möglicherweise schon vorhanden. Diese Dinge musst du also nicht extra im Voraus besorgen.
- Wenn du die erforderlichen Materialien besorgt hast, kannst du mit den Vorbereitungen zu Hause beginnen, indem du die Schritte 1. bis 24. befolgst. Vorher solltest du jedoch das Kapitel „Lösungswege" mit der Erklärung der Rätsel gelesen haben. Die Vorbereitungen fallen nämlich leichter, wenn man weiß, wie die einzelnen Rätsel funktionieren.
- Nach den Vorbereitungen zu Hause kannst du dich um den Aufbau vor Ort kümmern. Wähle einen Raum aus, der die erforderlichen Bedingungen erfüllt, und absolviere die Schritte 25. bis 45. Auch hier gilt: Der Sinn der einzelnen Aktionen ist teilweise erst dann erkennbar, wenn man weiß, wie das Spiel später ablaufen wird.
- Wenn die Vorbereitungen abgeschlossen sind, lies dir noch einmal sorgfältig das Kapitel „Spieldurchführung" durch. Dann kann es endlich losgehen!

3. Materialliste

Manche Materialien können mit einer passenden Idee auch durch etwas anderes ersetzt werden – da gibt es oft viele Optionen. Einige Materialien sind zwingend erforderlich, andere Materialien dienen nur dem Flair oder der Veranschaulichung. Sie sind nicht notwendig und werden daher extra aufgeführt.

Material, das zwingend erforderlich ist

- ☐ 1 stabile DIN-A4-Folie (z. B. von einer Klarsichthülle)
- ☐ 1 Bilderrahmen DIN A4
- ☐ 1 Briefumschlag DIN A4
- ☐ 1 Briefumschlag DIN lang
- ☐ 1 Koran oder arabische Bibel
- ☐ 1 Laptop (mit vlc-Player, Word / Open Office und 7zip) und Ladekabel
- ☐ 1 Handy oder anderes MP3-Abspielgerät
- ☐ 1 Dominospiel
- ☐ 3 Schlösser mit 3-stelligem Zahlencode
- ☐ 1 Geldkassette mit 3-stelligem Zahlenschloss
- ☐ 1 T-Shirt (z. B. mit thematisch passendem Aufdruck oder fairtrade)
- ☐ 1 Lieferservice-Flyer eines Lieferservices deiner Wahl
- ☐ 1 leerer Edding
- ☐ 1 Schlüsseltresor mit 4-stelligem Zahlencode
- ☐ 1 leere Energydrink-Dose (gibt es im Internet auch als Fake-Energy-Dose)
- ☐ 1 Bauchtasche
- ☐ 2 kleine, verschließbare Holzboxen
- ☐ 1 Vorhängerschloss mit Schlüssel
- ☐ 1 volle Kaugummidose
- ☐ 1 Munitionsbox
- ☐ 1 Metallkette (20 cm)
- ☐ 1 Buchtresor
- ☐ 1 UV-Taschenlampe mit Batterien
- ☐ 1 Haarbürste mit Geheimfach
- ☐ 1 Wecker/Stoppuhr o. Ä.

Material, das nur bei der Vorbereitung zu Hause benötigt wird

- ☐ 1 (Farb-)Drucker
- ☐ 1 Computer
- ☐ 1 Foto-/Handykamera
- ☐ 1 Cutter-Messer
- ☐ 1 Schere
- ☐ 1 UV-Stift (z. B. edding 8280, farblos)
- ☐ Kugelschreiber
- ☐ Nadel und Faden
- ☐ 1 kleines Stück Stoff (ca. 5 x 5 cm)
- ☐ durchsichtiger Klebestreifen / Klebeband
- ☐ Papier
- ☐ 1 weißer Edding
- ☐ 1 Textmarker
- ☐ Kreppklebeband
- ☐ Laminiergerät und passende Folien (zum Haltbarmachen der Materialien)

Material, das aus dem Downloadbereich benötigt wird

- ☐ Party_Pics (Bilddateien zum Speichern auf dem Laptop, müssen nicht ausgedruckt werden)
- ☐ Steh auf für Frieden (Videodatei zum Speichern auf dem Laptop, muss nicht ausgedruckt werden)
- ☐ Stadionränge
- ☐ Anruf Emilia (Audiodatei, muss nicht ausgedruckt werden)
- ☐ Schaubild
- ☐ Pressefreiheit Blogeintrag
- ☐ Wirtschaft Zeitungsartikel
- ☐ Diskriminierung E-Mail
- ☐ Ausbeutung Nachricht
- ☐ Waffenhandel Blogeintrag
- ☐ Stadionkarte
- ☐ Rechnung (optional; bringt ein bisschen Verwirrung ins Spiel)
- ☐ Fake-Arabisch
- ☐ Ausweis
- ☐ Geld
- ☐ Code Logical
- ☐ Einladung Party (zum Speichern auf dem Laptop, muss nicht ausgedruckt werden)
- ☐ Anleitung Video verschlüsseln (muss nicht ausgedruckt werden)
- ☐ Klima Beitrag (optional; wird nicht zur Rätsellösung benötigt, greift jedoch nochmal das Thema Klimawandel auf)
- ☐ Zeugnis
- ☐ Meinungsbarometer

Material, das nur optional benötigt wird

- ☐ 1 Bett
- ☐ 1 Schreibtisch und 1 Stuhl
- ☐ 1 Regal
- ☐ Hygieneartikel
- ☐ Kleidung
- ☐ diverse Bücher
- ☐ 1 Rucksack
- ☐ 1 Geldbeutel
- ☐ Lautsprecherboxen
- ☐ 1 Dreifachsteckdose
- ☐ rot-weißes Absperrband (zum Abtrennen von Bereichen, die nicht zum Spiel gehören)

4. Vorbereitung zu Hause

1. Erstelle dir eine persönliche Materialliste anhand der angegebenen Liste und besorge alle Materialien.
2. Drucke alle nötigen Seiten aus (s. Downloads).
3. Das Dokument „Schaubild“ (s. Downloads) ist eine falsche Fährte und wird später beliebig im Raum versteckt oder aufgehängt. Vorab kannst du es für eine längere Haltbarkeit laminieren.

4. Schreibe mit dem UV-Stift folgende Zahlen irgendwo (z. B. zwischen die Zeilen) auf folgende Dokumente: Auf das Dokument „Pressefreiheit Blogeintrag“ (s. Downloads) eine 0 und dazu irgendwo auf dem Zettel einen Punkt; auf das Dokument „Wirtschaft Zeitungsartikel“ (s. Downloads) eine 9 und zwei Punkte; auf das Dokument „Diskriminierung E-Mail“ (s. Downloads) eine 4 und drei Punkte; auf das Dokument „Ausbeutung Nachricht“ (s. Downloads) eine 3 und vier Punkte; auf das Dokument „Waffenhandel Blogeintrag“ (s. Downloads) eine 3 und fünf Punkte. Die Punkte geben später die Reihenfolge der Zahlen des Codes an (09433). Um die Lebensdauer zu erhöhen, laminiere bei Bedarf anschließend alle Dokumente.
5. Lege die Folie auf das Foto „Stadionränge“ (s. Downloads). Markiere auf der Folie die Sitz-Zahlen 948 in der Reihenfolge von links nach rechts. Schneide dann die markierten Felder aus der Folie – sie ist nun eine Schablone.
6. Setze das Foto „Stadionränge“ in den Bilderrahmen ein.
7. Schneide das Dokument „Stadionkarte“ (s. Downloads) zurecht und stecke diese gemeinsam mit der gebastelten Schablone in den DIN-A4-Briefumschlag.
8. Optional: Stecke das Dokument „Rechnung“ (s. Downloads) gefaltet in den DIN lang-Briefumschlag.
9. Schneide das Dokument „Fake-Arabisch“ (s. Downloads) zu und verstecke es im Koran oder der arabischen Bibel.
10. Schneide die Dokumente „Ausweis“ (s. Downloads), „Geld“ (s. Downloads) und „Code Logical“ (s. Downloads) zurecht.
11. Schreibe Folgendes auf einen Notizzettel: „Wenn es mal wieder länger dauert – atme mal wieder durch und notfalls ziehst du dir halt einen Energydrink rein.“
12. Erstelle auf dem Laptop ein Benutzerkonto mit dem Namen Emilia Kuhn. Lege für dieses Benutzerkonto das Passwort B2?m#H fest. Lege einen Ordner mit dem Namen „Partytime“ an. Schiebe dort hinein die Bilder „Party_Pics“ (s. Downloads) und das Dokument „Einladung Party“ (s. Downloads). Ziehe auf den Desktop auch das Video „Steh auf für Frieden“ (s. Downloads). Verschlüssele dieses. Nutze dazu die Hilfe in den Downloads „Anleitung Video verschlüsseln“. Entferne alle Ordner und Dateien vom Desktop außer „Partytime“ und „Steh auf für Frieden“. Leere auch den Papierkorb auf deinem PC.
13. Nimm aus dem Dominospiel sechs Steine heraus, die aneinanderpassen. Es sollte sich aus diesen Steinen keine andere Kombination ergeben. Schreibe das Passwort auf die Rückseite der einzelnen Steine verteilt (wenn diese in der richtigen Reihenfolge liegen – also Augenpaar an Augenpaar): B2?m#H
14. Markiere die erste Stelle des Passwortes mit einem Pfeil. Mische anschließend die markierten Steine wieder unter die restlichen Dominosteine.

15. Stelle die drei Zahlenschlösser mit dem passenden Code ein und klebe mit Kreppklebeband den entsprechenden Code auf das Schloss. Die Codes sind: 385, 042, 472. Das Kreppklebeband wird dann beim Anbringen der Schlösser wieder entfernt.
16. Stelle bei der Geldkassette mit Zahlenschloss folgenden Code ein: 948.
17. Nimm dir das kleine Stück Stoff und schreibe darauf folgende Hinweise (inkl. der vorangestellten Zahlen): 1) Pizza 2) Stift 3) Halbjahr
18. Nähe dieses Stoffstück in das T-Shirt an die Stelle der Pflegehinweise.
19. Mache mit der Foto-/Handykamera ein Foto, auf welchem das T-Shirt im Hintergrund erkennbar ist. Thematisch kann das Foto in Richtung Feiern/Party gehen. Benenne die Fotodatei anschließend in „party_pic_05" um und füge sie dem Ordner „Partytime" auf dem Laptop hinzu.
20. Markiere im Flyer des Lieferservices eine 3 mit einem Textmarker (z. B. die kleine Nummer bei den Hinweisen der Zusatzstoffe).
21. Schreibe auf die Vorderseite des Flyers mit Kugelschreiber „Onlinebestellung".
22. Nimm den leeren Edding und entferne den Schaumstoff im Inneren, der als Farbdepot diente. Klebe oder stecke nun einen Zettel hinein, auf den du die Ziffer 8 geschrieben hast.
23. Stelle am Schlüsseltresor den Code 3415 ein.
24. Optional: Schreibe auf das Dokument „Klima Beitrag" in Handschrift: „Was kann ich dagegen tun?"

5. Aufbau vor Ort

25. Baue das Grundsetting des Raumes auf: Schreibtisch, Stuhl, Regal und eventuell in einem anderen Teil des Raumes den Schlafbereich mit Bett, Matratze und Nachttisch.
26. Stelle den Laptop auf den Schreibtisch. Stelle die Schachtel mit dem Dominospiel ebenfalls auf den Schreibtisch. Zum Laptop kommt der Flyer des Lieferservices. Wenn vorhanden, stelle auch ein Paar Lautsprecherboxen zum Computer. Dann lohnt es sich auch, eine Mehrfachsteckdose am Schreibtisch zu platzieren.
27. Das Laptop-Ladekabel kann irgendwo im Raum versteckt werden. Es ist nur relevant, wenn der Akku nur noch wenig Ladung hat oder du den Akku entfernt hast.
28. Lege den Notizzettel mit der Nachricht (s. Schritt 11.) auf den Schreibtisch.
29. Verstecke das Dokument „Code Logical" in der leeren Energydrink-Dose. Die Dose wird ebenfalls auf den Schreibtisch gestellt. Willst du die Verbindung von Code Logical und Munitionsbox verdeutlichen, dann male mit Edding auf beides ein Symbol, z. B. ein X.

30. Lege den präparierten Edding (s. Schritt 22.) sichtbar ins Zimmer. Am schwierigsten für die Spielerinnen und Spieler ist es, diesen unter weiteren Stiften auf dem Schreibtisch zu platzieren.
31. Lege das präparierte T-Shirt auf das Bett. Ergänze das Ganze eventuell noch um eine Hose oder andere Kleidung.
32. Verstecke das Dokument „Zeugnis“ (s. Downloads) irgendwo im Zimmer.
33. Stecke das Dokument „Pressefreiheit Blogeintrag“ in das Hauptfach der Bauchtasche. Zusätzlich kommt in das Hauptfach eine kleine Holzbox mit Vorhängeschloss. In diese kommt das Dokument „Ausbeutung Nachricht“. Der Schlüssel für das Vorhängeschloss wird in die Kaugummidose gesteckt. Die Kaugummidose wird entweder im Regal oder Rucksack positioniert. Die Bauchtasche wird anschließend mit einem Zahlenschloss und dem Code 385 verschlossen.
34. Die Bauchtasche wird im Raum versteckt oder sichtbar irgendwo hingehängt.
35. In die Munitionsbox legst du das Dokument „Waffenhandel Blogeintrag“. Die Box wird mit der Metallkette und dem Zahlenschloss mit dem Code 042 verschlossen. Die Kette ist deshalb notwendig, weil das Schloss allein nicht den Kistenverschluss und ein festes Kistenteil umfasst.
36. Die Munitionsbox kann irgendwo im Raum versteckt werden, z. B. unterm Bett.
37. In den Buchtresor kommen das Dokument „Ausweis“ und die UV-Taschenlampe. Das verschlossene Buch wird mit weiteren Büchern ins Regal gestellt.
38. Der Schlüssel für den Buchtresor kommt in die Haarbürste mit Geheimfach. Um mögliches Klappern zu vermeiden, kannst du den Schlüssel zuvor mit ein bisschen Stoff umwickeln.
39. Die Haarbürste wird offen im Raum platziert und am besten mit anderen Hygieneartikeln ergänzt.
40. In die Geldkassette kommt das Dokument „Wirtschaft Zeitungsartikel“, sowie das zugeschnittene Geld. Die Kassette kann irgendwo im Zimmer deponiert oder versteckt werden.
41. Das gerahmte Foto wird passend im Zimmer platziert.
42. Die beiden Briefumschläge (s. Schritt 7. und 8.) werden irgendwo hingelegt, etwa auf das Nachttischchen.
43. Stelle die arabische Bibel oder den Koran mit dem darin versteckten Dokument „Fake-Arabisch“ (s. Schritt 9.) ebenfalls in das Bücherregal.
44. Eine weitere Holzbox enthält das Dokument „Diskriminierung E-Mail“. Die Holzbox wird mit dem Zahlenschloss mit dem Code 472 verschlossen und anschließend im Zimmer versteckt.
45. Das Dokument „Klima Beitrag“ mit der handschriftlichen Notiz platzierst du offen im Raum.

Wiederaufbau
Für den Wiederaufbau für eine neue Spielrunde müssen alle Schritte „Aufbau vor Ort“ 25. bis 45. noch einmal durchgegangen werden.

6. Spieldurchführung

6.1 Themeneinstieg – Meinungsbarometer

Bereits vor Beginn des Live Escape Games kannst du die Gruppe mit in das Thema Frieden hineinnehmen. Mit einem kurzen Meinungsbarometer regst du die Teilnehmerinnen und Teilnehmer an, kurz über ein paar Statements zum Thema nachzudenken. Stimme ich zu oder sehe ich das eigentlich nicht so? Passende Statements findest du in den Downloads. Du kannst diese natürlich mit eigenen Aussagen ergänzen.

6.2 Anmoderation

Erklärung für die Spielenden

Ein Live Escape Game lässt sich mit vier Begriffen erklären: ein Raum – ein Team – eine Aufgabe – eine Stunde Zeit. Man hat als Team 60 Minuten Zeit, um verschiedene Rätsel zu entschlüsseln und die Aufgabe zu lösen. Dazu ist es notwendig, viele Hinweise richtig zusammenzubringen. Das lässt sich nach einem ganz einfachen Prinzip machen: suchen, sammeln, kombinieren und anwenden.
Ihr taucht gleich gemeinsam in das Jahr 2040 ein. Die politische Situation in Deutschland hat sich verändert und das friedliche Zusammenleben ist bereits gestört. Als Team unterstützt ihr Emilia Kuhn. Sie ist eine kritische YouTuberin – auch bekannt durch ihren Blog und Instagram. Aufgrund ihrer Aktivitäten wird sie verfolgt und musste schnell ihre Wohnung verlassen. Ihr müsst Emilia helfen! Um ihre Sachen und Recherchen vor ungewünschten Besucherinnen und Besuchern zu schützen, hat Emilia sich ein paar Vorsichtsmaßnahmen einfallen lassen. Aber für den Fall der Fälle hat sie für Freundinnen und Freunde Hinweise hinterlassen. Gleich müsst ihr irgendwo anfangen und dann ist es wie bei einer Schnitzeljagd: Ihr folgt als Team einem roten Faden und setzt verschiedene Dinge zusammen, um das große Puzzle zu lösen.
Viel Spaß und Freude beim Öffnen von Kisten und Finden von Geheimnissen!

Regeln

- Die Aufgaben und Rätsel sind ohne Gewalt lösbar. Ihr müsst nichts demontieren oder mutwillig auseinandernehmen.
- Schlösser werden mittels Schlüssel oder Codes geöffnet und nicht „geknackt“ oder durch Herumprobieren geöffnet, es sei denn, es sind z. B. die Zahlen bekannt, aber nicht die Reihenfolge.
- Lasst bitte geöffnete Schlösser ggf. mit Schlüssel einfach hängen.
- Alles, was durch Klebeband festgeklebt oder anderweitig fixiert ist, soll an diesem Ort bleiben!

- Mit rot-weißem Band markierte Bereiche dürfen nicht betreten werden bzw. die Gegenstände dürfen nicht berührt werden – sie gehören nicht zum Spiel.
- Ihr dürft parallel arbeiten, ihr müsst also nicht immer alle dasselbe machen, sondern ihr könnt euch auch aufteilen.
- Die Nutzung eigener technischer Hilfsmittel ist verboten!
- Ebenso das Anfertigen von Foto-, Video- oder Audioaufnahmen. Bewahrt das Geheimnis, damit sich bei einem solchen Spiel nicht die Lösung verbreitet.
- Ihr habt 60 Minuten Zeit. Ich stoppe für euch die Zeit und erinnere euch zwischendurch daran. (Gemeinsam runterzählen und den Wecker / die Stoppuhr einstellen.)

Aufgabe
Emilia befindet sich also in Schwierigkeiten. Gut, dass sie euch ein paar Hinweise hinterlassen hat und auf euch zählen kann! Wie ihr Emilia genau unterstützen könnt, erzählt sie euch am besten selbst. (Jetzt die MP3 „Anruf Emilia“ abspielen.)

6.3 Das Team begleiten – Tipps

Sobald das Spiel beginnt, rückst du in den Hintergrund und überlässt der Gruppe die Führung. Halte dich besonders am Anfang mit Tipps und Hinweisen zurück. Die Spielerinnen und Spieler sollen ruhig etwas knobeln und herumprobieren. Dabei ist es auch nicht weiter schlimm, wenn nicht sofort alle Elemente gefunden und den richtigen Rätseln zugeordnet werden. Es dürfen ruhig Fehler gemacht werden. Schließlich sind es manchmal gerade die Irrtümer, die letztendlich zur gesuchten Lösung führen. Ganz ohne Ratschläge geht es meistens jedoch nicht. Manchmal geraten die Teilnehmerinnen und Teilnehmer nämlich in eine Sackgasse, übersehen einen wichtigen Gegenstand oder brauchen für das Lösen eines Rätsels einfach zu lange, sodass das Spiel unmöglich in der vorgesehenen Zeit geschafft werden kann. Deshalb musst du in bestimmten Situationen immer mal wieder Hilfestellungen geben. Einen Leitfaden für den richtigen Einsatz von Tipps gibt es allerdings nicht. Du musst selbstständig entscheiden, wann du welche Hinweise gibst. Spätestens, wenn sich ein Team ganz verrannt hat und die Motivation verlieren sollte, hilf ihnen.

6.4 Spielablauf

- Ihr steigt gemeinsam mit dem Meinungsbarometer in die Thematik ein (s. Downloads).
- Du erklärst das Spielprinzip und die Regeln.
- Du stellst die Aufgabe vor.
- Du stellst den Wecker / die Uhr und beginnst damit das Spiel.
- Die spezifischen Rätselelemente dieses Spiels müssen in der richtigen Reihenfolge gelöst werden.

6.5 Spielende

- Auswertungsrunde 1: Was habt ihr im Raum wahrgenommen? Was war wohl das Thema? Weshalb denkt ihr, dass dies das Thema war? Haltet ihr eine solche Situation für realistisch? Gab es in Deutschland schon zuvor eine ähnliche Situation?
- Andacht
- Auswertungsrunde 2: Wo hattet ihr am meisten zu kämpfen/knobeln? Wie würdet ihr bei einem neuen Live Escape Game vorgehen?
- Foto zum Schluss

7. Lösungswege

7.1 Beschreibung der Rätsel

Domino

Auf der Rückseite einiger Dominosteine finden die Spielerinnen und Spieler Buchstaben, Zahlen und Sonderzeichen. Werden diese Steine in der richtigen Reihenfolge kombiniert (nach dem bekannten Domino-Prinzip, dass gleiche Augenzahlen der Steine aneinandergelegt werden müssen), erhalten die Spielerinnen und Spieler das Zugangspasswort für den Laptop. Die Notiz „Onlinebestellung“ auf dem Flyer des Lieferservices verweist darauf, dass Domino und Laptop zusammenhängen. Somit können sie kombinieren, dass die Kombination B2?m#H das Passwort für den PC darstellt.

T-Shirt

Die Spielerinnen und Spieler finden auf dem Laptop einen Ordner mit dem Titel „Party_Pics“, auf denen sie das T-Shirt wiedererkennen, das sich auch im Raum befindet. Untersuchen die Spielerinnen und Spieler das T-Shirt genauer, finden sie darin einen zusätzlich eingenähten Zettel mit der Aufzählung: 1) Pizza 2) Stift 3) Halbjahr. Der Hinweis „Pizza“ verweist auf eine markierte Zahl im Flyer des Lieferservices (3). Der Hinweis „Stift“ verweist auf einen leeren Edding, in welchem sich ein Hinweis mit einer Zahl (8) befindet. Der Hinweis „Halbjahr“ verweist auf das Zeugnis. Dort ist in der Halbjahresübersicht statt einem vierten Halbjahr ein 5. Halbjahr eingetragen. Zudem ist die Zahl 5 fett gedruckt. Mit den herausgefundenen Zahlen und dem daraus resultierenden Code 385 lässt sich die verschlossene Bauchtasche öffnen.

Kaugummi

In einer Kaugummidose befindet sich unter den Kaugummis ein Schlüssel. Mit diesem lässt sich eine kleine verschlossene Holzbox öffnen. Diese Box befindet sich in der verschlossenen Bauchtasche. Einen Hinweis auf die Kaugummidose gibt ein Notizzettel (s. Schritt 28.).

Energydrink-Dose

In der Energydrink-Dose befindet sich das Dokument „Code Logical“. Hinweis auf die Dose gibt ein Notizzettel (s. Schritt 28.). Lösen die Spielerinnen und Spieler das Rätsel durch logisches Kombinieren, erhalten sie den 3-stelligen Code 042. Mit diesem können sie das Schloss an der Munitionsbox öffnen.

Haarbürste

In einer Haarbürste mit Geheimversteck befindet sich der Schlüssel für den Buchtresor. Für die Haarbürste gibt es keinen gesonderten Hinweis, eventuell muss hier irgendwann unterstützend eingegriffen werden.

Schablone

Im Zimmer befindet sich ein Bilderrahmen mit dem Foto „Stadionränge" (s. Schritt 5. und 6.). In einem Briefumschlag im Raum befindet sich eine Schablone zusammen mit einer Stadionkarte. Die Karte ist der Hinweis, dass der Inhalt etwas mit dem Stadionfoto zu tun hat. Legen die Spielerinnen und Spieler die Schablone über das Foto, ergibt sich von links nach rechts gelesen die 3-stellige Zahlenkombination 948. Mit der Kombination lässt sich das Schloss der Geldkassette öffnen.

Fake-Arabisch

In der arabischen Bibel oder im Koran befindet sich ein Zettel mit vermeintlich arabischer Schrift. Bei genauerer Betrachtung sieht man jedoch, dass es Deutsch ist und nur so verschnörkelt geschrieben, dass es bei erster Betrachtung Arabisch erscheint. Lesen die Spielerinnen und Spieler nun also den Zettel, entziffern sie am Ende die Zahlenkombination 472. Mit dieser lässt sich die verschlossene Holzbox öffnen, in der sich das Dokument „Diskriminierung E-Mail" befindet.

Schaubild

Auf all den gefundenen Artikeln, E-Mails und Blogeinträgen sind mit UV-Stift Zahlen und Punkte vermerkt. Durch die Kombination dieser Zahlen (die Anzahl der Punkte gibt die Reihenfolge der Zahlen vor) erhalten die Spielerinnen und Spieler den Code 09433. Mithilfe dieses Codes lässt sich die verschlüsselte Videodatei öffnen.

Video

Am Ende des Videos taucht Psalm 34,15 auf. Mithilfe der Bibelstelle können die Spielerinnen und Spieler den Code 3415 ermitteln und damit den Schlüsseltresor öffnen, um letztlich wieder die Freiheit zu erlangen.

7.2 Spielschema

In der folgenden Übersicht ist der Lösungsweg schematisch und kompakt aufgezeigt. Dieses Spielschema ist ausdrücklich keine Aufbauanleitung, sondern dient der Prozessverfolgung, an welcher Stelle sich die Gruppe gerade auf dem Weg zum Ziel befindet. Die verschiedenen Schraffierungen sollen die verschiedenen Arten deutlich machen und dienen der besseren Erkennung.

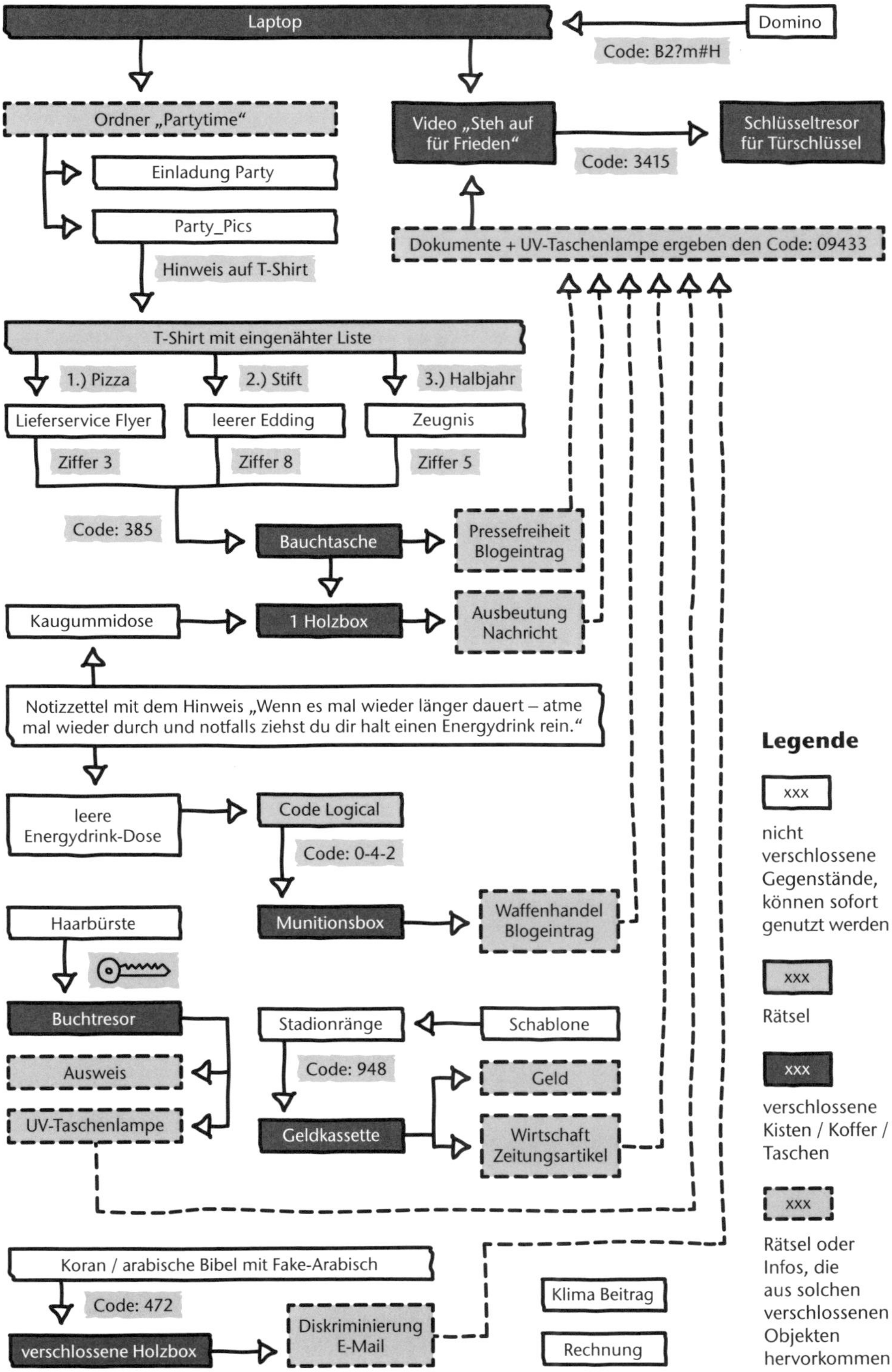
Laptop
Domino
Code: B2?m#H
Ordner „Partytime“
Einladung Party
Party_Pics
Hinweis auf T-Shirt
Video „Steh auf für Frieden“
Code: 3415
Schlüsseltresor für Türschlüssel
Dokumente + UV-Taschenlampe ergeben den Code: 09433
T-Shirt mit eingenähter Liste
1.) Pizza
2.) Stift
3.) Halbjahr
Lieferservice Flyer
leerer Edding
Zeugnis
Ziffer 3
Ziffer 8
Ziffer 5
Code: 385
Bauchtasche
Pressefreiheit Blogeintrag
Kaugummidose
1 Holzbox
Ausbeutung Nachricht
Notizzettel mit dem Hinweis „Wenn es mal wieder länger dauert – atme mal wieder durch und notfalls ziehst du dir halt einen Energydrink rein.“
leere Energydrink-Dose
Code Logical
Code: 0-4-2
Munitionsbox
Waffenhandel Blogeintrag
Haarbürste
Buchtresor
Ausweis
UV-Taschenlampe
Stadionränge
Schablone
Code: 948
Geldkassette
Geld
Wirtschaft Zeitungsartikel
Koran / arabische Bibel mit Fake-Arabisch
Code: 472
verschlossene Holzbox
Diskriminierung E-Mail
Klima Beitrag
Rechnung
Legende
xxx
nicht verschlossene Gegenstände, können sofort genutzt werden
xxx
Rätsel
xxx
verschlossene Kisten / Koffer / Taschen
xxx
Rätsel oder Infos, die aus solchen verschlossenen Objekten hervorkommen

8. Tipps zur Andacht

Live Escape Games haben ja meist ein Motto. Was denkt ihr, was war das Thema dieses Live Escape Games? (Diskriminierung, Klimawandel, Ausbeutung, Waffenexporte, Flucht, politischer Wandel, Frieden ...) All diese Dinge wurden thematisiert und kamen auch auf dem Schaubild vor. Letztlich gebündelt wurden all diese Punkte unter dem letzten Satz im Video. Konnte ihn jemand lesen? Meist konzentriert man sich ja nur noch auf die Zahlen. Welche Zahlen standen dort? 3415 – der Satz war ein Bibelvers, er steht in Psalm 34,15 NGÜ: „Setze dich für den Frieden ein und verfolge dieses Ziel mit ganzer Kraft!" oder wie es bei Luther heißt: „Suche Frieden und jage ihm nach!"

Auch Emilia war auf der Suche nach Frieden. Doch wo muss man da suchen? In Deutschland haben wir seit über 70 Jahren keinen Krieg mehr. Können wir also von uns behaupten, dass wir den Frieden gefunden haben? Wenn ich im Internet nach Frieden suche, bekomme ich Millionen von Treffern – aber Frieden finde ich dort nicht. Ist Frieden wirklich nur die Abwesenheit von Krieg? Der Psalmschreiber David benutzt in seinem Text das hebräische Wort „Shalom" für Frieden. Und dieses ist wohl auch passender für das, was wir unter Frieden verstehen und als friedlich wahrnehmen: „Shalom" ist ein umfassender Begriff, der mehr meint als nur die Abwesenheit von Krieg. Es geht um ein „Heil-Sein", um alle Bereiche des menschlichen Lebens. Bei „Shalom" spielen sowohl deine Beziehung zu deinen Mitmenschen als auch die Beziehung zu dir selbst und die Beziehung zu Gott eine Rolle. So kann auch jede/jeder von uns ein Teil zum Frieden beitragen, in unseren alltäglichen Begegnungen und Entscheidungen. Dass Frieden zudem kein Zustand ist, der für immer hält, wenn er einmal erreicht ist, zeigt uns die Geschichte.

Im Psalmvers heißt es auch: „... jage ihm nach!" Es wird deutlich, dass Frieden etwas Flüchtiges ist, wie ein Reh, das schnell wieder im Dickicht verschwindet, wenn man nicht aufpasst. Frieden erfordert Aufmerksamkeit und Engagement.

Werkzeuge des Friedens

Um mit den Teilnehmerinnen und Teilnehmern einen Übertrag in den Alltag zu schaffen, bietet sich die Übung „Werkzeuge des Friedens" an: Um einen Werkzeugkasten darzustellen, kannst du ein paar Werkzeuge wie z. B. einen Hammer in die Mitte legen oder auf Papier malen. Die Teilnehmerinnen und Teilnehmer sollen sich Werkzeuge überlegen, die ihnen dabei helfen sollen, Frieden in dieser Welt zu bauen. Dabei sollten sie am besten an konkrete Situationen denken, um nicht in Phrasen und typische, allumfassende Begriffe zu verfallen. Ihre Werkzeuge sollen die Teilnehmerinnen und Teilnehmer auf Moderationskarten o. Ä. schreiben und in die Mitte legen. Frage eventuell nach, wenn dir allgemeine Begriffe begegnen, welche alles und nichts bedeuten können. („Was verstehst du unter XY?" „Wie könnte das konkret in deinem Alltag aussehen?") Bete abschließend mit der Gruppe. Ihr könnt Gott darum bitten, dass er euch hilft, Frieden zu stiften; dass ihr Vorbilder für andere werdet und dass Gott euch immer wieder mit seinem Frieden erfüllt.

Impulsfragen

- Wie kann ich Frieden und gute Beziehungen leben?
- Weltweit setzen sich Christen für Frieden ein. Woher kommt diese Motivation?
- Wo lebe ich so, dass ich von Gottes Liebe und seinem Frieden erzählen kann?

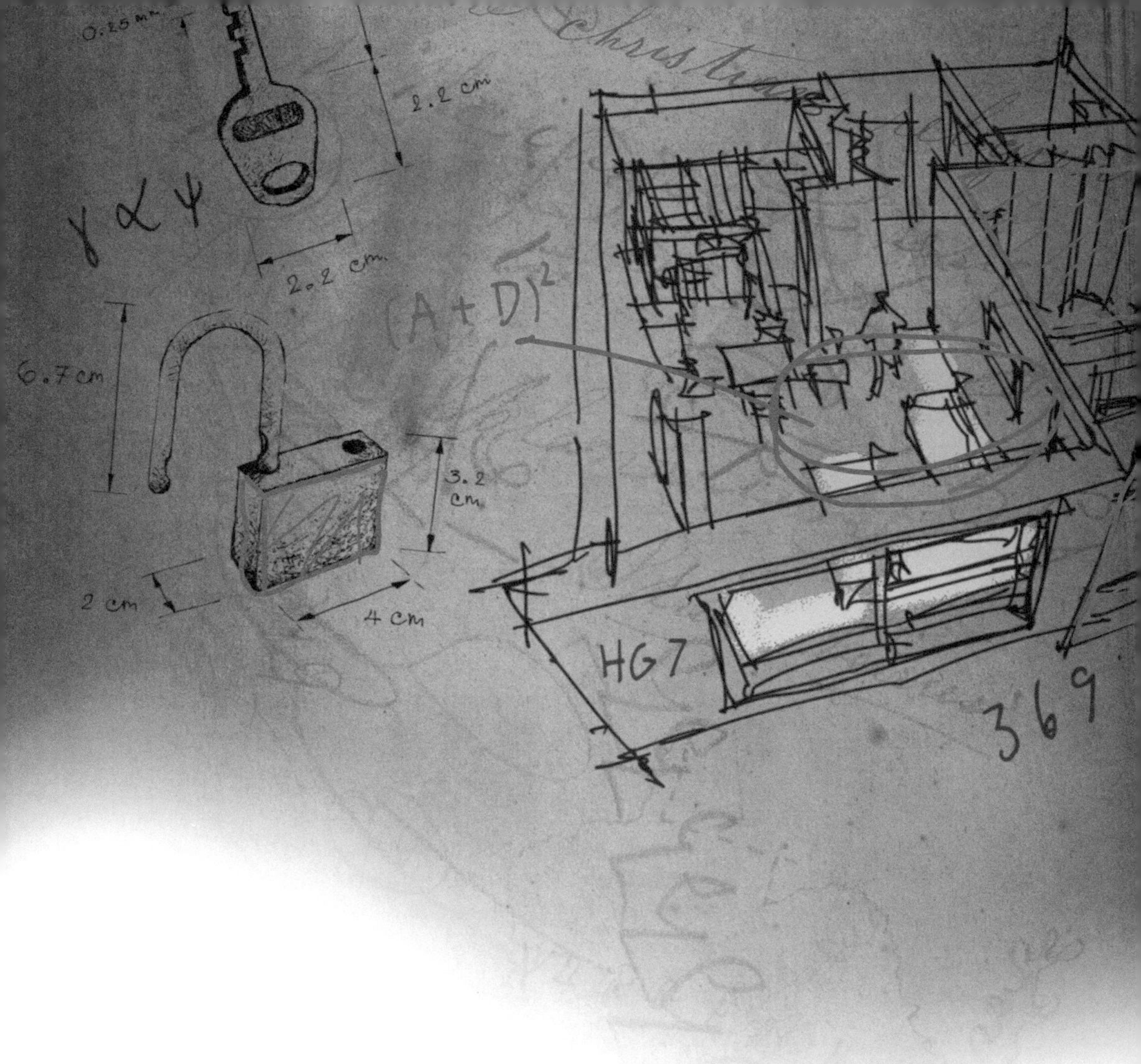

DAS GAME

DIE VERSCHLOSSENE BUNDESLADE

von Ingo Müller

1. Allgemeine Informationen

Ziel des Spiels:	Die Spielerinnen und Spieler begegnen den Zehn Geboten spielerisch. Am Ende erreicht die Gruppe das eigentliche Ziel nur, wenn sie vorher etwas abgegeben hat!
Bibelstelle/Thema:	2. Mose 20,1-17 / Die Zehn Gebote (Die in diesem Game enthaltenen Bibeltexte sind zitiert aus Gute Nachricht Bibel, durchgesehene Neuausgabe, © 2018 Deutsche Bibelgesellschaft, Stuttgart. Abdruck mit freundlicher Genehmigung.)
Alter:	ab 8 Jahren
Gruppengröße:	2 – 6 Personen
Aufgabe:	Ihr seid ein Team; ihr seid die Experten für alte Schriften, für Rätsel und die heiligen Tafeln mit den Zehn Geboten. Eure Aufgabe ist es, anhand von Hinweisen zu den Zehn Geboten und der verschlossenen Bundeslade die zwei Tafeln zu finden, auf denen die Zehn Gebote stehen. Ihr müsste die Tafeln sicherstellen, damit niemand sie beschädigen kann. Wenn ihr die zwei Tafeln habt, übergebt ihr sie an eure Mitarbeiterin / euren Mitarbeiter, die/der sie in das Heimatmuseum in ... (Ortsname) bringt.
Dauer:	**Vorbereitung zu Hause:** 3 – 4 Stunden **Aufbau vor Ort:** 5 – 10 Minuten **Spieldauer:** ca. 1 Stunde plus 10 Minuten Einführung und 10 Minuten Auswertung und Andacht
Spielformat:	Mobiles Live Escape Game für Kinder
Raumanforderungen:	Keine – die Kiste/Tasche ist das Spiel. Es gibt nur ein paar Utensilien, die im näheren Umkreis um die verschlossene Bundeslade versteckt bzw. platziert werden. Das Spiel ist auch draußen spielbar!

Spielprofil mit Schlussbemerkung:

●○○ RAUMANFORDERUNG

●●○ VORBEREITUNGSAUFWAND

●●○ WIEDERAUFBAU

●●○ MATERIALAUFWAND

●●○ KOSTEN

●●○ IMMERSION

●○○ SUCHEN

●●○ KOMBINIEREN

●●○ TEAMWORK

●○○○○ SCHWIERIGKEITSGRAD

Das Spiel ist, wenn man es einmal vorbereitet hat, super schnell aufzubauen und kann überall gespielt werden. Die Kiste/Tasche ist die Ausgangsbasis. Mit jedem Schloss öffnet sich eine neue Kiste/Tasche. Das Spiel ist so konzipiert, dass man in zwei Spielsträngen parallel arbeiten kann, wobei man insgesamt zehn Kisten öffnen muss, bis die Teilnehmerinnen und Teilnehmer das Ziel erreichen.

Variante: Wer viel Aufwand in die Vorbereitung zu Hause investieren möchte, baut sich zehn Kisten, die mit Scharnieren und Schloss ineinanderpassen. Dies bedeutet mehr Zeitaufwand und ist kostenintensiver, aber auch stabiler, langlebiger und schöner im Handling.

2. Herangehensweise

- Zuerst ist es wichtig, dass du dich als Spielleitung näher mit den Zehn Geboten beschäftigst. Schließlich handelt es sich dabei um die Grundlage dieses Live Escape Games: Lies die betreffende Bibelstelle in 2. Mose 20,1-17 mehrmals aufmerksam durch. Überlege dir anschließend, was dir an der Geschichte wichtig ist und welche Botschaft darin steckt, die du den Teilnehmerinnen und Teilnehmern vermitteln möchtest. Du kannst jetzt schon damit beginnen, die abschließende Andacht vorzubereiten. Lies dazu das Kapitel „Tipps zur Andacht".
- Nun solltest du dir einen ersten Überblick über die Spielvorbereitungen und den Spielablauf verschaffen. Wirf dazu einen Blick auf die Materialliste und lies die Kapitel „Vorbereitung zu Hause", „Aufbau vor Ort" und „Spieldurchführung".
- Besorge sämtliche Materialien, die auf der Liste stehen. Im Idealfall sprecht ihr euch im Team zwei Wochen vorher ab, wer welches Material besorgen kann und was noch besorgt werden muss.

- Wenn du die erforderlichen Materialien besorgt hast, kannst du mit den Vorbereitungen zu Hause beginnen, indem du die Schritte 1. bis 33. befolgst. Vorher solltest du jedoch das Kapitel „Lösungswege“ mit der Erklärung der Rätsel gelesen haben. Die Vorbereitungen fallen nämlich leichter, wenn man weiß, wie die einzelnen Rätsel funktionieren.
- Nach den Vorbereitungen zu Hause kannst du dich um den Aufbau vor Ort kümmern. Wähle einen Raum aus, der die erforderlichen Bedingungen erfüllt, und absolviere die Schritte 34. bis 38. Auch hier gilt: Der Sinn der einzelnen Aktionen ist teilweise erst dann erkennbar, wenn man weiß, wie das Spiel später ablaufen wird.
- Wenn die Vorbereitungen abgeschlossen sind, lies dir noch einmal sorgfältig das Kapitel „Spieldurchführung“ durch. Dann kann es endlich losgehen!

3. Materialliste

Manche Materialien können mit einer passenden Idee auch durch etwas anderes ersetzt werden – da gibt es oft viele Optionen. Einige Materialien sind zwingend erforderlich, andere Materialien dienen nur dem Flair oder der Veranschaulichung. Sie sind nicht notwendig und werden daher extra aufgeführt.

Material, das zwingend erforderlich ist

- ☐ 10 Taschen, die mit einem Schloss verschließbar sind und die man gut ineinanderstecken kann (alternativ: Kisten)
- ☐ 1 Tafel RITTER SPORT-Schokolade (normale Größe) für jede Spielrunde
- ☐ 2 Tafeln RITTER SPORT mini-Schokolade für jede Spielrunde
- ☐ 1 Jutebeutel
- ☐ 1 Verriegelungshaspe (s. Kapitel „Materialempfehlungen“)
- ☐ 6 Schlösser:
  - 2 Schlösser mit 4-stelligem Zahlencode mit bunten Ziffernblättern (rot, grün, gelb, blau; z. B. „4-digit Resettable Combination Padlock“ der Firma Bosvision)
  - 1 Vorhängeschloss mit Kombination, die aus vier Richtungen besteht (s. Kapitel „Materialempfehlungen“)
  - 6 Zahlenschlösser mit 3-stelligem Zahlencode
  - 6 Vorhängeschlösser mit unterschiedlichen Schlüsseln
- ☐ 1 Seil, Band oder Rollladengurt rot (1,5 m)
- ☐ 1 Seil, Band oder Rollladengurt grün (2,5 m)
- ☐ 1 Seil, Band oder Rollladengurt gelb (3,5 m)
- ☐ 1 Seil, Band oder Rollladengurt blau (1,5 m)
- ☐ 1 Zollstock
- ☐ 1 leere Flasche mit breiter Öffnung, z. B. Ketchup-Flasche ohne Etikett
- ☐ 1 UV-Taschenlampe mit Batterien
- ☐ 1 kleine Kiste (ca. 10 x 20 cm)
- ☐ 1 Wecker/Stoppuhr o. Ä.

Material, das nur bei der Vorbereitung zu Hause benötigt wird

- ☐ 1 (Farb-)Drucker
- ☐ 1 Computer
- ☐ Papier und Stift
- ☐ 1 Schere
- ☐ 1 UV-Stift (z. B. edding 8280, farblos)
- ☐ Schnur für jeden Schlüssel, um sie nicht zu schnell zu verlieren
- ☐ Klebeband/Kreppband
- ☐ 1 Cutter-Messer

Material, das aus dem Downloadbereich benötigt wird

- ☐ Götter_1
- ☐ Götter_2
- ☐ Gebot2_Bibeltext
- ☐ Gebot2_Suchbild
- ☐ Gebot3_Rätsel
- ☐ Gebot4_Rätsel
- ☐ Gebot5_Rätsel
- ☐ Gebot6_Hinweis
- ☐ Fadenkreuz1
- ☐ Fadenkreuz2
- ☐ Fadenkreuz3
- ☐ Buchstabengitter1
- ☐ Buchstabengitter2
- ☐ Buchstabengitter3
- ☐ Gebot7_Rätsel
- ☐ Gebot8_Rätsel
- ☐ Quiz 1 – 4
- ☐ Gebot10_Hinweis
- ☐ Schoko_Layout_klein (je nach Drucker können die Vorlagen etwas zu groß sein. Dann einfach den Rand zusätzlich abschneiden)
- ☐ Schoko_Layout_groß

Material, das nur optional benötigt wird

- ☐ Spinnen und künstliche Spinnweben, um sie in die Kisten zu legen
- ☐ Verkleidung für die Spielleitung
- ☐ rot-weißes Absperrband (zum Abtrennen von Bereichen, die nicht zum Spiel gehören)
- ☐ 1 RITTER SPORT mini-Schokolade pro Teilnehmerin/Teilnehmer als Give-Away (dann entsprechend mehrere Aufkleber ausdrucken)
- ☐ Laminiergerät und Folien (zum Haltbarmachen der Materialien)

4. Vorbereitung zu Hause

1. Erstelle dir eine persönliche Materialliste anhand der oben angegebenen Liste und besorge alle Materialien.
2. Drucke alle nötigen Seiten aus (s. Downloads).
3. Stelle die zehn Taschen vor dich und teste, in welcher Reihenfolge du sie ineinanderstecken kannst. Beachte dabei, dass du eine große Tasche brauchst, in die dann zwei gefüllte Taschen passen, in die wiederum je zwei und einmal fünf Taschen passen.
4. Beschrifte die Taschen mit dem Klebeband, damit du immer weißt, welche Tasche die richtige ist.
5. Beklebe die zwei Tafeln RITTER SPORT mini-Schokolade und die Tafel RITTER SPORT-Schokolade mit dem jeweiligen neuen Cover („Schoko_Layout_groß" und „Schoko_Layout_klein", s. Downloads).
6. Stecke die normale Tafel RITTER SPORT-Schokolade in den Jutebeutel.

Handlungsstrang 1: Taschen Nr. 5 – 10

7. Lege in die kleinste Tasche mit der Nr. 10 die zwei Tafeln RITTER SPORT mini-Schokolade. Sie symbolisieren die zwei Tafeln mit den Geboten Gottes, die in der Bundeslade transportiert wurden. Sie zu finden ist das Ziel.
8. Verschließe die Tasche mit der Nr. 10 mit der Verriegelungshaspe und bringe dort alle sechs Vorhängeschlösser an. Die jeweiligen Schlüssel ziehst du ab und legst sie zur Seite.
9. Jetzt bindest du an jeden Schlüssel eine Schlaufe aus Schnur. Die Schnur hilft, damit die Schlüssel nicht so schnell verlorengehen. Die Kinder können sie z. B. um ihr Handgelenk legen, wenn sie einen Schlüssel gefunden haben. Die Schlüssel werden im Folgenden nach Anweisung in den verschiedenen Taschen versteckt.
10. Lege nun Tasche Nr. 10 in Tasche Nr. 9.
11. Verschließe Tasche Nr. 9 mit einem vierfarbigen Schloss. Der Code ist 3595: rot = 3, grün = 5, gelb = 9, blau = 5 (Einstellung siehe Beschreibung des Herstellers). Diese Kombination bekommen die Spielerinnen und Spieler durch das Quiz in der kleinen Kiste heraus. Verdrehe die Zahlenkombination.
12. Lege Tasche Nr. 9 in Tasche Nr. 8 und lege einen Schlüssel mit in Tasche Nr. 8 und verschließe sie mit einem Zahlenschloss und dem Code 369. Verdrehe die Zahlenkombination.
13. Lege Tasche Nr. 8 in Tasche Nr. 7, lege einen Schlüssel mit in Tasche Nr. 7 und verschließe sie mit einem Zahlenschloss und dem Code 457. Verdrehe die Zahlenkombination.
14. Lege Tasche Nr. 7 in Tasche Nr. 6, lege einen Schlüssel und das Dokument „Gebot7_Rätsel“ (s. Downloads) in Tasche Nr. 6 und verschließe die Tasche mit einem Zahlenschloss und dem Code 178. Verdrehe die Zahlenkombination.
15. Lege Tasche Nr. 6 in Tasche Nr. 5.
16. Nun kommen die Seile oder Bänder in den vier Farben zum Einsatz. Die Seile müssen so im Inneren von Tasche Nr. 5 angebracht werden, dass man sie von außen sieht; dass man an ihnen ziehen, sie aber nicht komplett herausziehen kann. Je 50 cm sind dazu da, um einen Knoten am Seilanfang zu machen und das Ende in der Tasche zu befestigen. Das geht z. B., indem man die Tasche an vier Stellen aufschneidet und das Seil knapp dahinter stark befestigt (festnähen, mit Gewebeklebeband festkleben oder einen so großen Knoten hineinmachen, dass er nicht durch die Öffnung passt). Die Kinder müssen später mit dem Zollstock die Länge der Bänder messen und müssen bei den heraushängenden Seilenden auf folgende Maße kommen: rot = 1 m, grün = 2 m, gelb = 3 m, blau = 1 m.

17. Danach ziehst du das Seil so weit in den Innenraum der Tasche, bis nur noch der Knoten herausschaut.
18. Dann legst du die Dokumente „Buchstabengitter1“ (s. Downloads), „Buchstabengitter2“ (s. Downloads) und „Buchstabengitter3“ (s. Downloads) in Tasche Nr. 5.
19. Verschließe Tasche Nr. 5 mit einem vierfarbigen Schloss mit dem Code 1231: rot = 1, grün = 2, gelb = 3 und blau = 1 (Einstellung siehe Beschreibung des Herstellers). Verdrehe die Zahlenkombination.
20. Teste nun den Zugmechanismus der vier Seile und wiederhole Schritt 16. – 19. so oft, bis der Vorgang zuverlässig funktioniert. Drei hintereinander geglückte Tests sind ein guter Indikator!
21. Lege nun Tasche Nr. 5 in die große Tasche mit der Nr. 1.

Handlungsstrang 2: Taschen Nr. 2 – 4

22. Lege in Tasche Nr. 4 einen Schlüssel und verschließe die Tasche mit dem Vorhängeschloss, dessen Kombination aus Richtungen besteht. Stelle das Schloss auf folgende Kombination ein: runter, hoch, rechts, links, links, rechts, runter, hoch (siehe Beschreibung des Herstellers).
23. Lege Tasche Nr. 4 in Tasche Nr. 3 und lege das Dokument „Gebot4_Rätsel“ (s. Downloads) und den vorletzten Schlüssel dazu. Verschließe Tasche Nr. 3 mit einem Zahlenschloss und dem Code 036. Verdrehe die Zahlenkombination.
24. Markiere auf dem Dokument „Gebot3_Rätsel“ (s. Downloads) die folgenden Zahlen und Begriffe mit dem UV-Stift und lege den bearbeiteten Zettel in Tasche Nr. 2: 0. Gott sei Dank; 3. Lieber Gott; 6. Gott sei mit dir
25. Lege nun Tasche Nr. 3 in Tasche Nr. 2 und verschließe sie mit einem Zahlenschloss mit dem Code 343. Verdrehe die Zahlenkombination.
26. Lege Tasche Nr. 2 in die große Tasche mit der Nr. 1.

Tasche Nr. 1 und Hinweise außerhalb der Taschen

27. In Tasche Nr. 1 legst du zusätzlich zu den Taschen Nr. 2 und Nr. 5 die ausgedruckten Dokumente „Gebot5_Rätsel“ (s. Downloads), „Gebot2_Suchbild“ (s. Downloads) und „Gebot2_Bibeltext“ (s. Downloads).
28. Jetzt verschließt du Tasche Nr. 1 mit einem Zahlenschloss mit dem Code 137. Verdrehe die Zahlenkombination.
29. Nun klebst du das Dokument „Götter_1“ (s. Downloads) oben auf Tasche Nr. 1 und „Götter_2“ (s. Downloads) unter Tasche Nr. 1.
30. Zerschneide das Dokument „Quiz 1 – 4“ (s. Downloads) je in ca. sechs Puzzleteile und lege alle 24 Teile in die kleine Kiste.

31. Rolle das Dokument „Gebot10_Hinweis“ (s. Downloads) zusammen und stecke es in die leere Flasche.
32. Schneide die Dokumente „Fadenkreuz1“ (s. Downloads), „Fadenkreuz2“ (s. Downloads) und „Fadenkreuz3“ (s. Downloads) so aus, dass sie in der Mitte ein Loch haben, das Fadenkreuz jedoch noch zu erkennen ist.
33. Lege die Dinge, die du vor Ort noch aufbaust und brauchst (s. u.), in den Jutebeutel.

5. Aufbau vor Ort

34. Stelle Tasche Nr. 1 gut sichtbar in den Raum.
35. Verstecke folgende Gegenstände gut sichtbar im näheren Umkreis von Tasche Nr. 1:
    » Flasche mit gerolltem Hinweis (s. Schritt 31.)
    » Kiste mit Puzzleteilen (s. Schritt 30.)
    » Dokumente „Fadenkreuz1“, „Fadenkreuz2“, „Fadenkreuz3“
    » UV-Taschenlampe
    » Zollstock
36. Hänge das Dokument „Gebot8_Rätsel“ (s. Downloads) im Raum auf.
37. Halte die Tafel RITTER SPORT-Schokolade unerreichbar für die Spielerinnen und Spieler bereit.
38. Stecke den verbliebenen Schlüssel in deine Hosentasche.

Wiederaufbau
Für den Wiederaufbau für eine neue Spielrunde müssen alle Schritte „Vorbereitungen zu Hause“ und „Aufbau vor Ort“ noch einmal durchgegangen und die Taschen mit den Utensilien und Dokumenten zurückgebaut werden.

6. Spieldurchführung

6.1 Anmoderation

Erklärung für die Spielenden

Ein Live Escape Game lässt sich mit vier Begriffen erklären: ein Raum – ein Team – eine Aufgabe – eine Stunde Zeit. Unser Live Escape Game ist dazu noch ein mobiles, das bedeutet, es besteht aus einer großen Tasche oder Kiste und ein paar Gegenständen, die die Kiste/Tasche nur punktuell ergänzen. Man hat als Team 60 Minuten Zeit, um verschiedene Rätsel zu entschlüsseln und die Aufgabe zu lösen. Dazu ist es notwendig, viele Hinweise richtig zusammenzubringen. Die Aufgaben und Rätsel lassen sich nach einem einfachen Prinzip lösen: suchen, sammeln, kombinieren und anwenden.

Ihr nehmt als Team die Rolle der Experten ein, die die zwei Tafeln mit den Zehn Geboten finden und in Sicherheit bringen wollen. Gleich müsst ihr irgendwo anfangen. Dann ist es wie bei einer Schnitzeljagd: Ihr folgt als Team den Hinweisen und setzt verschiedene Dinge zusammen, um das große Rätsel zu lösen.
Viel Spaß und Freude beim Öffnen von Taschen und Finden von Geheimnissen!

Regeln

- Die Aufgaben und Rätsel sind ohne Gewalt lösbar. Ihr müsst nichts demontieren oder mutwillig auseinandernehmen.
- Schlösser werden mittels Schlüssel oder Codes geöffnet und nicht „geknackt" oder durch Herumprobieren geöffnet, es sei denn, es sind z. B. die Zahlen bekannt, aber nicht die Reihenfolge.
- Lasst bitte geöffnete Schlösser ggf. mit Schlüssel einfach hängen. Wenn ihr einen Schlüssel findet, könnt ihr euch diesen mit der Kordel ums Handgelenk hängen, damit er nicht verloren geht.
- Alles, was durch Klebeband festgeklebt oder anderweitig fixiert ist, soll an diesem Ort bleiben!
- Ihr dürft parallel arbeiten, ihr müsst also nicht immer alle dasselbe machen, sondern ihr könnt euch auch aufteilen.
- Die Nutzung eigener technischer Hilfsmittel ist verboten!
- Ebenso das Anfertigen von Foto-, Video- oder Audioaufnahmen. Bewahrt das Geheimnis, damit sich bei einem solchen Spiel nicht die Lösung verbreitet.
- Ihr habt 60 Minuten Zeit. Ich stoppe für euch die Zeit und erinnere euch zwischendurch daran. (Gemeinsam runterzählen und den Wecker / die Stoppuhr einstellen.)

Aufgabe

Ihr seid ein Team! Ihr seid die Expertinnen und Experten für alte Schriften, für Rätsel und die heiligen Tafeln mit den Zehn Geboten. Eure Aufgabe ist es, anhand von Hinweisen die Zehn Gebote und die verschlossene Bundeslade zu finden und sicherzustellen, damit niemand sie beschädigen kann. Wenn ihr die zwei Tafeln habt, übergebt ihr sie an eure Mitarbeiterin / euren Mitarbeiter, die/der sie in das Heimatmuseum in ... (Ortsname) bringt.

6.2 Das Team begleiten – Tipps

Sobald das Spiel beginnt, rückst du als Gruppenleiterin/Gruppenleiter in den Hintergrund und überlässt der Gruppe die Führung. Halte dich besonders am Anfang mit Tipps und Hinweisen zurück. Die Spielerinnen und Spieler sollen ruhig etwas knobeln und herumprobieren. Dabei ist es auch nicht weiter schlimm, wenn nicht sofort alle Elemente gefunden und den richtigen Rätseln zugeordnet werden. Es dürfen ruhig Fehler gemacht werden. Schließlich sind es manchmal gerade die Irrtümer, die letztendlich zur gesuchten Lösung führen. Ganz ohne Ratschläge geht es meistens jedoch nicht. Manchmal geraten die Teilnehmerinnen und Teilnehmer nämlich in eine Sackgasse, übersehen einen wichtigen Gegenstand oder brauchen für das Lösen eines Rätsels einfach zu lange, sodass das Spiel unmöglich in der vorgesehenen Zeit geschafft werden kann. Deshalb musst du in bestimmten Situationen immer mal wieder Hilfestellungen geben. Einen Leitfaden für den richtigen Einsatz von Tipps gibt es allerdings nicht. Du musst selbstständig entscheiden, wann du welche Hinweise gibst. Hilf ihm spätestens dann, wenn sich das Team ganz verrannt hat und die Motivation verlieren sollte.

6.3 Spielablauf

- Du erklärst das Spielprinzip und die Regeln.
- Du stellst die Aufgabe vor.
- Du stellst den Wecker / die Uhr und beginnst damit das Spiel.
- Gehe hinaus und trage die Tasche in den Raum, indem die Kinder warten.
- Die spezifischen Rätselelemente dieses Spiels müssen in der richtigen Reihenfolge gelöst werden.
- Nachdem die Kinder die Tafeln abgegeben haben, bekommen sie die Tafel RITTER SPORT-Schokolade. Die Lösung wird verlesen: „Ihr habt es geschafft! Ihr habt die Zehn Gebote Gottes kennengelernt und umgesetzt. Ihr seid als Team bis zur letzten Tasche/Kiste gekommen und habt dann nicht nur an euch gedacht. Nun werden die Tafeln mit den Zehn Geboten in das Heimatmuseum gebracht, damit noch viele andere Menschen von Gott und diesen Regeln fürs Leben hören können."

6.4 Spielende

- Andacht
- Auswertungsrunde
- Foto zum Schluss

7. Lösungswege

7.1 Beschreibung der Rätsel

Start

Die Kinder haben am Anfang nur die Kiste/Tasche und einen Einführungstext. Dieser kann vorgelesen, den Kindern aber auch ausgedruckt übergeben werden (s. Kapitel „Aufgabe").

Tasche Nr. 1 öffnen

Bibelstelle: 2. Mose 20,3: „Du sollst keine anderen Götter neben mir haben!"
Notwenige Dokumente und Materialien: „Götter_1", „Götter_2", Zahlenschloss an Tasche Nr. 1
Aufgabe: Findet die Zahlenkombination des Gottes, der euch die Tür öffnet.

Umsetzung: Auf der Tasche ist Dokument „Götter_1“ angebracht, auf der Unterseite der Tasche die Übersetzungsskala „Götter_2“. Auf der Übersetzungsskala wird jedem Gott eine Zahl zugeordnet:

- Vater 1 (1 für Einheit)
- Zeus 2
- Jesus 3 (3 für Dreieinigkeit)
- Poseidon 4
- Baal 5
- Hermes 6
- Heiliger Geist 7 (7 für Vollkommenheit)
- Herakles 8
- Apollon 9
- Amor 0

Code: 137
Fund: „Gebot2_Suchbild“, „Gebot5_Rätsel“ „Gebot2_Bibeltext“

Tasche Nr. 2 öffnen

Bibelstelle: 2. Mose 20,4-5: „Du sollst dir kein Gottesbild anfertigen. Mach dir überhaupt kein Abbild von irgendetwas im Himmel, auf der Erde oder im Meer. Wirf dich nicht vor fremden Göttern nieder und diene ihnen nicht. Denn ich, der Herr, dein Gott, bin ein leidenschaftlich liebender Gott und erwarte auch von dir ungeteilte Liebe. Wenn sich jemand von mir abwendet, dann ziehe ich dafür noch seine Nachkommen zur Rechenschaft bis in die dritte und vierte Generation.“
Notwendige Dokumente und Materialien: „Gebot2_Suchbild“, Zahlenschloss an Tasche Nr. 2
Aufgabe: Findet die zehn Fehler. Die Fehleranzahl in dem jeweiligen Bereich entspricht der Zahl für den Code für das Zahlenschloss.
Umsetzung: Zwei Bilder sind in je drei Bereiche eingeteilt. Jeder Bereich entspricht einer Zahl für das 3-stellige Zahlenschloss. Auf dem unteren Bild sind in jedem der drei Bereiche Fehler. Die passende Anzahl an Fehlern im jeweiligen Bereich gibt die entsprechende Zahl an, die auf dem Zahlenschloss eingegeben werden muss:
Code: 343
Fund: „Gebot3_Rätsel“, UV-Taschenlampe

Tasche Nr. 3 öffnen

Bibelstelle: 2. Mose 20,7: „Du sollst den Namen des Herrn, deines Gottes, nicht missbrauchen; denn der Herr wird jeden bestrafen, der das tut."
Notwendige Dokumente und Materialien: UV-Taschenlampe, „Gebot3_Rätsel", Zahlenschloss an Tasche Nr. 3
Aufgabe: Findet das Gute. Orientiert euch am Licht.
Umsetzung: In der Tasche finden die Kinder eine Liste mit Sprüchen, in denen Gott vorkommt. Mithilfe der UV-Taschenlampe können die passenden Sprüche ermittelt und die beistehenden Zahlen in das Zahlenschloss eingefügt werden. Richtig sind: 0. Grüß Gott, 3. Lieber Gott, 6. Gott sei Dank.
Code: 036
Fund: Schlüssel, „Gebot4_Rätsel"

Tasche Nr. 4 öffnen

Bibelstelle: 2. Mose 20,8-11: „Halte den Ruhetag in Ehren, den siebten Tag der Woche! Er ist ein heiliger Tag, der dem Herrn gehört. Sechs Tage sollst du arbeiten und alle deine Tätigkeiten verrichten; aber der siebte Tag ist der Ruhetag des Herrn, deines Gottes. An diesem Tag sollst du nicht arbeiten, auch nicht dein Sohn oder deine Tochter, dein Sklave

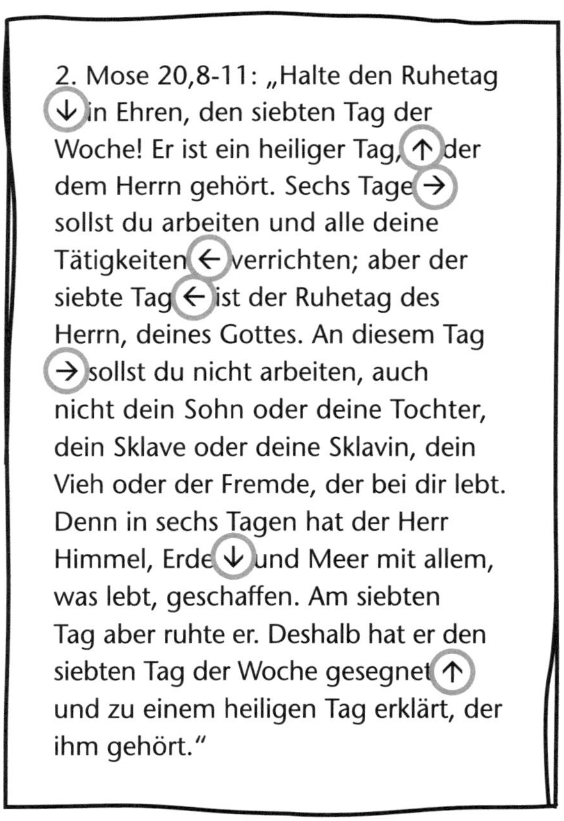
2. Mose 20,8-11: „Halte den Ruhetag ↓ in Ehren, den siebten Tag der Woche! Er ist ein heiliger Tag, ↑ der dem Herrn gehört. Sechs Tage → sollst du arbeiten und alle deine Tätigkeiten ← verrichten; aber der siebte Tag ← ist der Ruhetag des Herrn, deines Gottes. An diesem Tag → sollst du nicht arbeiten, auch nicht dein Sohn oder deine Tochter, dein Sklave oder deine Sklavin, dein Vieh oder der Fremde, der bei dir lebt. Denn in sechs Tagen hat der Herr Himmel, Erde ↓ und Meer mit allem, was lebt, geschaffen. Am siebten Tag aber ruhte er. Deshalb hat er den siebten Tag der Woche gesegnet ↑ und zu einem heiligen Tag erklärt, der ihm gehört."

Die Abfolge der Pfeile ergibt den gesuchten Code.

oder deine Sklavin, dein Vieh oder der Fremde, der bei dir lebt. Denn in sechs Tagen hat der Herr Himmel, Erde und Meer mit allem, was lebt, geschaffen. Am siebten Tag aber ruhte er. Deshalb hat er den siebten Tag der Woche gesegnet und zu einem heiligen Tag erklärt, der ihm gehört."

Notwendige Dokumente und Materialien: „Gebot4_Rätsel",
Richtungs-Vorhängeschloss an Tasche Nr. 4

Aufgabe: Befolgt die Anweisungen, wechselt euch dabei ab.

Umsetzung: Die Kinder müssen die Pfeilrichtungen aus dem Text auf das Schloss übertragen:

Code: ↓↑→←←→↓↑

Fund: Schlüssel

Tasche Nr. 5 öffnen

Bibelstelle: 2. Mose 20,12: „Du sollst deinen Vater und deine Mutter ehren. Dann wirst du lange in dem Land leben, das dir der Herr, dein Gott, gibt."

Notwendige Dokumente und Materialien: „Gebot5_Rätsel", Seile in Tasche Nr. 5, farbiges Schloss an Tasche Nr. 5

Aufgabe: Schaut genau hin. Meter = Zahl.

Umsetzung: Vier Seile (rot, grün, gelb, blau) sind so in Kiste Nr. 1 präpariert, dass man sie unterschiedlich lang aus der Kiste ziehen kann. Die jeweiligen Maßangaben sind per Zollstock zu ermitteln (s. Schritt 16.). Die Länge des farbigen Seils entspricht der Zahl auf dem jeweils dazu passenden farbigen Schloss.

Code: 1231

Fund: „Gebot6_Hinweis", „Buchstabengitter1", „Buchstabengitter2", „Buchstabengitter3"

Tasche Nr. 6 öffnen

Bibelstelle: 2. Mose 20,13: „Du sollst nicht morden!"

Notwendige Dokumente und Materialien: „Gebot6_Hinweis", „Fadenkreuz1", „Fadenkreuz2", „Fadenkreuz3", „Buchstabengitter1", „Buchstabengitter2", „Buchstabengitter3", Zahlenschloss an Tasche Nr. 6

Aufgabe: Folgt den Fadenkreuzen und findet das, was euch weiterleben lässt.

Umsetzung: Die Dokumente „Fadenkreuz1", „Fadenkreuz2" und „Fadenkreuz3" werden mit den Löchern so auf die Buchstaben gelegt, dass folgende Wörter entstehen: eins, sieben, acht. Die Zahlen müssen durch Ausprobieren in die richtige Reihenfolge gebracht werden.

Code: 178

Fund: Schlüssel, „Gebot7_Rätsel"

Tasche Nr. 7 öffnen

Bibelstelle: 2. Mose 20,14: „Du sollst nicht die Ehe brechen!"

Notwendige Dokumente und Materialien: „Gebot7_Rätsel", Zahlenschloss an Tasche Nr. 7

Aufgabe: Findet die Dinge, die untrennbar zusammengehören und addiert die jeweilige Zahl. Dann habt ihr je eine von den drei Zahlen für euer Zahlenschloss.

Umsetzung: Drei Wörter aus den beiden sich gegenüberstehenden Listen ergeben zusammengesetzt ein Wort. Addiert man die Zahlen der beiden Wörter, erhält man die Zahlen für das Zahlenschloss, die durch Ausprobieren noch in die richtige Reihenfolge gebracht werden müssen.
Code: 457
Fund: Schlüssel

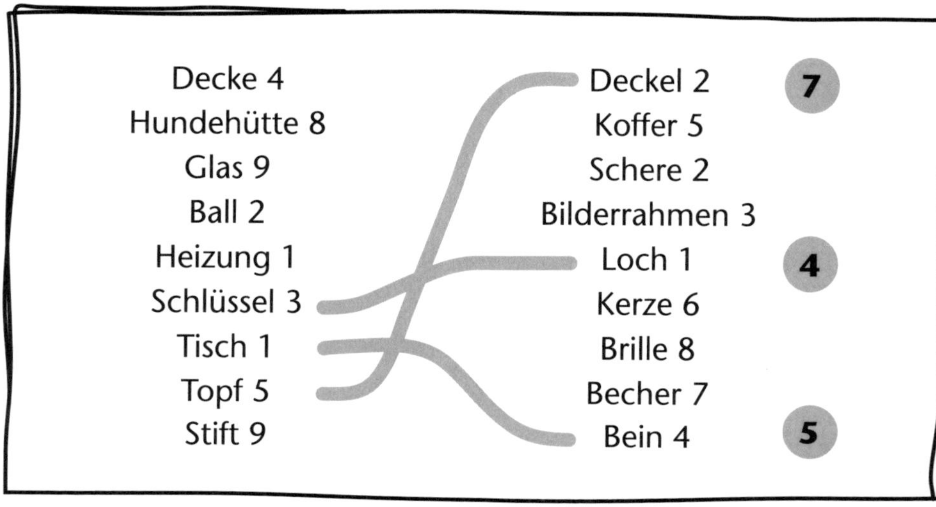

Tasche Nr. 8 öffnen

Bibelstelle: 2. Mose 20,15: „Du sollst nicht stehlen!“
Notwendige Dokumente und Materialien: „Gebot8_Rätsel“, Zahlenschloss zu Tasche Nr. 8
Aufgabe: Hier ist überall ein Buchstabe gestohlen worden. A = B.
Umsetzung: Gestohlen heißt, dass der aufgeschriebene Buchstabe immer -1 gedacht werden muss. A = B, B = C, C = D usw. Der Satz heißt also: „Du sollst nicht stehlen Code: drei, sechs, neun.
Code: 369
Fund: Schlüssel

Tasche Nr. 9 öffnen

Bibelstelle: 2. Mose 20,16: „Du sollst nichts Unwahres über deinen Mitmenschen sagen.“
Notwendige Dokumente und Materialien: Puzzle bestehend aus „Quiz 1 – 4“, farbiges Zahlenschloss an Tasche Nr. 9
Aufgabe: Sagt das Richtige! Beantwortet die Fragen richtig und übertragt die Zahlen auf das Schloss und ihr steht kurz vor dem Ziel!
Umsetzung: Die Puzzleteile aus der Kiste ergeben vier Scherzfragen mit mehreren Antwortmöglichkeiten. Jede Scherzfrage hat eine Farbe, die Zahl vor der richtigen Antwort muss beim entsprechend farbigen Zahlenschloss als Zahl eingegeben werden.

Rot: Was passiert mit einem weißen Stein, der ins Rote Meer geworfen wird? 1. Nichts. 2. Er wird rot. 3. Er wird nass. 4. Er wird orange. 5. Er wird blau. 6. Er wird größer. 7. Er schrumpft. 8. Er verschwindet. 9. Er zerbricht.
Grün: Welcher Baum hat keine Wurzeln? 1. Tanne 2. Lärche 3. Eiche 4. Kiefer 5. Purzelbaum 6. Buche 7. Fichte 8. Birke 9. Palme
Gelb: Welches Tier versteckt sich in Kaffee? 1. Der Kakadu 2. Die Maus 3. Die Schildkröte 4. Der Bär 5. Der Hund 6. Die Spinne 7. Der Elefant 8. Die Katze 9. Der Affe
Blau: Wo macht ein Skelett Urlaub? 1. In Frankreich 2. Überall und nirgends 3. In der Schweiz 4. In Spanien 5. Am Toten Meer 6. Am Atlantik 7. In Deutschland 8. In den USA 9. Im Museum
Code: 3595

Tasche Nr. 10 öffnen

Bibelstelle: 2. Mose 20,17: „Du sollst nicht versuchen, etwas an dich zu bringen, das deinem Mitmenschen gehört, weder seine Frau noch seinen Sklaven oder seine Sklavin, sein Rind oder seinen Esel noch irgendetwas anderes, das ihm gehört."
Notwendige Dokumente und Materialien: „Gebot10_Hinweis" aus versteckter Flasche, 5 erspielte Schlüssel, letzter Schlüssel von Mitarbeiterin/Mitarbeiter, Verriegelungshaspe mit sechs Schlössern an Tasche Nr. 10
Aufgabe: Denke an den Auftrag: Eure Aufgabe ist es, die zwei Tafeln der Zehn Gebote sicherzustellen und sie an eure Mitarbeiterin / euren Mitarbeiter zu übergeben, damit sie/er sie in das Heimatmuseum bringt. Versprecht der Spielleitung, ihr den ganzen Gewinn zu geben!
Umsetzung: Wenn die Kinder den Hinweis in der Flasche gefunden haben, bekommen sie von der Spielleitung den letzten Schlüssel und die Anweisung: „Teilt am Ende die Schlüssel unter euch auf. Ihr müsst die letzte Tasche zusammen öffnen."

Finales Rätsel

Hinter dem letzten Rätsel finden die Kinder zwei Tafeln. Nicht die Tafeln der Zehn Gebote, aber zwei kleine Schokoladentafeln als Siegespreis und als Gebotstafeln getarnt. Sobald sie die Tafeln der Spielleitung gegeben haben, bekommen sie von ihr eine große Tafel Schokolade. Die Spielleitung gratuliert jedem der Kinder und verliest die Lösung: „Ihr habt es geschafft! Ihr habt die Zehn Gebote Gottes kennengelernt und umgesetzt. Ihr seid als Team bis zur letzten Tasche/Kiste gekommen und habt dann nicht nur an euch gedacht. Nun werden die Tafeln mit den Zehn Geboten in das Heimatmuseum gebracht, damit noch viele andere Menschen von Gott und diesen Regeln fürs Leben hören können."

7.2 Spielschema

In der folgenden Übersicht ist der Lösungsweg schematisch und kompakt aufgezeigt. Dieses Spielschema ist ausdrücklich keine Aufbauanleitung, sondern dient der Prozessverfolgung, an welcher Stelle sich die Gruppe gerade auf dem Weg zum Ziel befindet. Die verschiedenen Schraffierungen sollen die verschiedenen Arten deutlich machen und dienen der besseren Erkennung.

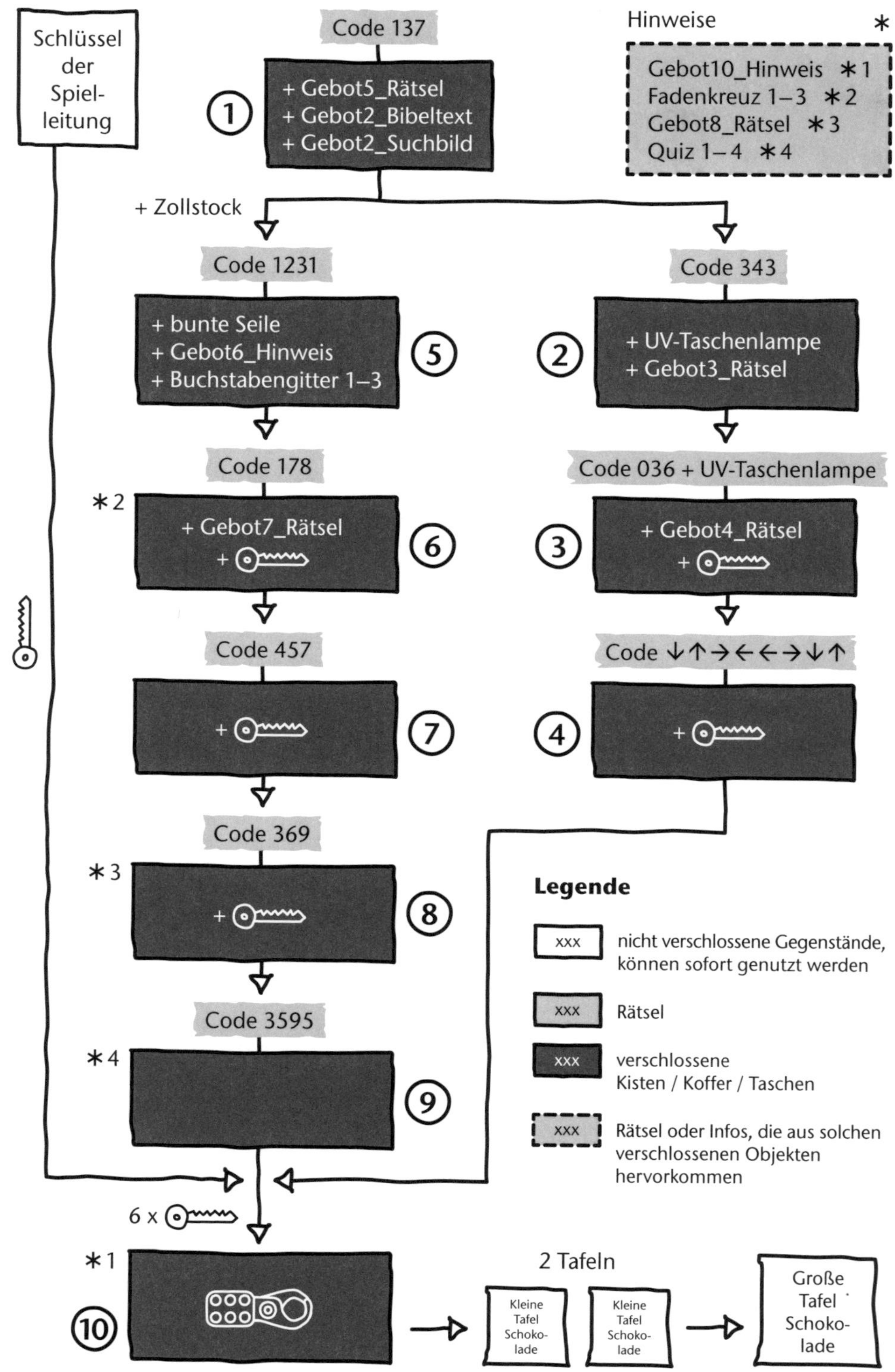
Schlüssel der Spielleitung
Code 137
+ Gebot5_Rätsel
+ Gebot2_Bibeltext
+ Gebot2_Suchbild
Hinweise *
Gebot10_Hinweis *1
Fadenkreuz 1–3 *2
Gebot8_Rätsel *3
Quiz 1–4 *4
+ Zollstock
Code 1231
+ bunte Seile
+ Gebot6_Hinweis
+ Buchstabengitter 1–3
Code 343
+ UV-Taschenlampe
+ Gebot3_Rätsel
Code 178
*2
+ Gebot7_Rätsel
Code 036 + UV-Taschenlampe
+ Gebot4_Rätsel
Code 457
Code ↓↑→←←→↓↑
Code 369
*3
Legende
xxx nicht verschlossene Gegenstände, können sofort genutzt werden
xxx Rätsel
xxx verschlossene Kisten / Koffer / Taschen
xxx Rätsel oder Infos, die aus solchen verschlossenen Objekten hervorkommen
Code 3595
*4
6 x
*1
2 Tafeln
Kleine Tafel Schokolade
Kleine Tafel Schokolade
Große Tafel Schokolade

8. Tipps zur Andacht

Es beginnt so: „Ich bin der Herr, dein Gott! Ich habe dich aus Ägypten herausgeführt, ich habe dich aus der Sklaverei befreit“ (2. Mose 20,2).

Der erste Satz ist überhaupt kein Gebot. Gott stellt sich selbst vor. Er will zu uns eine persönliche Beziehung haben. Und es geht noch weiter: Er will uns gehören. Er will zu uns gehören. Das ist seine Liebeserklärung an uns. Aber es kommt noch erstaunlicher: Gott stellt sich vor, indem er auf seine Tat der Befreiung Israels aus der Knechtschaft in Ägypten verweist. Als er Israel aus der Sklaverei befreite, hat er gezeigt, wer er ist. Diese Rettung aus der Sklaverei war die wichtigste Tatsache in der Geschichte des Volkes Israel. Diese Rettungstat ist das Markenzeichen des lebendigen Gottes, der sich mit Israel in Liebe verbindet. Was Gott durch die Rettung aus Ägypten für Israel getan hat, das hat er für alle Menschen durch das Leben, Sterben und Auferstehen von Jesus Christus getan. Gott schenkt uns die Freiheit. Aber jetzt soll diese Freiheit auch gelebt und erhalten werden. Das ist nicht selbstverständlich. Darum gibt Gott den Menschen nach dem ersten Gebot noch neun weitere Regeln für ihr Leben. Das sind die entscheidenden Wegweiser zum Erhalt des Lebens in Freiheit. Das ist die Gebrauchsanweisung für die Freiheit.

Die Gebote Gottes zeigen uns den Weg zu einem tollen und guten Leben. Der Erfinder eines Gerätes weiß am besten, wie es richtig zu gebrauchen ist. Die Zehn Gebote sind die Kurzfassung der Gebrauchsanweisung, die der Schöpfer des Lebens geschrieben hat. Also der, der dich genauso liebt, wie du bist. Der, der dich ausgedacht hat.

Impulsfragen

- Welche Regeln in deinem Leben findest du blöd und unnötig und welche helfen dir im Alltag?
- Welche Gebote fallen dir schwer umzusetzen? Welche ganz leicht?
- Was für eine Regel bräuchten wir Menschen noch, damit die Welt ein bisschen besser wäre?

DAS GAME

EXIT BOX – RAUS AUS DER KOMFORTZONE

von Ingo Müller

1. Allgemeine Informationen

Ziel des Spiels:	Die Spielerinnen und Spieler lernen die Dimensionen und die Prinzipien von Jugendarbeit in 4D niederschwellig kennen und bekommen damit einen Einstieg in eine zeitgemäße Art und Weise von Jugendarbeit.
Thema:	Jugendarbeit in 4D
Alter:	ab 8 Jahren
Gruppengröße:	2 – 3 Personen
Aufgabe:	Findet den Herzschlag von Jugendarbeit in 4D!
Dauer:	**Vorbereitung zu Hause:** 3 – 4 Stunden **Aufbau vor Ort:** ca. 5 Minuten **Spieldauer:** 15 – 20 Minuten plus 3 Minuten Einführung und 10 Minuten Auswertung und Andacht
Spielformat:	Mobiles, kurzes Live Escape Game
Raumanforderungen:	Ikea-Kallax-Version: Ikea-Kallax-Regal Version ohne Ikea-Kallax-Regal: ein wenig Platz, eine offene Kiste, eine Vitrine, ein Spiegelschrank und ein Schrank mit zwei Schubladen Das Spiel ist auch draußen spielbar!

Spielprofil mit Schlussbemerkung:

●○○ RAUMANFORDERUNG

●●○ VORBEREITUNGSAUFWAND

●○○ WIEDERAUFBAU

●○○ MATERIALAUFWAND

●●○ KOSTEN

●○○ IMMERSION

●○○ SUCHEN

●●● KOMBINIEREN

●○○ TEAMWORK

●●●○○ SCHWIERIGKEITSGRAD

Diese Exit Box ist kein klassisches Live Escape Game. Sie ist eine Hilfe für Mitarbeiterinnen und Mitarbeiter, die im Ansatz vermittelt, wie wir im Hier und Jetzt christliche Arbeit mit jungen Menschen machen können. Ideal eingesetzt wird sie als Einstieg vor einer Mitarbeitendenschulung im kleinen Team oder als Info auf einem Stadtfest.

Variante: Du kannst dich zwischen zwei Varianten entscheiden (s. o.): Die Ikea-Kallax-Variante kostet ein bisschen mehr, ist dafür schön kompakt. Die günstigere Variante benötigt bestimmte Raumanforderungen und macht ggf. optisch etwas weniger her.

2. Herangehensweise

- Zuerst ist es wichtig, dass du dich als Spielleitung näher mit Jugendarbeit in 4D beschäftigst, z. B. unter www.ja4d.de. Schließlich handelt es sich dabei um die Grundlage dieses Live Escape Games: Lies die betreffenden Infos mehrmals aufmerksam durch. Überlege dir anschließend, was für dich wichtig ist.
- Nun solltest du dir einen ersten Überblick über die Spielvorbereitungen und den Spielablauf verschaffen. Wirf dazu einen Blick auf die Materialliste und lies die Kapitel „Vorbereitung zu Hause“, „Aufbau vor Ort“ und „Spieldurchführung“.
- Besorge sämtliche Materialien, die auf der Liste stehen. Im Idealfall sprecht ihr euch im Team zwei Wochen vorher ab, wer welches Material besorgen kann und was noch besorgt werden muss. Einige Gegenstände werden allerdings erst für den Aufbau vor Ort benötigt und sind dort möglicherweise schon vorhanden. Diese Dinge musst du also nicht extra im Voraus besorgen.

- Wenn du die erforderlichen Materialien besorgt hast, kannst du mit den Vorbereitungen zu Hause beginnen, indem du die Schritte 1. bis 18. befolgst. Vorher solltest du jedoch das Kapitel „Lösungswege“ mit der Erklärung der Rätsel gelesen haben. Die Vorbereitungen fallen nämlich leichter, wenn man weiß, wie die einzelnen Rätsel funktionieren.
- Nach den Vorbereitungen zu Hause kannst du dich um den Aufbau vor Ort kümmern. Wähle einen Raum aus, der die erforderlichen Bedingungen erfüllt, und absolviere die Schritte 19. bis 44. Auch hier gilt: Der Sinn der einzelnen Aktionen ist teilweise erst dann erkennbar, wenn man weiß, wie das Spiel später ablaufen wird.
- Wenn die Vorbereitungen abgeschlossen sind, lies dir noch einmal sorgfältig das Kapitel „Spieldurchführung“ durch. Dann kann es endlich losgehen!

3. Materialliste

Manche Materialien können mit einer passenden Idee auch durch etwas anderes ersetzt werden – da gibt es oft viele Optionen. Einige Materialien sind zwingend erforderlich, andere Materialien dienen nur dem Flair oder der Veranschaulichung. Sie sind nicht notwendig und werden daher extra aufgeführt.

Material, das zwingend erforderlich ist

- ☐ entweder: 1 Kallax Regal von Ikea (2 x 2 Fächer: 1 schwarze Tür oben links, 1 Glasvitrine oben rechts mit 1 Regalboden, 1 Spiegeltüre unten links, 2 Schubladen unten rechts; ca. 90 €)
- ☐ oder: 1 Schrank mit 1 offenen Fach, 1 Vitrine bzw. Glasfach mit mind. 1 Regalboden, 1 Spiegelfach und 2 Schubladen; je mit der Möglichkeit, ein Vorhängeschloss anzubringen
- ☐ oder: 1 offene Kiste; 1 Vitrine; 1 Spiegelschrank; 1 Schrank mit 2 Schubladen; je mit der Möglichkeit, ein Vorhängeschloss anzubringen
- ☐ für die Kallax-Konstruktion: 4 Scharniere, um die Schlösser anzubringen; Werkzeug (Schrauben, Hammer, Schraubenzieher oder Akkuschrauber ...)
- ☐ Schlösser:
  - 2 Zahlenschlösser mit 3-stelligem Zahlencode (z. B. ABUS Aluminium-Zahlenschloss 145/30)
  - 1 Schloss mit 4-stelligem Zahlencode
  - 1 Schloss mit 4-stelligem Zahlencode mit bunten Ziffernblättern (rot, grün, gelb, blau, z. B. „4-digit Resettable Combination Padlock“ der Firma Bosvision):
- ☐ 1 leere, durchsichtige Shampoo-Flasche (die mit abgeschnittenem Kopf eine so große Öffnung hat, dass der Magnet und der Schlüssel gerade so hindurchpassen, man den Schlüssel mit der Hand aber nicht heraus holen kann)
- ☐ 1 Holzstab (ca. 15 cm)
- ☐ 1 Schnur (ca. 50 cm)
- ☐ 1 Haken mit einem kleinen Magnet
- ☐ 1 MP3-Player
- ☐ Kopfhörer für den MP3-Player
- ☐ 1 Alphabetpuzzle aus Holz (z. B. „Goki 57672 - Alphabetpuzzle“; du brauchst die Buchstaben und das Brett)
- ☐ doppelseitiges Klebeband oder Heißkleber
- ☐ Spielfiguren: 4 rote, 2 grüne, 5 gelbe, 8 blaue
- ☐ 1 abschließbare Geldkassette mit Schlüssel
- ☐ durchsichtiges Klebeband
- ☐ 1 UV-Taschenlampe mit Batterien
- ☐ 1 Wecker/Stoppuhr o. Ä.

Material, das nur bei der Vorbereitung zu Hause benötigt wird

- ☐ 1 (Farb-)Drucker
- ☐ 1 Computer
- ☐ 1 Schere
- ☐ Papier und Stifte
- ☐ 1 Ladekabel oder Batterie für den MP3-Player
- ☐ 1 Verbindungskabel zwischen MP3-Player und Computer
- ☐ 1 Cutter-Messer
- ☐ 1 kleine Säge
- ☐ UV-Stift (z. B. edding 8280, farblos)

Material, das aus dem Downloadbereich benötigt wird

- ☐ Morsecode WITH (Audiodatei, muss nicht ausgedruckt werden. Falls du selbst einen Morsecode erstellen möchtest, kannst du das z. B. hier: www.morseresource.com/morse/makemorse.php Achte darauf, dass du auch die Details des Rätsels anpassen musst, wenn du etwas am Code veränderst.)
- ☐ Kreuz 1
- ☐ Kreuz 2
- ☐ Zeugnis (Falls du selbst ein Zeugnis erstellen möchtest, kannst du das z. B. hier: www.onlinewahn.de/generator/z-index.htm Achte darauf, dass du die Details des Rätsels anpassen musst, wenn du etwas am Hinweis änderst.)
- ☐ Zeugnis Schablone
- ☐ Info-Box
- ☐ Puzzle-Hinweis
- ☐ Morse-Alphabet
- ☐ UV-Hinweis

Material, das nur optional benötigt wird

- ☐ 1 Spielbrett für die Spielfiguren
- ☐ Laminiergerät und Folien (zum Haltbarmachen der Materialien)

Hinweis: Da es für das Game verschiedene Bauvarianten gibt (z. B. Kallax-Version), werden im Folgenden die vier Dimensionen der Jugendarbeit in 4D je einer Art von Regal-Fach zugeordnet, die in jeder Bauvariante gleich sein sollte. So ist die Erklärung für jede Bauvariante verständlich:

- UP – offenes Fach
- IN – Glasfach
- WITH – Spiegelfach
- OUT – Schublade 1
- Herzschlag – Schublade 2

4. Vorbereitung zu Hause

1. Erstelle dir eine persönliche Materialliste anhand der angegebenen Liste und besorge alle Materialien.
2. Drucke alle nötigen Seiten aus (s. Downloads). Die DIN-Formate sind wichtig, damit im Spielverlauf keine unnötigen Unsicherheiten aufkommen.
3. Wenn du die Kallax-Version baust, beginne mit dem Regalaufbau. Achte auf die Aufbauanleitung des Herstellers. Wenn du dich gegen die Kallax-Version entschieden hast, entfallen die Schritte 3. und 4. für dich.
   - Im Fach oben links baust du eine schwarze Tür ein, die nach links aufgeht.
   - Im Fach oben rechts baust du eine Glasvitrine ein, die nach rechts aufgeht.
   - Im Fach unten links baust du eine Spiegeltür ein, die nach links aufgeht.
   - Im Fach unten rechts baust du zwei schwarze Schubladen ein.
4. Bringe dann die Scharniere an, in die später die Schlösser eingehängt werden:
   - IN – Glasfach (oben zur Mitte hin)
   - WITH – Spiegelfach (unten zur Mitte hin, aber so weit nach oben, dass das Schloss nicht auf dem Boden liegt)
   - OUT – Schublade_1 (am rechten Rand)
   - Herzschlag – Schublade_2 (ebenfalls am rechten Rand)
5. Entferne die Aufkleber von der Shampoo-Flasche, sodass du ein durchsichtiges Gefäß hast.
6. Jetzt schneide den Verschluss mit dem Cutter-Messer so ab, dass der Schlüssel der Geldkassette hineinpasst und dieser mit dem Magnet am Haken aus der Flasche geangelt werden kann, man den Schlüssel mit der Hand aber nicht herausholen kann. Achte darauf, dass keine scharfe Kante entsteht, an der man sich schneiden kann.
7. Schneide das Kreuz aus dem Dokument „Kreuz 2“ (s. Downloads).
8. Schneide das Dokument „Zeugnis“ (s. Downloads) in sechs bis acht Puzzelteile.
9. Schneide im Dokument „Zeugnis Schablone“ (s. Downloads) die schwarzen Felder vorsichtig aus, damit hier die Löcher für die Schablone entstehen.
10. Schneide die Hinweise von Dokument „Info-Box“ (s. Downloads) auseinander.
11. Binde ca. 50 cm Schnur/Kordel an das eine Ende des Holzstabs, sodass eine Angel entsteht.
12. Jetzt bindest du an das zweite Ende der Schnur den Magneten, der am Haken befestigt ist. Damit ist die magnetische Angel fertig.
13. Teste, ob du mit dem Magneten an der Angel in die Shampoo-Flasche kommst und den Schlüssel herausbekommst.

14. Teste nun, ob die Angel in das IN – Glasfach passt. Sonst kürze den Stab entsprechend.
15. Schließe den MP3-Player an deinen Computer an und lösche alle Daten, damit der Player komplett leer ist.
16. Jetzt füge die Audiodatei „Morsecode WITH“ (s. Downloads) hinzu und teste das Abspielen der Datei mindestens einmal.
17. Klebe das Dokument „Puzzle-Hinweis“ (s. Downloads) auf die Rückseite des Holzbrettes, in dem die Puzzleteile des Holzpuzzles liegen.
18. Stelle die Codes an den Zahlenschlössern ein:
    - Zahlenschloss 3-stellig mit dem Code 312
    - Zahlenschloss 3-stellig mit dem Code 420
    - Zahlenschloss 4-stellig mit dem Code 3820
    - Zahlenschloss mit bunten Zifferblättern mit dem Code 4258 (rot = 4, grün = 2, gelb = 5, blau = 8)

5. Aufbau vor Ort

UP – offenes Fach

19. Klebe das Dokument „Kreuz 1“ (s. Downloads) mittig an die rechte Wand.
20. Klebe das Dokument „Kreuz 2“ (s. Punkt 7.) so am Boden fest, dass es genau über dem entscheidenden Text liegt, wenn du es auf das Dokument „Kreuz 1“ hochklappst. Achte dabei genau auf die Positionierung, damit der Text zu lesen ist und die übrigen Buchstaben mindestens halb verdeckt sind.

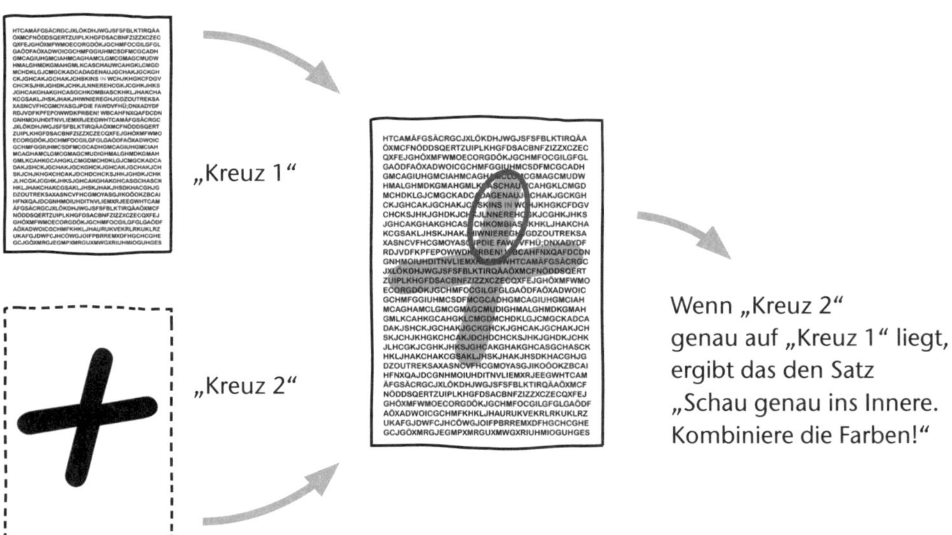

21. Lege das Dokument „Morse-Alphabet“ (s. Downloads) zusätzlich in das Fach.
22. Jetzt klebst du die Shampoo-Flasche mit dem doppelseitigen Klebeband oder Heißkleber in den linken vorderen Bereich von UP – offenes Fach.
23. Klebe nun die UP-Info aus dem Dokument „Info-Box“ (s. Downloads) auf die Innenseite der Tür.

IN – Glasfach

24. Klebe die Spielfiguren (ein paar verteilt, ein paar gemeinschaftlich zusammenstehend) auf den Regalboden.
25. Lege alle Holz-Buchstaben des Puzzles in die Geldkassette und verschließe sie.
26. Lege das präparierte Brett des Puzzles (s. Schritt 17.) auf den Boden des Faches.
27. Den Schlüssel für die Geldkassette wirfst du in die fest angebrachte Shampoo-Flasche im UP-Fach.
28. Die Geldkassette stellst du auf das Holzbrett in das IN-Fach.
29. Prüfe, ob der MP3-Player noch genug Akku hat.
30. Lege die Kopfhörer und den MP3-Player auf das Brett.
31. Auch die Angel legst du in das Fach.
32. Klebe nun die IN-Info aus dem Dokument „Info-Box“ (s. Downloads) auf die Innenseite der Tür, sodass man sie von außen lesen kann.
33. Verschließe die Glastür mit dem vierfarbigen Vorhängeschloss. Verdrehe die Zahlenkombination.

WITH – Spiegelfach

34. Lege die Puzzleteile vom Zeugnis (s. Punkt 8.) und das Dokument „Zeugnis Schablone“ (s. Schritt 9.) in das Fach.
35. Klebe nun die WITH-Info aus dem Dokument „Info-Box“ (s. Downloads) auf die Innenseite der Tür.
36. Verschließe die Spiegeltür mit dem 4-stelligen Zahlenschloss und dem Code 3820. Verdrehe die Zahlenkombination.

OUT – Schublade 1

(Diese Schublade muss, wenn die Schubladen übereinander sind, die untere sein, da man sonst schon die Lösung in der Schublade darunter sehen und entdecken könnte!)

37. Bringe einen Streifen durchsichtiges Klebeband ohne Fusseln und Fingerabdrücke ganz unten außen auf der rechten Wand des (Kallax-)Regals an. Dieser Streifen ist im Grunde die ganze Zeit sichtbar, sollte aber nicht entdeckt werden.
38. Schreibe mithilfe der UV-Taschenlampe und des UV-Stifts Folgendes auf den Klebestreifen: 20 x 21
39. Klebe das Dokument „UV-Hinweis“ (s. Downloads) auf den Boden der Schublade.
40. Prüfe, ob die UV-Taschenlampe noch genug Batterie hat und lege sie in die Schublade.
41. Klebe nun den OUT-Hinweis aus dem Dokument „Info-Box“ (s. Downloads) auf die innere rechte Seite der Schublade, sodass man ihn noch gut lesen kann.
42. Verschließe die Schublade mit dem Zahlenschloss und dem Code 312. Verdrehe die Zahlenkombination.

Herzschlag – Schublade 2

(Diese Schublade muss, wenn die Schubladen übereinander sind, die obere sein!)

43. Klebe nun den Herzschlag-Hinweis aus dem Dokument „Info-Box“ (s. Downloads) auf die Innenseite der Schublade, sodass man ihn gut lesen kann.
44. Verschließe die Schublade mit dem Zahlenschloss und dem Code 420. Verdrehe die Zahlenkombination.

Wiederaufbau
Für den Wiederaufbau für eine neue Spielrunde müssen alle Schritte „Aufbau vor Ort“ 19. bis 44. noch einmal durchgegangen werden.

6. Spieldurchführung

6.1 Anmoderation

Erklärung für die Spielenden

Ein Live Escape Game lässt sich mit vier Begriffen erklären: ein Raum – ein Team – eine Aufgabe – eine Stunde Zeit – eigentlich! Denn hier habt ihr nur 15 – 20 Minuten Zeit, um verschiedene Rätsel zu entschlüsseln und die Aufgabe zu lösen. Dazu ist es notwendig, viele Hinweise richtig zusammenzubringen. Die Aufgaben und Rätsel lassen sich nach einem einfachen Prinzip lösen: suchen, sammeln, kombinieren und anwenden.
Ihr nehmt als Team die Rolle der Suchenden ein und versucht, den Herzschlag von Jugendarbeit in 4D zu finden. Gleich müsst ihr irgendwo anfangen und dann ist es wie bei einer Schnitzeljagd: Ihr folgt als Team den Hinweisen und setzt verschiedene Dinge zusammen, um das große Ganze zu lösen.
Viel Spaß und Freude beim Öffnen von Schubladen, Türen und Fächern!

Regeln

- Die Aufgaben und Rätsel sind ohne Gewalt lösbar. Ihr müsst nichts demontieren oder mutwillig auseinandernehmen.
- Schlösser werden mittels Schlüssel oder Codes geöffnet und nicht „geknackt“ oder durch Herumprobieren geöffnet, es sei denn, es sind z. B. die Zahlen bekannt, aber nicht die Reihenfolge.
- Lasst bitte geöffnete Schlösser ggf. mit Schlüssel einfach hängen.
- Alles, was durch Klebeband festgeklebt oder anderweitig fixiert ist, soll an diesem Ort bleiben!
- Die Nutzung eigener technischer Hilfsmittel ist verboten!
- Ebenso das Anfertigen von Foto-, Video- oder Audioaufnahmen. Bewahrt das Geheimnis, damit sich bei einem solchen Spiel nicht die Lösung verbreitet.
- Ihr habt 20 Minuten Zeit. Ich stoppe für euch die Zeit und erinnere euch zwischendurch daran. (Gemeinsam runterzählen und den Wecker / die Stoppuhr einstellen.)

Aufgabe

Findet den Herzschlag von Jugendarbeit in 4D!

6.2 Das Team begleiten – Tipps

Eigentlich ist das Spiel ohne Tipps spielbar. Zur Not dauert es einfach etwas länger. Mögliche Hinweise, falls das Team hängenbleiben und langsam verzweifeln sollte:

- Hast du dir den Boden des Faches gut genug angesehen? (Hinweis auf die Klappfunktion des Kreuzes)
- Was könnte „Schau ins IN-nere bedeuten?“ (Hinweis auf die Spielfiguren)
- Hast du dir den Boden des Brettes gut angesehen? „Nutze das Brett zum Spiegeln der wenigen Buchstaben!“ (Hinweis auf das Spiegeln der Buchstaben)
- Mit dem Spiegel werden bestimmte Buchstaben zu Zahlen und in der gespiegelten Reihenfolge ergeben sie die Zahlenkombination.

6.3 Spielablauf

- Du erklärst das Spielprinzip und die Regeln.
- Du stellst die Aufgabe vor.
- Du stellst den Wecker / die Uhr auf 20 Minuten und beginnst damit das Spiel.
- Die spezifischen Rätselelemente dieses Spiels müssen in der richtigen Reihenfolge gelöst werden.

6.4 Spielende

- Andacht
- Auswertungsrunde
- Foto zum Schluss

7. Lösungswege

7.1 Beschreibung der Rätsel

UP – offenes Fach

Die Tür des UP-Fachs ist der Start des Spiels. Die Spielerinnen und Spieler finden einen Schlüssel in einer aufgeschnittenen und durchsichtigen Shampoo-Flasche, an den sie noch nicht herankommen. Sie brauchen dafür einen Magnet an einer Angel. Den bekommen sie im IN-Fach. Dazu finden sie auf der rechte Seite des Faches einen angeklebten Zettel mit vielen Buchstaben, die auf den ersten Blick keinen Sinn ergeben. Auf dem Boden des Faches finden sie einen Papierzettel mit einem ausgeschnittenen Kreuz (Dokument „Kreuz 2"), das an der rechten Seite (am unteren Kreuz-Ende) befestigt ist. Dieses Kreuz kann man nach oben klappen, um so die Buchstaben auf dem Zettel zu verdecken, die unwichtig sind. Die übriggebliebenen Buchstaben ergeben einen Hinweis für das Zahlenschloss am IN-Fach: „Schau genau ins Innere. Kombiniere die Farben!" (s. Schritt 20.). Um die Zahlenkombination herauszufinden, müssen die Farben der Spielfiguren im IN-Fach zusammengezählt und in das Farben-Schloss eingegeben werden (rot = 4, grün = 2, gelb = 5, blau = 8; Code: 4258). Die Spielfiguren sind auf dem Glasboden befestigt, damit sie nicht verschoben oder verlorengehen können. Sie können alternativ aber auch einfach auf einem Spielfeld stehen. Das Morse-Alphabet, das auch im UP-Fach liegt, brauchen die Spielerinnen und Spieler erst, wenn sie die Morsezeichen auf dem MP3-Player entschlüsselt haben.

IN – Glasfach

Wenn die Tür offen ist, sind verschiedene Materialen zugänglich: eine verschlossene Geldkassette, ein Holzbrett mit einem Hinweis, ein Kopfhörer, ein MP3-Player und eine Angel mit Magnet. In der Geldkassette befinden sich die Holz-Buchstaben von A bis Z. Mit den Kopfhörern, dem MP3-Player (mit der Audiodatei „Morsecode WITH" darauf) und dem Morse-Alphabet kommen die Spielerinnen und Spieler auf vier Buchstaben: B – E – O – S. Die entsprechenden Holz-Puzzleteile müssen in die Holzvorlage gelegt werden. Auf der Rückseite der Holzvorlage ist der Hinweis „Puzzle-Hinweis" aufgeklebt (s. Schritt 17.), der zeigt, wie die Spielerinnen und Spieler dieses Brett vor den Spiegel halten müssen, damit die richtige Reihenfolge entsteht. Folgen die Spielerinnen und Spieler den Anweisungen, ergibt sich gespiegelt eine neue Reihenfolge und damit der Code 3820.

WITH – Spiegelfach

Hier finden die Spielerinnen und Spieler ein Puzzle aus dem Dokument „Zeugnis", das sie zusammensetzen müssen. Anhand der Lochschablone („Zeugnis Schablone") aus demselben Fach wird die Zahlenkombination herausgelesen, die die Spielerinnen und Spieler zum Öffnen der unteren OUT-Schublade brauchen. Die ausformulierten Noten, die durch die Lochschablone zu sehen sind, entsprechen in Zahlen dem Code 312.

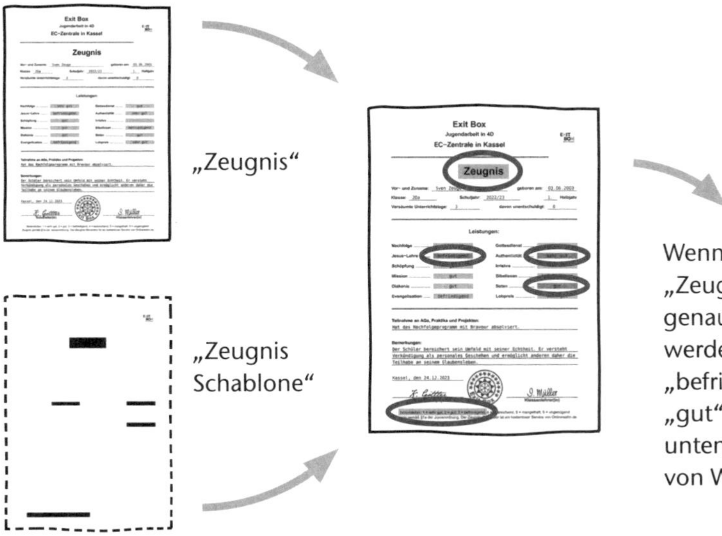

Wenn „Zeugnis Schablone“ genau auf „Zeugnis“ liegt, werden die Wörter „befriedigend“, sehr gut“, „gut“ markiert sowie unten die Umcodierung von Wort in Zahl.

OUT – Schublade 1

In der Schublade finden die Spielerinnen und Spieler eine UV-Taschenlampe und einen Hinweis: „Licht sein! – Think OUTside the Box.“ Mit der Taschenlampe müssen die Spielerinnen und Spieler die Markierung am rechten unteren Rand der Schublade entdecken (s. Schritt 37. und 38.) Erkennen sie sie als Rechenaufgabe, bekommen sie den Code 420. (Die Zahlen 20 x 21 stehen für Johannes 20,21b Lu: „Wie mich der Vater gesandt hat, so sende ich euch.“)

Herzschlag – Schublade 2

Hier finden die Spielerinnen und Spieler den Herzschlag von Jugendarbeit in 4D!

7.2 Spielschema

In der folgenden Übersicht ist der Lösungsweg schematisch und kompakt aufgezeigt. Dieses Spielschema ist ausdrücklich keine Aufbauanleitung, sondern dient der Prozessverfolgung, an welcher Stelle sich die Gruppe gerade auf dem Weg zum Ziel befindet. Die verschiedenen Schraffierungen sollen die verschiedenen Arten deutlich machen und dienen der besseren Erkennung.

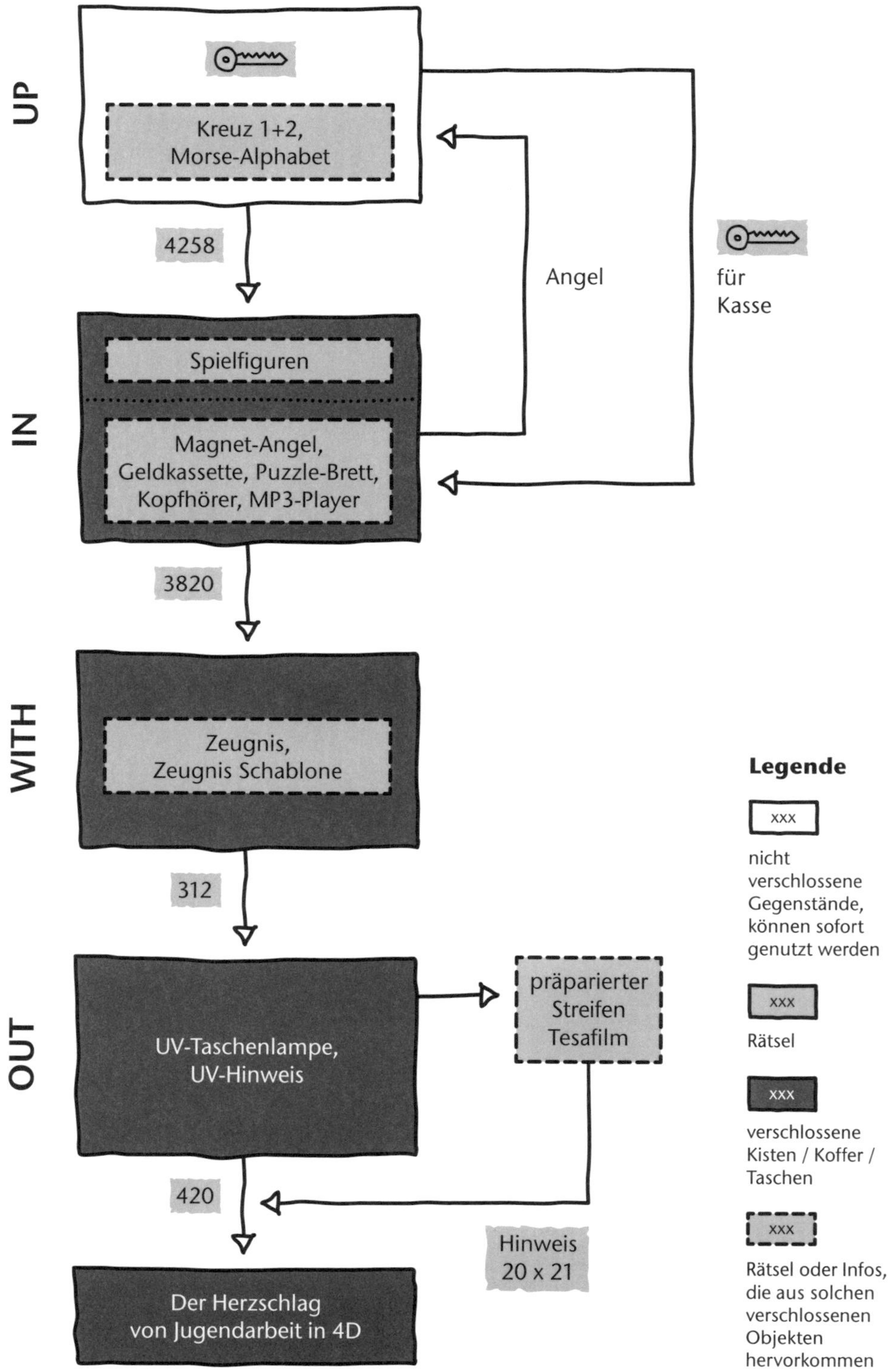
UP
Kreuz 1+2,
Morse-Alphabet
4258
Angel
für
Kasse
IN
Spielfiguren
Magnet-Angel,
Geldkassette, Puzzle-Brett,
Kopfhörer, MP3-Player
3820
WITH
Zeugnis,
Zeugnis Schablone
312
OUT
UV-Taschenlampe,
UV-Hinweis
präparierter
Streifen
Tesafilm
420
Hinweis
20 x 21
Der Herzschlag
von Jugendarbeit in 4D
Legende
xxx
nicht
verschlossene
Gegenstände,
können sofort
genutzt werden
xxx
Rätsel
xxx
verschlossene
Kisten / Koffer /
Taschen
xxx
Rätsel oder Infos,
die aus solchen
verschlossenen
Objekten
hervorkommen

8. Tipps zur Andacht

Mehr Informationen zum Thema Jugendarbeit in 4D (JA4D) findest du beim Deutschen EC-Verband oder auf www.ja4d.de. Dort erfährst du, was hinter den vier Dimensionen und sechs Prinzipien steht, die der Initiative zugrunde liegen. Dort wird auch auf noch mehr Material zu JA4D verwiesen. Für eine Schulung über Jugendarbeit in 4D kannst du jemanden aus dem Deutschen EC-Verband einladen.

Ein paar Gedanken zur OUT-Dimension: Salz und Licht sein (Mt 5,13-16)

Das Salz macht sich auf den Weg. Es ist nicht für sich selbst da. Für sich selbst ist es nutzlos. Wer Salz ist, ist für andere da. Salz an sich ist kein Nahrungsmittel, es wird dafür verwendet, anderes genießbarer zu machen. Salz macht fades Essen richtig lecker. Es wird aber auch verwendet, um Dinge haltbar zu machen, damit diese nicht schlecht werden.

Ihr seid Salz! Dazu sind wir gesendet, wie es am Ende bei der Exit Box heißt. Jesu Wirksamkeit darf nicht im Verborgenen bleiben. Die guten Werke zeigen nicht auf mich selbst, sondern zeigen auf Gott. Kirche, Gemeinde, CVJM, EC für die Welt sein, aber mit scharfen Konturen und keineswegs fad und geschmacklos. Verändere die Welt um dich herum, weil Jesus in dir wirkt!

Genauso seid Licht! Ein Leben, das nicht perfekt ist, aber von der hereinbrechenden Herrschaft Gottes strahlt. Das Licht ist nicht dazu da, dass man das Dunkel besser erkennt. Es ist dazu da, denen den Weg zu zeigen, die sich auf den Weg machen wollen. Das müssen wir nicht als Einzelne/Einzelner tun, wir als Gemeinschaft sind dazu gesendet. Jesus ist wie ein Leuchtfeuer für jede/jeden, die/der Hoffnung braucht und ein neues Leben bekommt. Das Licht soll allen im Haus leuchten. Ich leuchte oft nicht, verhalte mich unangemessen. Trotzdem bin ich toll und wertvoll. Das Entscheidende ist, dass Gott, der Vater, durch mich leuchtet! Sei ein Licht und trage das Licht, das durch dich scheint, Jesus selbst, in die Welt, sodass es alle sehen und es hell wird!

Impulsfragen

- Wo kannst du einen Unterschied machen?
- Wo kannst du das Salz in der Suppe sein?
- Wo kann Gott durch dich scheinen und Licht sein?

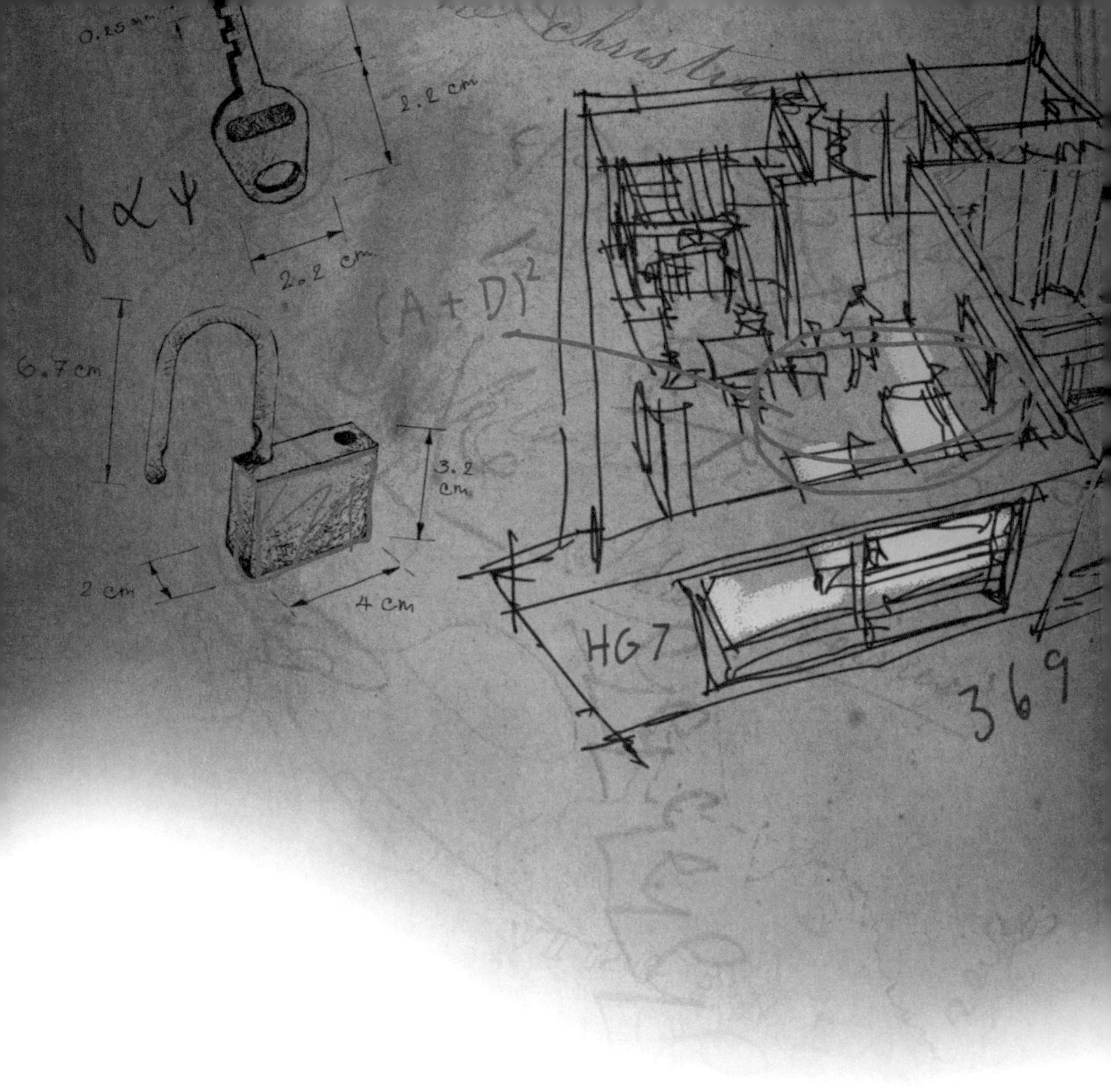

DAS GAME

STURMSTILLUNG

von Timo Nöh

1. Allgemeine Informationen

Ziel des Spiels:	Das Team befindet sich auf einem (oder mehreren) Schiffen auf dem See Genezareth. Es tobt ein furchtbarer Sturm, die Schiffe drohen unterzugehen. Warum hilft Jesus nicht? Wo ist er? Die Schiffsglocke muss geläutet werden, dann wird er dem Team helfen.
Bibelstelle/Thema:	Markus 4,35-41 / Sturmstillung
Alter:	ab 12 Jahren
Gruppengröße:	8 – 20 Personen
Aufgabe:	Die Schiffe drohen zu sinken. Erst muss etwas aufgeräumt werden, das Team – die Jünger – versucht aus eigener Kraft, die Segel einzuholen, aber nichts hilft gegen den Sturm. Am Ende bleibt nur eine Möglichkeit: Das Team muss Jesus wecken!
Dauer:	**Vorbereitung zu Hause:** ca. 4 Stunden **Aufbau vor Ort:** ca. 2 Stunden **Spieldauer:** ca. 1 Stunde plus 10 Minuten Einführung und 10 Minuten Auswertung und Andacht
Spielformat:	Großgruppen Live Escape Game
Raumanforderungen:	Das Spiel ist für größere Gruppen ausgelegt, die sich zwischenzeitlich in vier Kleingruppen aufteilen. Daher ist ein größeres Platzangebot erforderlich als in den meisten anderen Spielen. Es gibt zwei Varianten: **Variante 1**: Du führst das Spiel in mehreren kleinen Räumen durch. Idealerweise gibt es einen Raum für den Beginn. Hier kannst du die Spielerinnen und Spieler mit den Regeln bekanntmachen und auf das Thema vorbereiten. Während des Spiels kommen immer wieder einzelne Spielerinnen und Spieler hierher zurück, um Infos zu holen. Für jede der vier Kleingruppen steht außerdem ein Raum mit mind. 18 – 20 qm zur Verfügung. Für zusätzliche Hinweise (s. Aufbau) lassen sich natürlich auch Flure und andere Verbindungswege mit einbeziehen.

Variante 2: Du hast einen sehr großen Raum oder Saal, vielleicht sogar ein Kirchenschiff zur Verfügung. (Letzteres kann man begrifflich sehr gut mit der Sturmstillung verknüpfen!) In dieser Räumlichkeit sollten mind. 200 qm zur Verfügung stehen, gern darf auch das Mobiliar mit einbezogen werden. In vier Bereichen (z. B. den Ecken des Raumes) werden die Aktionsflächen der Kleingruppen vorbereitet, evtl. vorhandene Bestuhlung kann integriert werden, der Raum muss also nicht freigeräumt werden.

Um der Szene etwas mehr Eindruck zu verleihen, wird der Raum / werden die Räume mit Gegenständen aus der Seefahrt dekoriert.

Spielprofil mit Schlussbemerkung:

●○○ RAUMANFORDERUNG

●●● VORBEREITUNGSAUFWAND

●●○ WIEDERAUFBAU

●●● MATERIALAUFWAND

●●○ KOSTEN

●○○ IMMERSION

●○○ SUCHEN

●●● KOMBINIEREN

●●● TEAMWORK

●●●●○ SCHWIERIGKEITSGRAD

Variante: Nach der Luther-Übersetzung lesen wir in Vers 36, dass noch andere Boote mit den Jüngern unterwegs waren. Wenn es Platz und Mitarbeitendenanzahl hergeben, dann lass doch mehrere Schiffe parallel „in den Sturm“ fahren und vervielfache so die mögliche Gruppengröße. Dazu bereitest du einfach alles Material mehrfach vor, du solltest aber pro „Schiff“ mindestens eine Spielleitung haben.

2. Herangehensweise

- Zuerst ist es wichtig, dass du dich als Spielleitung näher mit der Geschichte der Sturmstillung beschäftigst. Schließlich handelt es sich dabei um die Grundlage dieses Live Escape Games: Lies dir also die betreffende Bibelstelle in Markus 4,35-41 mehrmals aufmerksam durch. Überlege dir anschließend, was dir an der Geschichte wichtig ist und welche Botschaft darin steckt, die du den Teilnehmerinnen und Teilnehmern vermitteln möchtest. Du kannst jetzt schon damit beginnen, die abschließende Andacht vorzubereiten. Lies dazu das Kapitel „Tipps zur Andacht“.
- Nun solltest du dir einen ersten Überblick über die Spielvorbereitungen und den Spielablauf verschaffen. Wirf dazu einen Blick auf die Materialliste und lies die Kapitel „Vorbereitung zu Hause“, „Aufbau vor Ort“ und „Spieldurchführung“.
- Besorge sämtliche Materialien, die auf der Liste stehen. Im Idealfall sprecht ihr euch im Team zwei Wochen vorher ab, wer welches Material besorgen kann und was noch besorgt werden muss. Einige Gegenstände werden allerdings erst für den Aufbau vor Ort benötigt und sind dort möglicherweise schon vorhanden. Diese Dinge musst du also nicht extra im Voraus besorgen.
- Wenn du die erforderlichen Materialien besorgt hast, kannst du mit den Vorbereitungen zu Hause beginnen, indem du die Schritte 1. bis 24. befolgst. Vorher solltest du jedoch das Kapitel „Lösungswege“ mit der Erklärung der Rätsel gelesen haben. Die Vorbereitungen fallen nämlich leichter, wenn man weiß, wie die einzelnen Rätsel funktionieren.
- Nach den Vorbereitungen zu Hause kannst du dich um den Aufbau vor Ort kümmern. Wähle Räumlichkeiten aus, die die erforderlichen Bedingungen erfüllen, und absolviere die Schritte 25. bis 33. Auch hier gilt: Der Sinn der einzelnen Aktionen ist teilweise erst dann erkennbar, wenn man weiß, wie das Spiel später ablaufen wird.
- Wenn die Vorbereitungen abgeschlossen sind, lies dir noch einmal sorgfältig das Kapitel „Spieldurchführung“ durch und weise die begleitenden Mitarbeiterinnen und Mitarbeiter ein. Dann kann es endlich losgehen!

3. Materialliste

Manche Materialien können mit einer passenden Idee auch durch etwas anderes ersetzt werden – da gibt es oft viele Optionen. Einige Materialien sind zwingend erforderlich, andere Materialien dienen nur dem Flair oder der Veranschaulichung. Sie sind nicht notwendig und werden daher extra aufgeführt.

Material, das zwingend erforderlich ist

- ☐ Kisten / Taschen / abschließbare Gegenstände
  - 1 stabiler DIN-A5-Umschlag o. Ä. (für Instruktionen)
  - 1 große Kiste (es müssen ein paar Rätsel und eine andere Kiste hineinpassen)
  - 3 abschließbare Kisten/Taschen (für Instruktionen)
  - 1 abschließbar gemachte Pappröhre o. Ä., in die die Angel kommt
  - 1 abschließbare Kiste/Tasche für die Glocke
- ☐ Schlösser:
  - 1 Zahlenschloss mit 3-stelligem Zahlencode
  - 6 Zahlenschlösser mit 4-stelligem Zahlencode
  - 1 Farb-Zahlen-Kombinationsschloss mit 5-stelligem Zahlencode (z. B. das Produkt „Zahlen-Kombinations-Vorhängeschloss mit 5 Zahlen" der Firma Trixes)
  - 1 Padlock mit 10-stelligem Zahlencode (s. Kapitel „Materialempfehlungen")
  - 1 Buchstaben-Kombinationsschloss (s. Kapitel „Materialempfehlungen")
  - 1 Vorhängeschloss mit Kombination, die aus vier Richtungen besteht (s. Kapitel „Materialempfehlungen")
  - 1 Tresorschloss (s. Kapitel „Materialempfehlungen")
- ☐ 1 Liederbuch mit Seemannsliedern
- ☐ 4 Seile (je ca. 5 – 8 m)
- ☐ 1 Seil (ca. 1 m)
- ☐ 4 bedruckbare Folien
- ☐ 5 analoge Uhren (Wanduhr, Armbanduhr, Wecker, auch defekte Modelle sind möglich; Batterien müssen entnommen werden)
- ☐ 1 Stock (20 - 30 cm)
- ☐ 1 Schnur (ca. 30 cm)
- ☐ 1 Ringmagnet (ca. 10 mm Durchmesser, 4 mm stark)
- ☐ 1 Holzbrett (20 x 30 cm, 15 mm stark)
- ☐ 1 Holzbrett (20 x 30 cm, 2 – 4 mm stark)
- ☐ 5 Topfmagnete (8 – 10 mm Durchmesser, 4 mm stark)
- ☐ 1 (Schiffs-)Glocke (z. B. das Produkt „Schiffsglocke Steuerrad Antik" der Firma Mare-Me)
- ☐ 1 Verriegelungshaspe (s. Kapitel „Materialempfehlungen")
- ☐ 4 abwischbare Folienstifte
- ☐ 4 Tüten (zur Aufbewahrung der Materialien)
- ☐ Papier und Stifte
- ☐ Tacker oder Büroklammern
- ☐ 1 Wecker/Stoppuhr o. Ä.

Material, das nur bei der Vorbereitung zu Hause benötigt wird

- ☐ 1 (Farb-)Drucker
- ☐ 1 Computer
- ☐ 1 Locher
- ☐ 2 Taschen oder Kartons je Team, um darin die jeweiligen Materialien zu sammeln
- ☐ 1 kleine Schraube und große Unterlegscheibe
- ☐ 1 Holzbohrer
- ☐ 1 Akkuschrauber/Bohrer
- ☐ Holzleim
- ☐ Schere
- ☐ blaue Farbe und 1 Pinsel, um Holz zu bemalen
- ☐ Papier und Stifte
- ☐ 1 Cutter-Messer
- ☐ Klebeband
- ☐ Klebstoff
- ☐ 1 schwarzer Edding

Material, das aus dem Downloadbereich benötigt wird

- ☐ Puzzle-Spiel
- ☐ Teameinteilung
- ☐ Knotenrätsel
- ☐ Hinweis Verbindungsproblem
- ☐ Verbindungsprobleme Kiste
- ☐ Verbindungsprobleme Aktionsbereich
- ☐ Plan Schiffe versenken
- ☐ Kommandos Schiffe versenken
- ☐ Beispiel Seemannsgarn (muss nicht ausgedruckt werden)
- ☐ Seemannsgarn
- ☐ Flaggenalphabet
- ☐ Flaggen Anleitung
- ☐ Navigation Kiste
- ☐ Weltkarte von Strabon
- ☐ Orientierung

Material, das nur optional benötigt wird

- ☐ 1 Mitarbeiterin/Mitarbeiter je Gruppe
- ☐ bunte Klebepunkte
- ☐ Laminiergerät und Folien (zum Haltbarmachen der Materialien)
- ☐ Soundtrack
- ☐ Abspielgerät für den Soundtrack mit Lautsprechern
- ☐ Kabelbinder
- ☐ Vintagepapier DIN A4
- ☐ Dekoration (Flaggen, Segel, Seile)
- ☐ Kapitänsmütze/Verkleidung
- ☐ rot-weißes Absperrband (zum Abtrennen von Bereichen, die nicht zum Spiel gehören)

4. Vorbereitung zu Hause

1. Erstelle dir eine persönliche Materialliste anhand der angegebenen Liste und besorge alle Materialien.
2. Drucke alle nötigen Seiten aus (s. Downloads).
3. Bereite die sieben Phasen des Spiels schrittweise vor. Vorab wäre es ratsam, wenn du dir farbige Klebepunkte besorgst, um alle zusammengehörigen Materialien und Schlösser zu kennzeichnen. So sollte es dir auch möglich sein, den Wiederaufbau schnell hinzubekommen. Bei Mehrfachnutzung wird das Laminieren der einzelnen Zettel dringend empfohlen!
4. Vorab: Einige Schlösser haben u. U. unveränderbare Codes, in dem Fall müssen die Rätsel entsprechend angepasst werden. Das betrifft wahrscheinlich die drei Schlösser Buchstabenschloss (je nach Bestellung sind nur bestimmte Buchstabenkombinationen möglich), das Tresorschloss und das Padlock (werden beide mit fester Kombination ausgeliefert). Bei allen anderen Schlössern gilt: Um die Schlösser korrekt einzustellen, musst du Gebrauch von der jeweiligen Bedienungsanleitung machen.
5. Suche dir einen Soundtrack zur Untermalung des gesamten Spielzeitraums, z. B. einen Sturm. Das transportiert die Stimmung noch mehr.
6. Stecke das Dokument „Teameinteilung“ (Phase 2, s. Downloads) und das Dokument „Seemannsgarn“ (Phase 5, s. Downloads) in einen dickeren Pappumschlag, verschließe diesen (nicht zukleben) und mache mithilfe eines Lochers ein Loch, sodass du den Umschlag mit einem 3-stelligen Zahlenschloss (Schloss A) verschließen kannst. Klebe einen weißen Aufkleber auf das Schloss, schreibe ein „A“ darauf und stellt den Code 6462 ein.
7. Bereite das Puzzle-Spiel (s. Downloads) vor: Entweder kannst du es drucken und ausschneiden; die haptisch schönere Variante ist aber, wenn es mit Holz nachgebaut wird. Vom jeweiligen „Brett“ wird lediglich die Oberseite benötigt. Die Puzzleteile sollten beidseitig gefärbt und mit der Nummer versehen sein. Man kann und muss die Teile wenden, um die richtige Formation zu legen. Wenn nur eine Seite gefärbt ist, lässt das falsche Rückschlüsse zu.

8. Am besten bereitest du dir pro Farbe (gelb, blau, grün, rot) einen Karton oder eine Tasche vor, in der du das fertiggestellte Material sammelst. Das dient lediglich der Übersichtlichkeit und dem Transport.

9. Teile die vier Dokumente „Knotenrätsel“ (Phase 2, s. Downloads) auf die vier Gruppen auf.

10. Bereite dann Kiste B vor: In ihr befinden sich neben der noch einmal extra abgeschlossenen Glocke auch die Dokumente „Verbindungsprobleme“ (nach Gruppen sortiert, z. B. in separaten Tüten; Phase 3, s. Downloads) und „Schiffe versenken“ (Phase 4, s. Downloads). Klebe außerdem das Dokument „Hinweis Verbindungsproblem“ (Phase 3, s. Downloads) in den Deckel der Kiste.

11. Das Rätsel „Seemannsgarn“ musst du sehr sorgfältig vorbereiten. In den Downloads (Phase 5, s. Downloads) findest du pro Farbe eine vorbereitete Karte mit „Seemannsgarn“, die du auf dein Liederbuch anpassen musst. Pro Farbe sollen vier Ziffern ermittelt werden und dazu benötigt die Gruppe jeweils vier Buchstaben. Die Buchstaben ergeben sich, wenn die Spielerinnen und Spieler zunächst den im Text unterstrichenen Titel des Liedes im Liederbuch suchen. Dann müssen sie im entsprechenden Lied die Buchstaben zählen. Die Zahl ergibt sich aus dem Text im „Seemannsgarn“. Füge die Liedtitel zu einem Text zusammen, sodass die Spielerinnen und Spieler etwas rätseln müssen, bis sie auf die Idee mit dem Liederbuch kommen. Dabei solltest du die Liedtitel durch Unterstreichungen oder fett gedruckten Text hervorheben, damit die Spielerinnen und Spieler optisch auf das Wesentliche gelenkt werden. Du kannst auch vier Liederbücher nutzen, so können die Teams parallel arbeiten. Mit einem Liederbuch wird das Spiel an dieser Stelle etwas kanalisiert.
    » Lösung blau: 9215
    » Lösung grün: 5341
    » Lösung rot: 4109
    » Lösung gelb: 3948

    Hinweis: Ein Beispiel für dieses Rätsel findest du in den Downloads unter dem Titel „Beispiel Seemannsgarn“.

12. Das Liederbuch für Phase 5 montierst du an der Kiste, damit es nicht umhergetragen wird. Nimm dazu ein Seil, mache einen Knoten hinein und schraube es mithilfe einer kleinen Schraube und einer relativ großen Unterlegscheibe an oder in der Kiste fest. In das Buch bohrst du vorsichtig mit einem Bohrer ein Loch und knotest das andere Ende des Seils (ca. 1 m) daran fest. Das Seil muss später so geführt werden, dass das Buch außerhalb der verschlossenen Kiste liegen kann.

13. Verschließe die Kiste mit einem 4-stelligen Schloss (Schloss B) und dem Code 4221 und beschriftet das Schloss mit „B“. Klebe außerdem den Teamfarben entsprechende Klebepunkte in Codereihenfolge auf das Schloss. Von oben nach unten: gelb, blau, grün, rot.

14. Pro Gruppe benötigst du ein Seil von 5 – 8 m Länge. Verbinde die beiden Enden miteinander, sodass du einen Kreis erhältst (verknote entweder die Enden oder verbinde sie bei dickeren Seilen mit Kabelbindern). Schneide aus den vier Dokumenten „Verbindungsprobleme Kiste“ (Phase 3, s. Downloads) die fünf einzelnen Karten heraus und mache oberhalb des Bildes mit dem Locher ein Loch in die Karte. Befestige die fünf Karten in beliebiger Reihenfolge und beliebigen Abständen am Seil (z. B. mit Kabelbindern oder Schnur).

15. Schneide die Karten aus dem Dokument „Verbindungsprobleme Aktionsbereich“ (Phase 3, s. Downloads) aus und lege sie für später beiseite.

16. Drucke die vier Dokumente „Plan Schiffe versenken“ (Phase 4, s. Downloads) auf eine Folie auf. (Hinweis: Im Downloadbereich findest du sowohl eine „richtige“ als auch eine spiegelverkehrte Druckvorlage. Wenn man auf eine Folie schreibt, die bedruckt ist, kann man den Folienstift danach nur schwer entfernen, ohne den Aufdruck damit auch zu entfernen. Wenn man das Ganze spiegelverkehrt aufdruckt, kann die Rückseite der Folie („normale“ Seite) beschrieben werden, die man dann wiederum einfach reinigen kann, ohne das vorn Aufgedruckte mit zu entfernen.)

17. Lege das Dokument „Navigation Kiste“ (Phase 6, s. Downloads) in Kiste E und verschließe sie mit einem 4-stelligen Zahlenschloss (Schloss E) und dem Code 3948. Drucke das Dokument „Weltkarte von Strabon“ im DIN-A3-Format so aus, dass auf die Rückseite die Pfeile gedruckt sind. Zerschneide dann das Gesamtdokument in ca. acht große Puzzleteile. Wahlweise können diese nun laminiert werden.

18. Lege das Dokument „Orientierung“ (Phase 6, s. Downloads) in Kiste F und verschließe die Kiste mit einem 4-stelligen Zahlenschloss (Schloss F) und dem Code 9215. Du brauchst nun fünf analoge Uhren, deren Uhrzeit sich während des Spiels nicht ändern darf (am besten nimmst du die Batterien aus den noch funktionierenden Uhren). Die Uhren müssen folgendermaßen gestellt werden: Der kleine Zeiger gibt die Reihenfolge der Uhren an (1, 2, 3, 4, 5), der große Zeiger die Himmelsrichtung, die im Rätsel gefordert wird:
    - Osten (East) – 3 Uhr
    - Norden (North) – 12 Uhr
    - Süden (South) – 6 Uhr
    - Osten (East) – 3 Uhr
    - Süden (South) – 6 Uhr

19. Zerschneide die Dokumente „Flaggen Zeichen" (s. Downloads) und „Flaggen Anleitung" (Phase 6, s. Downloads) in vier einzelne Karten. Lege dann die einzelnen Teile und das Dokument „Flaggenkunde" (Phase 6, s. Downloads) in Kiste G und verschließe sie mit einem 4-stelligen Zahlenschloss (Schloss G) und dem Code 5361.
Hefte das Dokument „Flaggenkunde" (s. Downloads) mit dem Tacker oder einer Büroklammer zusammen.

20. Binde ans Ende des Stocks eine Schnur (20 – 30 cm), an deren Ende du wiederum den Ringmagneten montierst. Entsprechend der Zahlen des Padlocks montierst du jetzt die Topfmagnete unter die richtigen Zahlen: Bohre dazu fünf Löcher in der Größe der vorhandenen Magnete in ein Brett. Setze die Magnete so in die Löcher ein, dass sie vollständig im Holz verschwinden. Anschließend leimst du das dünnere Holzbrett auf die Seite mit den Magnetlöchern. Nach dem Trocknen kannst du die Bretter blau streichen, im Anschluss schreibst du die Zahlen 0 – 9 mit schwarzem Edding oben auf das dünnere Brett, wobei die richtigen Zahlen, die für das Schloss benötigt werden, genau auf einem Magnet sein sollten. Die restlichen Zahlen werden auf dem Brett verteilt. So kann man im Anschluss mit der magnetischen Angel die Magnete und damit die korrekten Zahlen aufspüren. Hier siehst du ein Beispiel, wie das Brett von oben aussehen kann. Die umkreisten Zahlen sind die Stellen, hinter denen die Magnete angebracht sind:

Achtung: Je nach Schloss können die Zahlen abweichen und die Kombination nicht geändert werden. In dem Fall musst du das Rätsel und die Hinweise entsprechend an dein Schloss anpassen!

21. Bestücke Kiste H mit der Magnet-Angel und verschließe sie mit einem 4-stelligen Schloss (Schloss H) und dem Code 4109.

22. Verschließe die (Schiffs-)Glocke, indem du sie beispielsweise in einer Kiste verstaust oder einschraubst. An der Kiste montierst du die Verriegelungshaspe und verriegelst die sechs Schlösser in beliebiger Reihenfolge:
    » 3-stelliges Schloss C: 426
    » Farbschloss D: gelb = 9, blau = 2, weiß = 0, grün = 5, rot = 7
    » Richtungsschloss I: ↑ ← ↑ ↓ → ↑
    » Buchstabenschloss K: ENSES
    » Tresorschloss L: 27 – 20 – 05
    » Pad-Lock M: 04238

23. Sortiere nun die Gegenstände nach Farben, sodass du am Ende zwei Taschen/Kartons pro Farbe mit folgenden Inhalten hast:
    » Für jede Gruppe eine unverschlossene Tasche mit dem Seil und den Dokumenten „Kommandos Schiffe versenken", die mit dem der Gruppe entsprechenden Farbpunkt markiert in Kiste B gelegt werden. Zusätzlich sollte hier ein abwischbarer Folienstift/Whiteboardmarker für jede Gruppe enthalten sein. (Dieses Vorgehen dient lediglich dazu, dass in der Kiste kein Durcheinander entsteht. So kann die Kiste geöffnet werden, jedes Team nimmt sich die markierte Tasche und muss nicht wühlen, bis alles da ist.)
    » Tasche (nur für Transport), in der du alle anderen Dinge der jeweiligen Gruppe sammelst. Diese verteilst du überwiegend im Aktionsbereich der jeweiligen Gruppe.

5. Aufbau vor Ort

24. Verteile die Kisten E – H im Aktionsbereich der jeweiligen Gruppe.

25. Verteile die Puzzleteile der Weltkarte, die Uhren, die Flaggen und das „Magnetmeer" (s. Schritt 20.) im gesamten Spielbereich, auch in den Aktionsbereichen der anderen Gruppen. Hier darf ein Suchen-und-Finden-Abschnitt entstehen.

26. Positioniere die Folien im Aktionsbereich der jeweiligen Gruppen.

27. Montiere die Karten aus dem Dokument „Verbindungsprobleme Aktionsbereich" (s. Schritt 15.) im Aktionsbereich der jeweiligen Gruppe, sodass man sie mit den am Seil befestigten Bilderkarten verbinden kann (s. Schritt 14.). Die Karte mit dem Fragezeichen und ohne Bild (fest am Seil montiert) sollte auf der Lösungszahl enden, wenn man das Seil zwischen den restlichen Karten spannt. Die Karten, deren Bilder nicht am Seil noch einmal zu sehen sind, können im Anschluss an beliebige Orte in der Nähe verteilt werden, diese dienen nur zur Verwirrung. Beispiel:

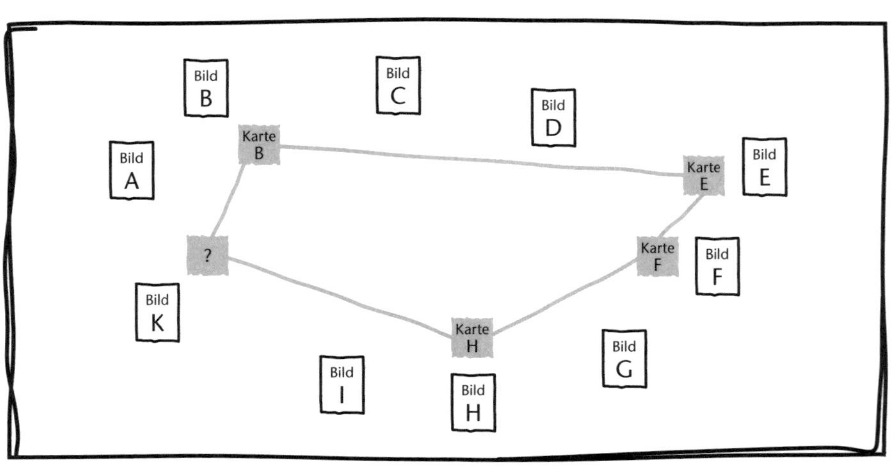

28. Lege das Dokument „Knotenrätsel“ (Phase 2, s. Downloads) nach Farben sortiert in den Aktionsbereich der jeweiligen Gruppe.
29. Lege Zettel und Stifte in die Aktionsbereiche der Gruppen.
30. Stelle Kiste B in den Startraum und stelle sicher, dass sich alle Inhalte darin befinden (s. Schritt 10.).
31. Sorge dafür, dass das Liederbuch permanent zugänglich ist, aber nicht transportiert werden kann (s. Schritt 11.).
32. Lege Kiste A im Startbereich aus.
33. Verteile die Puzzleteile und Bretter zum Puzzle-Spiel (s. Schritt 7.) im Startbereich.

Wiederaufbau
Für den Wiederaufbau für eine neue Spielrunde müssen alle Schritte „Aufbau vor Ort“ 24. bis 33. noch einmal durchgegangen werden. Achtet darauf, dass alle Folien wieder abgewischt sind und benutzte Zettel entsorgt bzw. ersetzt wurden.

6. Spieldurchführung

6.1 Anmoderation

Erklärung für die Spielenden
Ein Live Escape Game lässt sich mit vier Begriffen erklären: ein Raum – ein Team – eine Aufgabe – eine Stunde Zeit. Man hat als Team 60 Minuten Zeit, um verschiedene Rätsel zu entschlüsseln und die Aufgabe zu lösen. Dazu ist es notwendig, viele Hinweise richtig zusammenzubringen. Die Aufgaben und Rätsel lassen sich nach einem einfachen Prinzip lösen: suchen, sammeln, kombinieren und anwenden.
Ihr nehmt als Team die Rolle der Jünger und Schiffsbesatzung ein. Wie sollt ihr bloß aus diesem Sturm herauskommen? Auch wenn ihr euch zwischendurch in kleinere Gruppen aufteilt, seid ihr doch ein Team. Daher vermeidet Konkurrenzgedanken und helft euch gegenseitig, wenn eine Aufgabe vor einer anderen gelöst wurde.
Gleich müsst ihr irgendwo anfangen. Dann ist es wie bei einer Schnitzeljagd: Ihr folgt als Team den Hinweisen und setzt verschiedene Dinge zusammen, um das große Rätsel zu lösen.
Viel Spaß und Freude beim Öffnen von Kisten und Finden von Geheimnissen!

Regeln
- Die Aufgaben und Rätsel sind ohne Gewalt lösbar. Ihr müsst nichts demontieren oder mutwillig auseinandernehmen.
- Schlösser werden mittels Schlüssel oder Codes geöffnet und nicht „geknackt“ oder durch Herumprobieren geöffnet, es sei denn, es sind z. B. die Zahlen bekannt, aber nicht die Reihenfolge.
- Lasst bitte geöffnete Schlösser ggf. mit Schlüssel einfach hängen.

- Alles, was durch Klebeband festgeklebt oder anderweitig fixiert ist, soll an diesem Ort bleiben!
- Mit rot-weißem Band markierte Bereiche dürfen nicht betreten werden bzw. die Gegenstände dürfen nicht berührt werden – sie gehören nicht zum Spiel.
- Ihr dürft parallel arbeiten, ihr müsst also nicht immer alle dasselbe machen, sondern ihr könnt euch auch aufteilen.
- Die Nutzung eigener technischer Hilfsmittel ist verboten!
- Ebenso das Anfertigen von Foto-, Video- oder Audioaufnahmen. Bewahrt das Geheimnis, damit sich bei einem solchen Spiel nicht die Lösung verbreitet.
- Ihr habt 60 Minuten Zeit. Ich stoppe für euch die Zeit und erinnere euch zwischendurch daran. (Gemeinsam runterzählen und den Wecker / die Stoppuhr einstellen.)

Aufgabe

(Schalte den Sturmsoundtrack an.) Abgefahren – was ein Sturm! Hier liegt ja alles wild herum! Was machen wir jetzt? Am besten packt sich jeder direkt ein paar Dinge, dann räumen wir hier erstmal auf. Sortiert mal nach Farben und merkt euch eure Farbe – dann bekommen wir das schnell hin! (Das Spiel beginnt.)

6.2 Das Team begleiten – Tipps

Sobald das Spiel beginnt, rückst du selbst in den Hintergrund und überlässt der Gruppe nun die Führung. Halte dich besonders am Anfang mit Tipps und Hinweisen zurück. Die Spielerinnen und Spieler sollen ruhig etwas knobeln und herumprobieren. Dabei ist es auch nicht weiter schlimm, wenn nicht sofort alle Elemente gefunden und den richtigen Rätseln zugeordnet werden. Es dürfen ruhig Fehler gemacht werden. Schließlich sind es manchmal gerade die Irrtümer, die letztendlich zur gesuchten Lösung führen. Ganz ohne Ratschläge geht es meistens jedoch nicht. Manchmal geraten die Teilnehmerinnen und Teilnehmer nämlich in eine Sackgasse, übersehen einen wichtigen Gegenstand oder brauchen für das Lösen eines Rätsels einfach zu lange, sodass das Spiel unmöglich in der vorgesehenen Zeit geschafft werden kann. Deshalb musst du in bestimmten Situationen immer mal wieder Hilfestellungen geben. Einen Leitfaden für den richtigen Einsatz von Tipps gibt es allerdings nicht. Du musst selbstständig entscheiden, wann du welche Hinweise gibst. Hilf spätestens dann, wenn sich ein Team ganz verrannt hat oder nach den ersten 20 Minuten noch nicht weitergekommen ist und die Motivation verlieren sollte.

6.3 Spielablauf

- Du erklärst das Spielprinzip und die Regeln.
- Du spielst den Sturmsoundtrack ab.
- Du als Spielleitung schlüpfst in die Rolle des Kapitäns, der seine Mannschaft über das Deck jagt, damit aufgeräumt wird und schnellstmöglich die Segel eingeholt werden. Während der gesamten Spieldauer gibt der Kapitän harsche Befehle, antwortet knapp und direkt auf Fragen und verhält sich etwas ruppig gegenüber

seiner Mannschaft. Ideal wären noch ein bis drei weitere Hilfskapitäne, denn durch die Aufteilung in die vier Gruppen hat der Kapitän je nach räumlicher Aufteilung viele Laufwege.
Tipp: Verkleide dich als Kapitän oder besorge dir zumindest eine Kapitänsmütze! Ein Beispiel für einen möglichen Einstiegstext findest du im Kapitel „Aufgabe“.

6.4 Spielende

- Unmittelbar mit dem Glockenschlag (Spielende) sollte die Andacht einsetzen
- Auswertungsrunde
- Foto zum Schluss

7. Lösungswege

7.1 Beschreibung der Rätsel

Phase 1 – Puzzle-Spiel

Beim Puzzle-Spiel erfüllen die Spielerinnen und Spieler im Wesentlichen zwei Aufgaben: Zum einen werden durch die vier Farben die vier Kleingruppen gebildet und zum anderen finden die Spielerinnen und Spieler Code A für Kiste A heraus.

Die Puzzleteile und Bretter zum Puzzle-Spiel (Dokumente „Puzzle-Spiel“) liegen verteilt im Startbereich. Je nach Anzahl der Spielerinnen und Spieler muss jede/jeder mindestens ein Teil, möglicherweise aber auch mehrere in die Hand nehmen. Die Farbe des zuerst aufgenommenen Gegenstands steht für die jeweilige Gruppe, in der die Spielerin / der Spieler im Spiel spielt. In jeder Gruppe sollten mindestens zwei Spielerinnen/Spieler sein, notfalls muss getauscht werden. Die Spielerinnen und Spieler puzzeln die einzelnen Puzzleteile nach Farben sortiert auf die Bretter. Jeweils ein Puzzleteil bleibt übrig. Die Zahl der übrig gebliebenen Puzzleteile in der vorgegebenen Reihenfolge gibt die Lösung A vor, die Zahl auf den Brettern gibt die Reihenfolge der Zahlen für den Code vor. Lösungscode: 6462

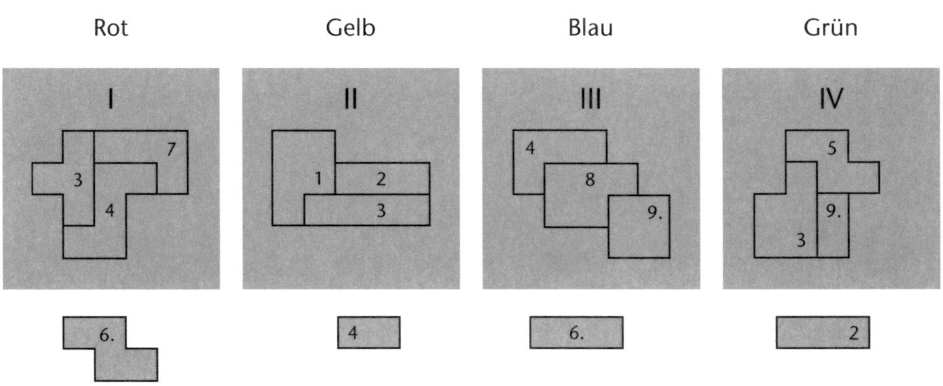

Tipps für die Gruppe (falls nötig)

- Das Puzzle besteht aus 16 Puzzleteilen und vier Brettern.
- Bei 16 Spielerinnen und Spielern: Jede/jeder sucht und hebt ein Puzzleteil auf!
- Bei 20 Spielerinnen und Spielern: Jede/jeder hebt einen der umherliegenden Gegenstände auf!!
- Bei weniger als 16 Spielerinnen und Spielern: Jede/jeder merkt sich die Farbe des zuerst eingesammelten Puzzleteils!
- Bei mehr als 20 Spielerinnen und Spielern kann man wahlweise noch weitere Puzzleteile „erfinden" oder einfach andere, farbig gekennzeichnete Gegenstände nutzen.
- Sortiert die Teile nach Farben!

Phase 2 – Segel einholen

Mit dem Code aus Phase 1 öffnet sich Kiste A. Darin liegen die Dokumente „Teameinteilung" und „Seemannsgarn". Durch Lesen des Dokuments „Teameinteilung" wissen die Spielerinnen und Spieler, dass sie sich jetzt in ihre Gruppen aufteilen und ihre Spielbereiche suchen müssen. Hier finden die Gruppen die Dokumente „Knotenrätsel". Das lösen sie, indem sie die Seile auf dem Papier verfolgen. Jede Zahl ist mit einem Buchstaben verbunden. Hängt die Gruppe die Buchstaben in der Reihenfolge der aufsteigenden Zahlen aneinander, erhält sie eine Zahl. Nun müssen die vier Gruppen bemerken, dass sie ihre Zahlen kombinieren müssen, um so den Code für Schloss B an Kiste B zu erhalten. Die Reihenfolge der Zahlen ergibt sich aus den an der Kiste angebrachten farbigen Klebepunkten. Code: 4221 (gelb = 4, blau = 2, grün = 2, rot = 1)

Tipps für die Gruppe (falls nötig)

- Welches Seil endet wo?
- Wenn die Gruppen mit den Ergebnissen nichts anzufangen wissen, gib den Tipp: „Denkt daran, dass euer Team noch viel größer als diese Gruppe ist!"

Phase 3 – Verbindungsprobleme

Die Spielerinnen und Spieler finden im Deckel von Kiste B das Dokument „Hinweis Verbindungsproblem" und in der Kiste die Dokumente „Verbindungsprobleme Kiste". (Außerdem finden sie die Dokumente „Plan Schiffe versenken" für Phase 4, die für dieses Rätsel noch nicht gebraucht werden.) Außerdem sind die Dokumente „Verbindungsprobleme Aktionsbereich" im Bereich der jeweiligen Gruppen verteilt. Bei diesem Rätsel gibt es zwei Lösungen, die man herausbekommt:

- Vergleichen die Gruppen die Karten, fällt ihnen auf, dass es Bilder gibt, die mit Zahlen und Worten ergänzt sind. Eine dieser Karten hat exakt die gleichen Bilder wie die Karte aus der Kiste. Tragen alle Gruppen die Worte in die entsprechenden Farbfelder des Dokuments „Hinweis Verbindungsproblem" ein, erhalten sie den Lösungssatz:

Gelb	Blau	Grün	Rot
Nun	wird	es	höchste
Zeit	Jesus	zu	wecken
Läutet	die	Glocke	und
er	wird	euch	helfen

- Diese Botschaft dient lediglich der etwas klareren Aufgabenstellung, ist aber im Grunde eine Sackgasse (man rätselt an dieser Stelle nicht weiter).
- Mithilfe der Zahlen auf den fest montierten Bildern und dem Fragezeichen auf den Seilkarten ergibt sich ein 4-stelliger Code. Ergänzt um die weiße „0“, die im Deckel der Kiste B befestigt ist, kann man das 5-stellige Schloss D (Farbschloss) öffnen. Die Kartenbilder am Seil ordnet man den fest montierten Bildern im Aktionsbereich zu. Auf einer Karte ist ein Fragezeichen abgebildet. Diese Karte kann, wenn die Seile gespannt sind, nun auf genau ein Bild und damit die darunter stehende Zahl verweisen (s. Schritt 28.).
- Die Lösung: gelb = 9, blau = 2, weiß = 0, grün = 5, rot = 7

Tipps für die Gruppe (falls nötig)

- Sucht die bekannten Punkte und verbindet sie mit dem Seil, dann ergibt sich der fehlende Punkt für das „?“
- Jetzt habt ihr vier Zahlen und nur ein buntes, 5-stelliges Schloss übrig? Schaut euch mal die Kistendeckel an.
- Auf einem Zettel aus Kiste B war von Leuchttürmen, Bojen, Inseln und Fortbewegungsmitteln die Rede – schaut mal genau hin!

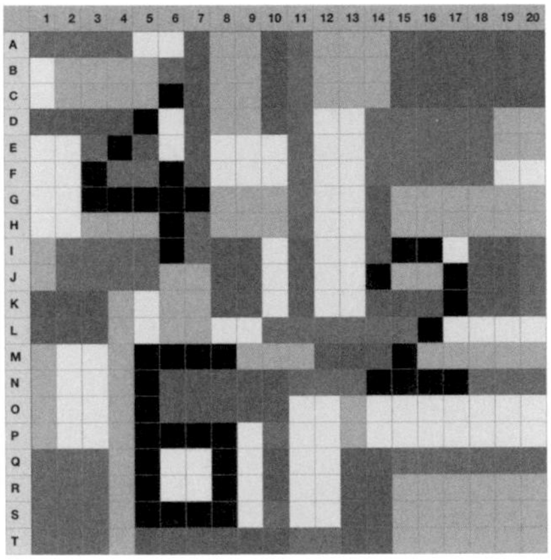

Phase 4 – Schiffe versenken

In Kiste B haben die Gruppen die Dokumente „Plan Schiffe versenken“ gefunden. Auf der Folie der jeweiligen Gruppe werden die auf der Kommandokarte angegebenen Schiffe mit einem Folienstift eingezeichnet. Sobald das alle Gruppen getan haben, müssen alle Folien übereinandergelegt werden und die freibleibenden Felder ergeben den 3-stelligen Code 426.

Tipps für die Gruppe (falls nötig)

- Wenn das Kommando mehrere Zeilen und Spalten beinhaltet, werden alle dazwischenliegenden Felder markiert. Beispiel: Bei dem Kommando „Setzt einen Dampfer auf B2 bis D4“ werden die folgenden Felder markiert:
- Es ist auf der Folie noch nichts zu erkennen? Wer sagt denn, dass ihr alles allein lösen müsst?

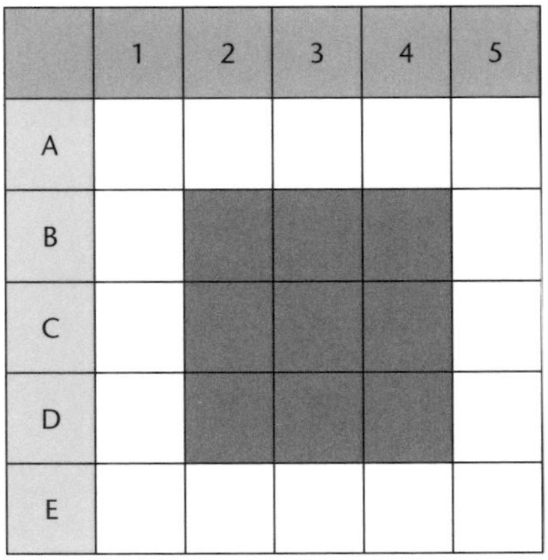

Phase 5 – Seemannsgarn

Aus Kiste A wurde pro Gruppe das Dokument „Seemannsgarn“ herausgeholt. Auf diesen Karten sind Auszüge aus einem scheinbar sinnlosen Text unterstrichen. Die unterstrichenen Wörter sind jeweils der Titel eines Liedes, welches man im Liederbuch, welches an der Kiste B befestigt ist, nachschlagen kann. Die Zahlen in den Texten verweisen jeweils auf die Buchstaben, die man benötigt. Es muss also das Lied nachgeschlagen und entsprechend der abgedruckten Zahl der Buchstabe ermittelt werden (s. Schritt 11.). Für jede Gruppe ergibt sich auf diese Weise eine 4-stellige Kombination.

- Lösung gelb: 3948
- Lösung blau: 9215
- Lösung grün: 5341
- Lösung rot: 4109

Tipps für die Gruppe (falls nötig)

- Was könnten die unterstrichenen Phrasen bedeuten? Könnt ihr sie nachschlagen?
- Denkt daran, nur die Buchstaben zu zählen (keine Leerzeichen, Zeichen oder Akkorde)!

Phase 6 – Weltkarte (Gruppe Gelb)

In Kiste E befindet sich in Form von Dokument „Navigation Kiste“ eine kleine Weltkarte von Strabon mit einem Text, der fürs Spiel ohne weiteren Belang ist. Es ist lediglich der Hinweis darauf, dass man die Weltkarte bzw. deren Puzzleteile finden und zusammensetzen soll. Die Puzzleteile befinden sich im gesamten Spielbereich versteckt. Haben die Spielerinnen und Spieler alle Teile gefunden und fertig zusammengesetzt, sieht man die Karte von Strabon in voller Größe. Auf der Rückseite sind Pfeile zu entdecken. Von links nach rechts und von oben nach unten gelesen ergibt sich damit der Code für das Richtungsschloss I. Code: oben, links, oben, unten, rechts, oben

Phase 6 – Uhren (Gruppe Blau)

Mithilfe des Dokuments „Orientierung“ in Kiste F sollte Gruppe Blau in der Lage sein, die Uhren, die im gesamten Spielbereich verteilt sind, in Himmelsrichtungen zu übersetzen (s. Schritt 18.). Die Himmelsrichtungen müssen dann ins Englische übersetzt werden. Jeweils die Anfangsbuchstaben ergeben den Lösungscode für das Schloss K. Die Reihenfolge der Uhren ergibt sich durch die Einstellung des kleinen Zeigers. Code: ENSES
3 Uhr – 12 Uhr – 6 Uhr – 3 Uhr – 6 Uhr
East – North – South – East – South
Lösung: ENSES

Phase 6 – Flaggenkunde (Gruppe Grün)

Die Gruppe findet in Kiste G das Dokument „Flaggenalphabet“ und kann so mithilfe der im gesamten Spielbereich ausgehängten Flaggen (immer zwei Fahnen zusammen) die Flaggen in Zahlen übersetzen. Mithilfe des Dokuments „Flaggen Anleitung“ kann Schloss L geöffnet werden. Code: 27 – 20 – 05.

Bedienung des Schlosses: Drehe drei Umdrehungen im Uhrzeigersinn und stoppe danach an der ersten Zahl. Drehe eine volle Umdrehung gegen den Uhrzeigersinn (du musst an der ersten Zahl vorbeikommen) und stoppe dann an der zweiten Zahl. Drehe im Uhrzeigersinn und stoppe an der dritten Zahl und öffne den Riegel.

Phase 6 – Angler (Gruppe Rot)

In Kiste H hat die Gruppe einen Gegenstand gefunden, der aussieht wie eine Angel mit Magnet. Irgendwo im Spielbereich ist ein „See" zu finden, auf dem man angeln kann (s. Schritt 20.). Mit der ebenfalls magnetischen Angel lassen sich die Zahlen ermitteln, unter denen ein solcher Magnet sitzt und damit hat man die Lösung für das Schloss M, bei dem die Reihenfolge irrelevant ist. Code: 04238

Tipps für die Gruppe (falls nötig)

- Gelb: Eine Karte liest sich besser, wenn man alle Teile hat!
- Blau: Knifflig! Nicht nur der große Zeiger gibt eine Richtung vor, auch der kleine spielt eine Rolle! (Oder woher wisst ihr die Reihenfolge?)
- Grün: Die Anweisung allein hilft euch nicht – ihr braucht die drei Zahlen dafür. Das Flaggenalphabet hilft euch dabei!
- Rot: In der Kiste habt ihr eine Art Angel entdeckt – wo lässt es sich gut angeln?

Phase 7 – Die Glocke

An dieser Stelle kommen die Lösungen der Phasen 3, 4 und 6 zusammen. So können die Gruppen nach und nach alle Schlösser, die die Benutzung der Glocke verhindern, öffnen.

Tipps für die Gruppe (falls nötig)

- Schloss I ist ein Richtungsschloss. Vor Eingabe der korrekten Pfeilrichtungen muss der Bügel zwei Mal bis zum Anschlag in das Schloss eingedrückt werden. Damit wird das Schloss zurückgesetzt.
- Schloss K ist ein Schloss mit Buchstaben. Denkt daran, die Himmelsrichtungen ins Englische zu übersetzen!
- Schloss L: Lest die Anleitung ganz genau und geht Schritt für Schritt durch – keiner hat gesagt, dass es einfach wird!
- Schloss M: Die Reihenfolge ist bei diesem Schloss nicht wichtig. Welche Zahlen lassen sich „angeln"?

7.2 Spielschema

In der folgenden Übersicht ist der Lösungsweg schematisch und kompakt aufgezeigt. Dieses Spielschema ist ausdrücklich keine Aufbauanleitung, sondern dient der Prozessverfolgung, an welcher Stelle sich die Gruppe gerade auf dem Weg zum Ziel befindet. Die verschiedenen Schraffierungen sollen die verschiedenen Arten deutlich machen und dienen der besseren Erkennung.

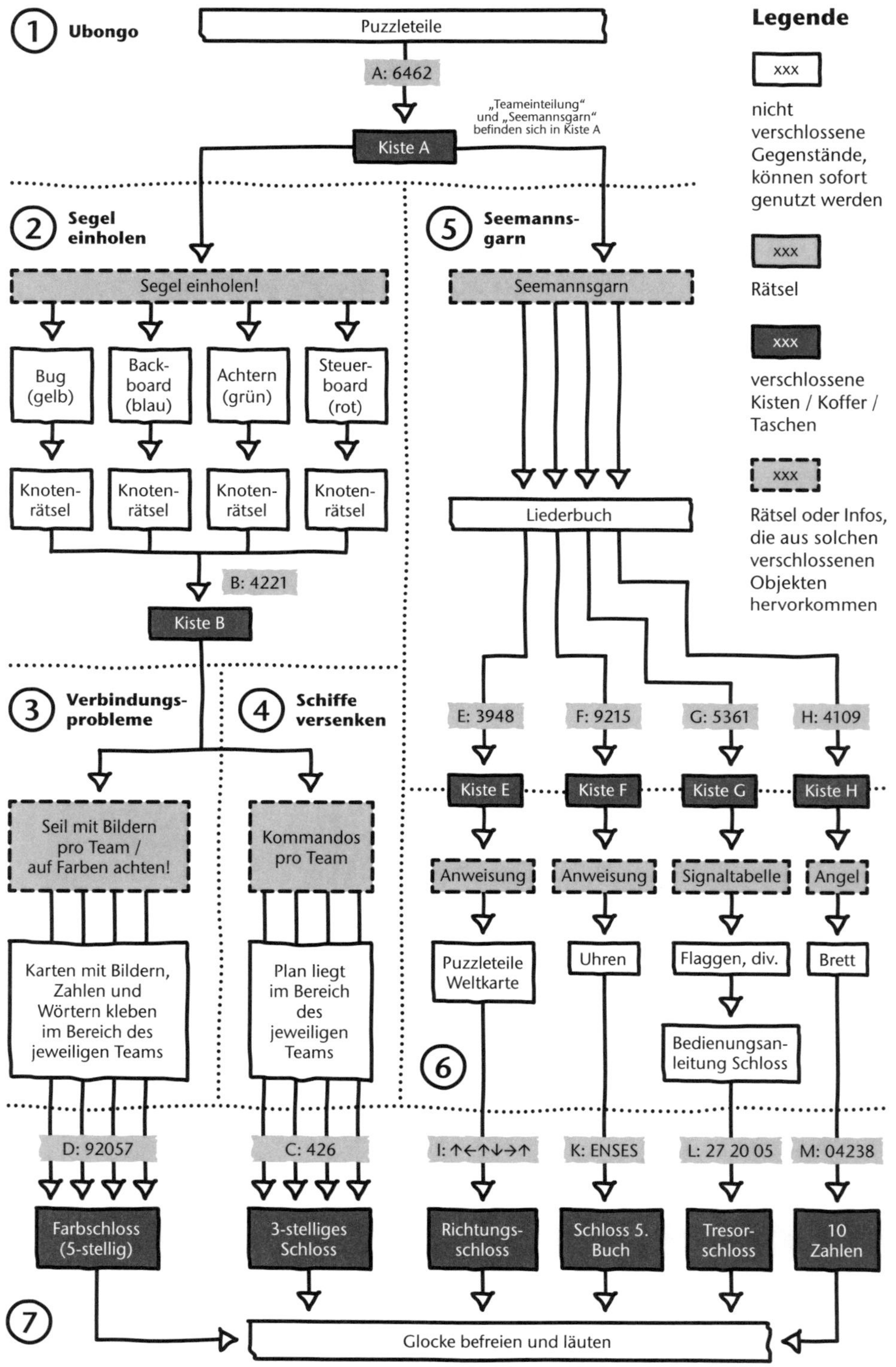
1 Ubongo
Puzzleteile
A: 6462
„Teameinteilung“ und „Seemannsgarn“ befinden sich in Kiste A
Kiste A
2 Segel einholen
Segel einholen!
Bug (gelb)
Backboard (blau)
Achtern (grün)
Steuerboard (rot)
Knotenrätsel
Knotenrätsel
Knotenrätsel
Knotenrätsel
B: 4221
Kiste B
3 Verbindungsprobleme
Seil mit Bildern pro Team / auf Farben achten!
Karten mit Bildern, Zahlen und Wörtern kleben im Bereich des jeweiligen Teams
D: 92057
Farbschloss (5-stellig)
4 Schiffe versenken
Kommandos pro Team
Plan liegt im Bereich des jeweiligen Teams
C: 426
3-stelliges Schloss
5 Seemannsgarn
Seemannsgarn
Liederbuch
E: 3948
F: 9215
G: 5361
H: 4109
Kiste E
Kiste F
Kiste G
Kiste H
Anweisung
Anweisung
Signaltabelle
Angel
Puzzleteile Weltkarte
Uhren
Flaggen, div.
Brett
Bedienungsanleitung Schloss
6
I: ↑←↑↓→↑
K: ENSES
L: 27 20 05
M: 04238
Richtungsschloss
Schloss 5. Buch
Tresorschloss
10 Zahlen
7
Glocke befreien und läuten
Legende
xxx
nicht verschlossene Gegenstände, können sofort genutzt werden
xxx
Rätsel
xxx
verschlossene Kisten / Koffer / Taschen
xxx
Rätsel oder Infos, die aus solchen verschlossenen Objekten hervorkommen

8. Tipps zur Andacht

Nach Ende des Spiels, also dem „Glockenschlag“, der Jesus aufweckt, wird die Geschichte zu Ende gelesen (Mk 4,39-41).

Das ist doch verrückt, oder? Da kann einer bei so einem Sturm irgendwo im Heck, vielleicht auch unter Deck des Schiffes, auf einem Kissen schlafen. Wir wissen nicht, wie heftig der Sturm wirklich war, aber wenn die Jünger, die teils erfahrene Seeleute waren, es mit der Angst zu tun bekamen, dann muss es ja schon einigermaßen kritisch gewesen sein. Und Jesus schläft! Da stelle ich mir mein kleines Kissen vor, von dem ich ja ohne Wellen schon ständig herunterrolle. Das kann doch kein angenehmer Schlaf sein, oder? Jesus muss doch irgendwas mitbekommen haben!? Und vielleicht war es ja auch genauso. Jesus schweigt. Er wartet ab. Bis ihn jemand weckt, bis wir die Glocke läuten. Mit Schweigen können wir nur schwer umgehen. Viel zu oft scheint Gott zu schweigen. Wir bekommen keine Reaktion oder offensichtlich handelt er nicht. Wir sind ungeduldig. Und dann kommt Jesus um die Ecke und sagt: „Wie ängstlich ihr doch seid! Habt ihr immer noch kein Vertrauen?“ Es klingt fast so, als wäre das alles geplant gewesen. Als hätte Jesus genau gewusst, wer wie reagieren würde, als hätte er sich bereits vor Fahrtantritt diese Worte zurechtgelegt.

Jesus wollte die Jünger testen. Sie dürfen lernen, sich zu fürchten. Und fürchten bedeutet so viel wie „auf seine Güte zu hoffen“. Furcht oder Ehrfurcht sind also hier nicht negativ, im Gegenteil: Hoffen auf Gottes Güte ist doch etwas Schönes in guter Zuversicht! Die Jünger sind also keineswegs abgeschreckt und wollen schnell flüchten, sie sind noch mehr infiziert und sehen mehr von der Größe Gottes, die sich zweifellos in der Handlung der Sturmstillung zeigt.

Und für uns gilt das genauso. Uns fehlt natürlich das „richtig dabeigewesen-Sein“ damals auf dem See Genezareth, aber vielleicht können wir immer mal wieder Eindrücke bekommen und Teile von Gottes unfassbarer Größe sehen und erfahren. Gott ist aber nicht derjenige, der uns Angst machen will. Fürchten, ja, Angst haben vor Gott? Nein!

In Psalm 33,18 GNB steht „Doch der Herr beschützt alle, die ihm gehorchen, alle, die mit seiner Güte rechnen.“ Und in diesem Sinne wünsche ich uns, dass wir Gott weiter kennen und fürchten lernen!

Impulsfragen

- Wo hast du in deinem Leben das Gefühl, dass Gott schweigt?
- In welchen Bereichen deines Lebens kannst du noch lernen, Gott zu fürchten?

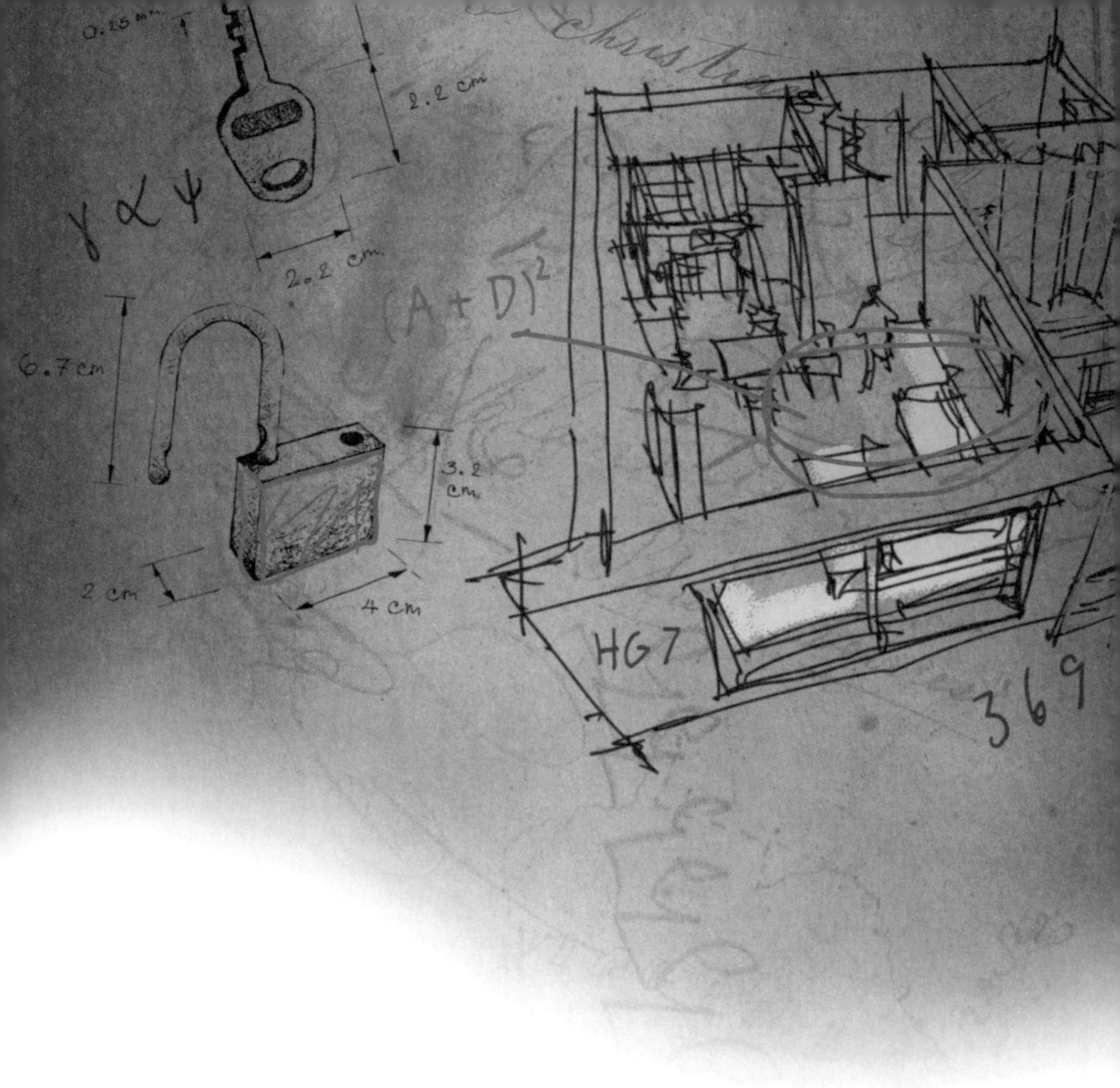

DAS GAME

WELTVERÄNDERER

von Nico Niermann, Gesa Titgemeyer
und Gudrun Schwehn

1. Allgemeine Informationen

Ziel des Spiels:	Die Spielerinnen und Spieler werden ermutigt, Weltveränderer zu sein, ihre Gesellschaft und Lebenswelt aktiv zu prägen und zu beeinflussen. Dazu erleben sie insbesondere drei Dinge: • Mitmenschen in der Umgebung wahrnehmen und einbeziehen • Eigenverantwortung entdecken, sich überwinden und vertrauen („Auf mich kommt es an") • Hinschauen und Handeln
Bibelstelle/Thema:	Matthäus 25,40; Lukas 10,29-37; Johannes 13,1-5; Jakobus 2,14-17 / Jeder Mensch hat das Potenzial, diese Welt ein kleines Stückchen zum Positiven zu verändern. Mit einem ersten kleinen Schritt in seinem persönlichen Lebensumfeld im Alltag; gelebte Nächstenliebe.
Alter:	ab 14 Jahren
Gruppengröße:	6 oder 12 Personen gleichzeitig
Aufgabe:	Weltveränderer sind Menschen, die ihren Alltag und ihre Situation wahrnehmen und aktiv werden. Darum geht es auch bei diesem Game. In jedem Raum warten Aufgaben, Situationen und Rätsel, auf die reagiert werden muss.
Dauer:	**Vorbereitung zu Hause:** 3 Stunden **Aufbau vor Ort:** ca. 2 Stunden **Spieldauer:** ca. 15 Minuten plus 3 Minuten Einführung
Spielformat:	Kurzes Großgruppen Live Escape Game.
Raumanforderungen:	Es müssen drei bis vier Räume vorhanden sein bzw. geschaffen werden und man muss von jedem Raum in den jeweils nächsten hineingehen können. Eventuell kann man auf den ersten Raum verzichten, wenn ein abgegrenzter Bereich vorhanden ist. Die Abgrenzung muss keinen Sichtschutz bieten, z. B. kann es eine geklebte Linie sein. Es ist auch möglich, einen größeren Raum zu teilen, z. B. mit Vorhängen. Allerdings sollte darauf geachtet werden, dass die Lösungsideen der ersten Gruppe akustisch nicht zu stark in die vorderen Räume dringen, sodass spätere Spielerinnen und Spieler nicht schon genau wissen, was sie erwartet.

Der erste Raum (Eingang) ist ein sehr offener Raum, der auch von Vorbeigehenden einfach eingesehen und betreten werden kann. Er soll neugierig machen und eine Einladung sein, dieses Spiel mitzuspielen.
Raum 2 (Dunkelkammer) sollte die Möglichkeit zur Abdunklung bieten. Er ist als dunkler Raum geplant, der nur mit Schwarzlicht ausgestattet ist.
Raum 3 (U-Bahn) soll eine U-Bahn, einen Bus oder ein Zugabteil darstellen. Hier braucht es mehrere Sitzgelegenheiten und Stehplätze.
Raum 4 (Hall of Fame) ist kein Rätselraum, sondern soll eine Art „Ruhmeshalle“ sein, in der die Spielerinnen und Spieler ermutigt und beglückwünscht werden, dass sie Weltveränderer sind.

Spielprofil mit Schlussbemerkung:

●●● RAUMANFORDERUNG

●●○ VORBEREITUNGSAUFWAND

●●● WIEDERAUFBAU

●●● MATERIALAUFWAND

●●○ KOSTEN

●●○ IMMERSION

●○○ SUCHEN

●○○ KOMBINIEREN

●●● TEAMWORK

●●●○○ SCHWIERIGKEITSGRAD

Das Live Escape Game eignet sich für Situationen, in denen viele unterschiedliche Personen vorhanden sind und die Räume bespielen können, z. B. Freizeiten, Jugendgottesdienste, Events. Es lohnt sich nur, wenn es viele potenzielle Spielerinnen und Spieler gibt. Neben den aufwändigen materiellen Vorbereitungen braucht es auch Mitarbeiterinnen und Mitarbeiter, die die ganze Zeit aktiv mithelfen. Allerdings bietet es durch das Live-Rollenspiel, in welches die Spielerinnen und Spieler aktiv eingreifen müssen, auch einen besonderen Reiz.

2. Herangehensweise

- Zuerst ist es wichtig, dass du dich als Spielleitung näher mit dem Thema Nächstenliebe und dem Einfluss Einzelner auf die Gesellschaft beschäftigst. Schließlich handelt es sich dabei um die Grundlage dieses Live Escape Games: Lies die betreffenden Bibelstellen (s. o.) mehrmals aufmerksam durch. Überlege dir anschließend, was dir an der Geschichte wichtig ist und welche Botschaft darin steckt, die du den Teilnehmerinnen und Teilnehmern vermitteln möchtest.
  Es gibt bei diesem Live Escape Game keine abschließende Andacht, sondern nur wenige Ermutigungssätze, die du bzw. die Mitarbeitenden den Spielerinnen und Spielern mitgeben kannst/können.
- Nun solltest du dir einen ersten Überblick über die Spielvorbereitungen und den Spielablauf verschaffen. Wirf dazu einen Blick auf die Materialliste und lies die Kapitel „Vorbereitung zu Hause", „Aufbau vor Ort" und „Spieldurchführung".
- Stelle ein Team von Mitarbeiterinnen und Mitarbeitern zusammen.
- Besorge sämtliche Materialien, die auf der Liste stehen. Im Idealfall sprecht ihr euch im Team zwei Wochen vorher ab, wer welches Material besorgen kann und was noch besorgt werden muss. Einige Gegenstände werden allerdings erst für den Aufbau vor Ort benötigt und sind dort möglicherweise schon vorhanden. Diese Dinge musst du also nicht extra im Voraus besorgen.
- Wenn du die erforderlichen Materialien besorgt hast, kannst du mit den Vorbereitungen zu Hause beginnen, indem du die Schritte 1. bis 9. befolgst. Vorher solltest du jedoch das Kapitel „Lösungswege" mit der Erklärung der Rätsel gelesen haben. Die Vorbereitungen fallen nämlich leichter, wenn man weiß, wie die einzelnen Rätsel funktionieren.
- Nach den Vorbereitungen zu Hause kannst du dich um den Aufbau vor Ort kümmern. Wähle einen Raum aus, der die erforderlichen Bedingungen erfüllt, und absolviere die Schritte 10. bis 28. Auch hier gilt: Der Sinn der einzelnen Aktionen ist teilweise erst dann erkennbar, wenn man weiß, wie das Spiel später ablaufen wird.
- Wenn die Vorbereitungen abgeschlossen sind, lies dir noch einmal sorgfältig das Kapitel „Spieldurchführung" durch. Dann kann es endlich losgehen!

3. Materialliste

Manche Materialien können mit einer passenden Idee auch durch etwas anderes ersetzt werden – da gibt es oft viele Optionen. Einige Materialien sind zwingend erforderlich, andere Materialien dienen nur dem Flair oder der Veranschaulichung. Sie sind nicht notwendig und werden daher extra aufgeführt.

Material, das zwingend erforderlich ist

- ☐ schwarz-gelbes Klebeband
- ☐ Absperrband für nicht genutzte Bereiche
- ☐ Klebeband
- ☐ 1 (Stopp-)Uhr je Mitarbeiterin/Mitarbeiter
- ☐ Raum 1: Eingang
  - 1 – 2 Mitarbeiterinnen/Mitarbeiter (zum Beobachten und Weiterleiten der Gruppe)
  - Schriftzug „Live Escape Game“ vor dem ersten Raum oder anderer Hinweis auf das Live Escape Game
- ☐ Raum 2: Dunkelkammer
  - 1 – 2 Mitarbeiterinnen/Mitarbeiter (zum Beobachten und Weiterleiten der Gruppe)
  - 6 Taschenlampen, davon 1 mit Schnur (mit Batterien)
  - 6 Spiegel
  - 4 Kisten / Boxen / Kartons, am besten mit Deckel
  - Stoff (so viel, dass je eine Seite der Kisten / Boxen / Kartons damit bedeckt werden kann)
  - 1 mit Zahlenschloss verschließbare Kiste / Box / Karton
  - Glibber-Schleim (so viel, dass die Taschenlampe darin „untergeht“)
  - Verpackungsfüllmaterial oder Bausteine
  - 1 Wieselball mit Batterie (erhältst du im Tierfachgeschäft)
  - 1 Zahlenschloss mit 3-stelligem Zahlencode
  - Schnur (1 Knäuel 5 mm oder dicker und 1 Knäuel dünner als das erste)
  - Kunststoffblumen oder ähnliches „Gestrüpp“
  - 1 Regal oder schmale Holzlatte
  - 1 Bohrer
- ☐ Raum 3: U-Bahn
  - 4 – 8 Mitarbeiterinnen/Mitarbeiter (zum Spielen einer Rolle)
  - mehrere Sitz -und Stehgelegenheiten (je mehr der Raum nach U-Bahn / Zug / Bus aussieht, desto besser)
  - einen klar erkennbaren Notrufknopf (kann einfach ein gedrucktes Bild sein, ein Buzzer o. Ä.)
- ☐ Raum 4: Hall of Fame
  - 1 – 3 Mitarbeiterinnen/Mitarbeiter (zum Beglückwünschen, Ermutigen und für potenzielle Fragen bzw. Kurzgespräche)

Material, das nur bei der Vorbereitung zu Hause benötigt wird

- ☐ 1 (Farb-)Drucker
- ☐ 1 Computer
- ☐ Kleber
- ☐ 1 Schere
- ☐ 1 Cutter-Messer
- ☐ Papier und Stift
- ☐ 1 Lineal

Material, das aus dem Downloadbereich benötigt wird

- ☐ Zahlenrätsel
- ☐ 6x Spiegelsatz
- ☐ Zeichnung Mädchen
- ☐ Zeichnung Jungen

Material, das nur optional benötigt wird

- ☐ Wenn Räume abgeteilt werden müssen:
  - große Stoffbahnen
  - Trennwände o. Ä. (auch Zeltpavillons eignen sich gut)
  - Befestigungsmöglichkeiten
- ☐ Raum 1: Eingang
  - Sitzgelegenheiten
  - einladende Dekoration, Raumgestaltung
- ☐ Raum 2: Dunkelkammer
  - Schwarzlicht als Raumbeleuchtung (schafft eine besondere Atmosphäre und steigert die Spannung beim Hineingreifen in die Kisten)
  - 1 Regal, in welches die Kisten hineinpassen
  - schwarze Stoffe oder Folien zum Abdunkeln
- ☐ Raum 3: U-Bahn
  - große Fotos oder selbstgestaltete Kulisse einer U-Bahn / eines Zugs / Busses
  - Lautsprecher, aus dem U-Bahn-Geräusche kommen
  - Haltestangen aus Zug / Bus / U-Bahn
  - typische Plastiksitze
  - besondere Kleidung für Schauspielerinnen/Schauspieler
- ☐ Raum 4: Hall of Fame
  - roter Teppich
  - Konfetti für Glückwünsche
  - Give-away als Erinnerung (z. B. Armband mit Aufdruck „Weltveränderer“)
  - Fotos/Bilder von Menschen, die Hilfe brauchen
  - Fotobox oder andere Möglichkeit, die Gruppen zu fotografieren
- ☐ Laminiergerät und Folien (zum Haltbarmachen der Materialien)
- ☐ rot-weißes Absperrband (zum Abtrennen von Bereichen, die nicht zum Spiel gehören)

4. Vorbereitung zu Hause

1. Erstelle einen Plan, wie du die einzelnen Räume gestalten und einrichten möchtest. Am besten stellst du für diesen Schritt schon ein kleines Team von zwei bis vier Hauptverantwortlichen zusammen, mit denen du gemeinsam planst. Es bietet sich an, auf jeden Fall eine verantwortliche Person für die Rollenspiele in Raum 3: U-Bahn zu haben und mindestens eine für die anderen Räume. Das Team sollte auf jeden Fall beim Aufbau dabei sein.
2. Suche Mitarbeiterinnen und Mitarbeiter für die Rollenspiele. Wenn das Live Escape Game über eine längere Zeitspanne läuft, bietet es sich an, mehrere Rollenspiel-Teams zu bilden, die sich abwechseln, denn die Schauspielerinnen und Schauspieler sind stark gefordert.
3. Erstelle dir eine persönliche Materialliste anhand der angegebenen Liste und besorge alle benötigten Materialien.
4. Drucke alle nötigen Materialien aus (s. Downloads).
5. Baue die vier Kisten mit Öffnungen zum Hineingreifen und lege die Taschenlampen hinein. Bei allen Kisten wird in den Deckel ein rundes Loch von etwa 20 cm Durchmesser geschnitten. Dann werden von unten zwei Stoffstücke so über das Loch geklebt, dass sie sich in der Mitte des Loches leicht überlappen. Die Stoffstücke werden mit doppelseitigem Klebeband am Deckel festgeklebt. Die Kisten werden mit dem Deckel verschlossen, sodass nicht sichtbar ist, was sich im Inneren befindet.

Kiste 1 „Schleim-Kiste“: In diese Kiste wird Glibber-Schleim hineingefüllt, in den eine Taschenlampe gelegt wird.
Kiste 2 „Verpackungsmaterial-Kiste“: Diese Kiste wird mit Verpackungsmaterial oder Bausteinen gefüllt und eine Taschenlampe hineingelegt.
Kiste 3 „Wieselball-Kiste“: In diese Kiste werden der Wieselball und eine Taschenlampe gelegt.
Kiste 4 „Blumen-Kiste“: Die Kunststoffblumen werden auf dem Boden der Kiste festgeklebt und dazwischen wird eine Taschenlampe positioniert. Die Taschenlampen müssen von den Mitarbeiterinnen und Mitarbeitern nach dem Lösen der Aufgabe sofort wieder an ihrem ursprünglichen Ort (in den Kisten) platziert werden.

6. Entwickle ein bis zwei Rollenspielsituationen. Grundsätzlich geht es um eine Situation, in der eine andere Person Hilfe oder Unterstützung braucht. Beispiele: Betrunkener pöbelt andere an; eine ältere/demente Person hat die Orientierung verloren; jemand braucht medizinische Hilfe (epileptischer Anfall, Atemnot); Belästigung oder Beleidigung von Fahrgästen.
7. Übe die Rollenspiele mit den Mitarbeiterinnen und Mitarbeitern.
8. Überlege, was die Mitarbeiterinnen und Mitarbeiter den Teilnehmerinnen und Teilnehmern in Raum 4: Hall of Fame sagen können und schreibe es für die Mitarbeiterinnen und Mitarbeiter auf. Nicht Wort für Wort, aber was dir/euch grundsätzlich wichtig ist. Mache dir noch einmal die Botschaft der oben angegebenen Bibelstellen bewusst.
9. Drucke alle nötigen Seiten aus (s. Downloads).

5. Aufbau vor Ort

Raum 1: Eingang

10. Platziere die Dokumente „Zeichnung Jungen“ und „Zeichnung Mädchen“ (s. Downloads) an zwei gegenüberliegenden Wänden.
11. Klebe mit schwarz-gelbem Klebeband ein Plus-Zeichen auf den Boden, etwa in der Mitte zwischen den Bildern.
12. Klebe vor dem Eingang zu Raum 2: Dunkelkammer einen Bereich mit schwarz-gelbem Klebeband ab.

Raum 2: Dunkelkammer

13. Dunkle den Raum ab.
14. Sorge für eine schwache Beleuchtung, z. B. durch Schwarzlicht.
15. Teste alle sechs Taschenlampen.

16. Platziere die vier Kisten mit den Taschenlampen darin im Raum (s. Schritt 4.), z. B. in einem Regal.
17. Befestige das Dokument „Zahlenrätsel“ (s. Downloads) an der verschließbaren Kiste.
18. Lege eine Taschenlampe in die abschließbare Kiste und platziere sie im Raum. Verschließe sie mit dem 3-stelligen Zahlenschloss und dem Code 101.
19. Befestige die letzte Taschenlampe mit dem Seilknobelrätsel (s. Beschreibung der Rätsel). Gehe dabei folgendermaßen vor: An dem Regal oder der Holzlatte (darf nicht beweglich sein) wird eine Schnur in U-Form befestigt. Dazu werden zwei Löcher gebohrt, in die die Schnurenden jeweils etwa 10 cm weit hindurchgesteckt werden. Eines der beiden Bohrlöcher muss so groß sein, dass eine zweite, dünnere Schnur als Schlaufe neben dem Seil hindurchpasst. In die Schnurenden wird jeweils ein Knoten gemacht, sodass sie nicht mehr durch die Löcher gezogen werden können. Nun wird eine Taschenlampe mit einer dünnen Schnur an das Seil in U-Form gehängt. Die dünne Schnur an der Taschenlampe ist als Kreis zusammengeknotet oder verbunden. Nun wird die dünne Schnur in einer Schlaufe von unten neben der Schnur durch eines der Bohrlöcher geführt. Die Taschenlampe bleibt unterhalb des Bohrloches, aber die Schlaufe der dünnen Schnur kann nun über den Knoten der dicken Schnur geführt werden. Wenn man nun die dünne Schnur wieder durch das Bohrloch zieht, ist die Taschenlampe entweder an die Schnur gehängt oder abgenommen.
20. Hänge oder stelle die sechs Spiegel auf.
21. Bringe über/unter jedem Spiegel den Schriftzug aus dem Dokument „Spiegelsatz“ (s. Downloads) an.
22. Klebe mit dem schwarz-gelben Klebeband vor jedem Spiegel einen Bereich ab, in dem eine Person stehen kann.
23. Schalte den Wieselball ein.

Raum 3: U-Bahn

24. Schaffe eine Situation, die der in U-Bahn / Zug / Bus ähnelt (z. B. durch Stühle).
25. Bringe den Notrufknopf an.
26. Stelle ggf. einen Lautsprecher mit U-Bahn-Geräuschen auf.

Raum 4: Hall of Fame

27. Hier muss nur eine ansprechende Deko (roter Teppich u. Ä.) aufgebaut werden – je nachdem, was du dir überlegt hast und welche Möglichkeiten du hast.
28. Weise alle Mitarbeiterinnen und Mitarbeiter in ihre Aufgaben ein.

Wiederaufbau
Für den Wiederaufbau einer neuen Spielrunde müssen die Taschenlampen in Raum 2: Dunkelkammer wieder richtig platziert werden (am Seil und in den Kisten). Außerdem muss die verschließbare Kiste wieder mit dem Zahlenschloss verschlossen werden. In Raum 3: U-Bahn startet die Rollenspielsituation wieder von vorn. Wenn es mehrere Rollenspielteams gibt, können sie sich abwechseln.

6. Spieldurchführung

6.1 Anmoderation/Start

Erklärung für die Spielenden
Es gibt keine richtige Anmoderation, sondern meistens nur eine Einladung zum Mitspielen. Der erste Raum soll so offen sein, dass sich Leute einfach hineinbegeben, herumschauen und mitmachen können, vielleicht mit dem Hinweis: „Hier gibt es Rätsel und Aufgaben zu lösen. Machst du mit?"
Dieses Live Escape Game lässt sich mit vier Begriffen erklären: 4 Räume – ein Team – interaktive Aufgaben – vielfältige Erfahrungen. Man versucht als Team von mindestens sechs Personen innerhalb kurzer Zeit verschiedene Rätsel zu entschlüsseln und Aufgaben zu lösen. Dazu ist es notwendig, Hinweise richtig zusammenzubringen und sich passend zu verhalten. Die Aufgaben und Rätsel lassen sich nach einem einfachen Prinzip lösen: suchen, sammeln, kombinieren, anwenden und reagieren.
Viel Spaß und Freude beim Lösen der Rätsel und Finden von Geheimnissen!

Regeln
Da es bei diesem Live Escape Game keine offizielle Einführung und Anmoderation gibt, können die Regeln nur in Raum 1: Eingang aufgehängt werden. Allerdings sollten die Mitarbeiterinnen und Mitarbeiter die Regeln gut kennen und bei Bedarf den Spielerinnen und Spielern kommunizieren können.

- Die Aufgaben und Rätsel sind ohne Gewalt lösbar. Ihr müsst nichts demontieren oder mutwillig auseinandernehmen.
- Schlösser werden mittels Schlüssel oder Codes geöffnet und nicht „geknackt" oder durch Herumprobieren geöffnet, es sei denn, es sind z. B. die Zahlen bekannt, aber nicht die Reihenfolge.
- Lasst bitte geöffnete Schlösser ggf. mit Schlüssel einfach hängen.
- Alles, was durch Klebeband festgeklebt oder anderweitig fixiert ist, soll an diesem Ort bleiben!
- Mit rot-weißem Band markierte Bereiche dürfen nicht betreten werden bzw. die Gegenstände dürfen nicht berührt werden – sie gehören nicht zum Spiel.
- Gelb-schwarz markierte Bereiche sind Türöffner zum nächsten Raum. Sie müssen nach bestimmten Prinzipien geöffnet werden. Der Raum enthält die passenden Hinweise.

- Die Nutzung eigener technischer Hilfsmittel ist verboten!
- Ebenso das Anfertigen von Foto-, Video- oder Audioaufnahmen. Bewahrt das Geheimnis, damit sich bei einem solchen Spiel nicht die Lösung verbreitet.
- Ihr habt nun ca. 15 Minuten Zeit, um alle Aufgaben zu meistern!

Aufgabe
Bei diesem Live Escape Game geht es darum, durch das Lösen von Rätseln bzw. Aufgaben in den nächsten Raum zu kommen. In Raum 1 und 2 gibt es mit schwarz-gelbem Absperrband markierte Bereiche. Sobald diese Bereiche richtig besetzt sind, „öffnet" sich die Tür zum nächsten Raum (die Mitarbeiterinnen/Mitarbeiter schicken die Spielerinnen und Spieler weiter).

6.2 Das Team begleiten – Tipps

Es ist wichtig, jeden Raum mit einer Mitarbeiterin / einem Mitarbeiter zu besetzen, die/der sich mit den Anforderungen und Rätseln des Raumes auskennt. Diese Person teilt den Spielerinnen und Spielern mit, wann die Rätsel des Raumes gelöst sind und schickt sie dann in den nächsten Raum. Außerdem kann sie Tipps geben und mit den anderen Mitarbeiterinnen und Mitarbeitern zusammen steuern, dass immer jeder Raum von einer Gruppe besetzt ist und so möglichst viele Spielerinnen und Spieler teilnehmen können. In Raum 3: U-Bahn befinden sich mehrere (verkleidete) Mitarbeiterinnen/Mitarbeiter, die ein Rollenspiel durchführen.

Jeder Raum steht für sich, was die Rätsel betrifft. Sie bauen nicht aufeinander auf. Letztlich gibt es keine Zeitbegrenzung. Aber um vielen Personen das Spiel zu ermöglichen, sollten die Mitarbeiterinnen/Mitarbeiter pro Raum mit fünf Minuten kalkulieren. Im Idealfall verlässt ein Team von Teilnehmerinnen und Teilnehmern den Raum und gleichzeitig betritt das neue Team diesen Raum. (Achtung: Alle benötigten Gegenstände müssen wieder aufgeräumt und in der Ausgangsposition sein!) Diesen Ablauf müssen die Mitarbeiterinnen und Mitarbeiter koordinieren.

6.3 Spielablauf

Dieses Game läuft nicht ab wie ein klassisches Live Escape Game. Vielmehr können alle, die vorbeikommen, spontan den Raum durchlaufen, wenn sie möchten. So können mehrere Gruppen gleichzeitig im Raum spielen. Der Raum eignet sich so für Events wie z. B. Freizeiten, bei denen von den Teilnehmerinnen und Teilnehmern spontan entschieden werden kann, ob das Game gespielt wird.

6.4 Spielende

- Glückwunsch und Ermutigung „Du bist ein Weltveränderer!"
- möglicherweise kurze Andacht und Auswertung
- Foto zum Schluss

7. Lösungswege

7.1 Beschreibung der Rätsel

Raum 1: Eingang

In Raum 1 hängen sich zwei Bilder/Zeichnungen gegenüber. Auf dem einen Bild sind drei Mädchen zu sehen und auf dem anderen drei Jungen. In der Mitte zwischen den Bildern, z. B. auf dem Boden, befindet sich ein Pluszeichen (+). Die Spielerinnen und Spieler müssen darauf kommen, dass sich drei Mädchen und drei Jungen im schwarz-gelb markierten Bereich befinden müssen, dann kommt die Gruppe in den nächsten Raum. (Besteht die Gruppe nicht aus dieser Kombination an Teilnehmerinnen und Teilnehmern, darf sie natürlich trotzdem in den nächsten Raum gehen, wenn sie das Rätsel gelöst hat.)

Raum 2: Dunkelkammer

Es sind sechs kleine Rätsel bzw. Aufgaben zu lösen, um an sechs Taschenlampen zu gelangen. Hat das Team alle sechs Taschenlampen gefunden, müssen sich alle Teammitglieder gleichzeitig in einem schwarz-gelb markierten Bereich befinden und sich im Spiegel mit der Taschenlampe anleuchten – dann geht es in den nächsten Raum. Die sechs Rätsel/Aufgaben sehen folgendermaßen aus:

Schleim-Kiste: Die Spielerinnen und Spieler müssen in eine Kiste / Box / einen Karton greifen, in die/den sie nicht sehen können. Es gibt lediglich eine Öffnung, die mit zwei leicht überlappenden Stoffen verschlossen ist. Darin befindet sich eine Glibbermasse, in der die Taschenlampe verborgen ist, welche die Teilnehmerinnen und Teilnehmer nun herausfischen müssen.

Wieselball-Kiste: Die Spielerinnen und Spieler müssen in eine Kiste / Box / einen Karton greifen, in die/den sie nicht sehen können. Es gibt lediglich eine Öffnung, die mit zwei leicht überlappenden Stoffen verschlossen ist. Darin befindet sich ein Wiesel, also ein Haustierspielzeug, das sich bewegt und dreht. Außerdem ist in der Kiste eine Taschenlampe, die aus der Kiste geholt werden muss.

Blumen-Kiste: Die Spielerinnen und Spieler müssen in eine Kiste / Box / einen Karton greifen, in die/den sie nicht sehen können. Es gibt lediglich eine Öffnung, die mit zwei leicht überlappenden Stoffen verschlossen ist. Darin befinden sich Kunststoffblumen oder sonstiges „Gestrüpp", zwischen dem die Taschenlampe herausgefischt werden muss.

Verpackungsmaterial-Kiste: Die Spielerinnen und Spieler müssen in eine Kiste / Box / einen Karton greifen, in die/den sie nicht sehen können. Es gibt lediglich eine Öffnung, die mit zwei leicht überlappenden Stoffen verschlossen ist. Darin befindet sich Verpackungsmaterial oder Bausteine. Dazwischen befindet sich die Taschenlampe, die herausgefischt werden muss.

Zahlenrätsel: Aus einer mit einem Zahlenschloss verschlossenen Kiste muss eine Taschenlampe geholt werden. Dazu muss ein einfaches, auf der Kiste befestigtes Zahlenrätsel gelöst werden. Die Lösung ist: rote Blume = 20, blaue Blume = 5, gelbe Blume = 1. Durch Lösen der letzten Rechenaufgabe erhalten die Spielerinnen und Spieler den Code 101 (Punkt vor Strich beachten), womit sie das Schloss der Kiste öffnen können.

Seilknobelrätsel: Das Seil der Taschenlampe muss mit durch das Loch geführt werden, an dem die dickere Schnur befestigt ist. Dann kann die Schlaufe über den Knoten geführt und zurückgezogen werden und die Taschenlampe ist frei.

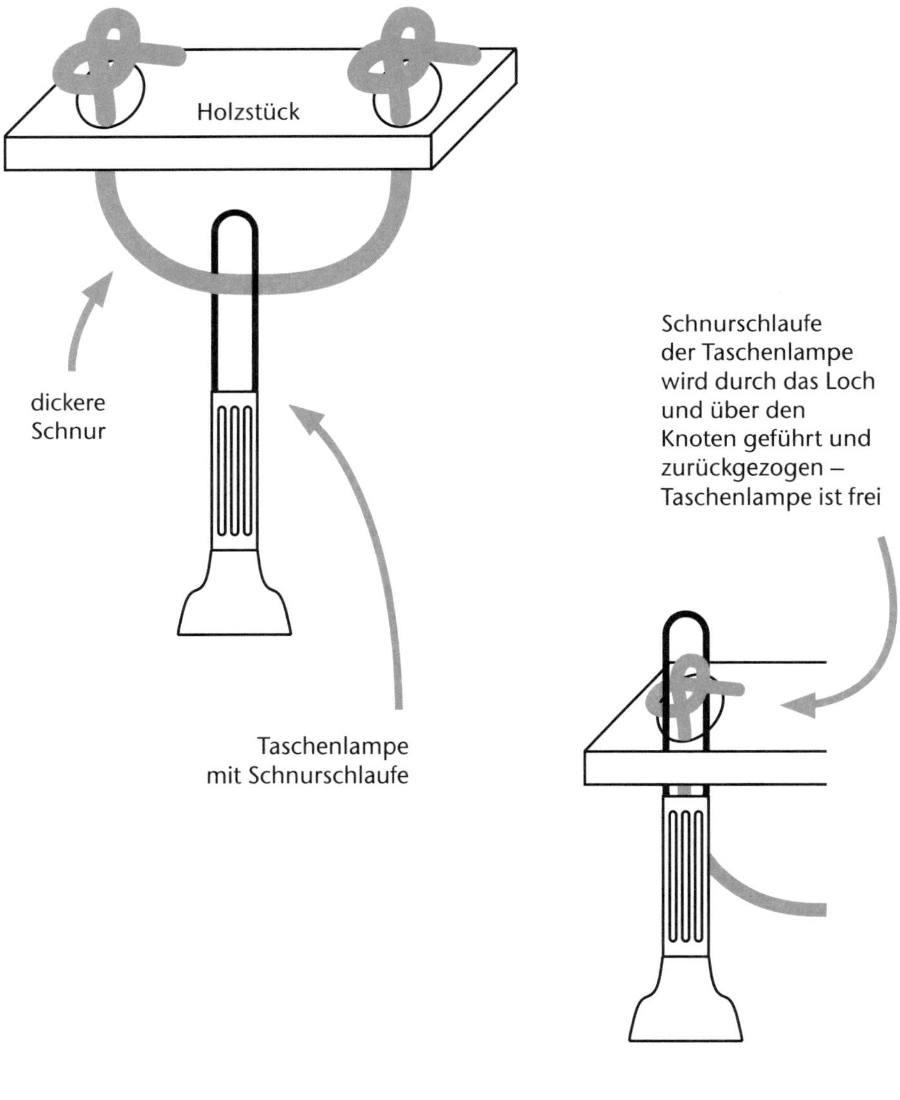

Raum 3: U-Bahn

In einer Situation, die der in einer U-Bahn / einem Bus / Zug ähnelt, wird von Schauspielerinnen und Schauspielern eine Handlung gespielt, in der eine Person Hilfe bzw. Unterstützung braucht. Die Teilnehmerinnen und Teilnehmer müssen mindestens eine der möglichen Handlungen durchführen:

- Notruf betätigen
- Schaffner rufen / Polizei anrufen
- Täter ansprechen
- Opfer ansprechen
- praktische Hilfe leisten

Entscheidend ist nicht so sehr, welche Handlung durchgeführt wird, sondern dass die Spielerinnen und Spieler aktiv eingreifen. Die Schauspielerinnen und Schauspieler entscheiden, wann die Situation gelöst wurde und die Teilnehmerinnen und Teilnehmer in den nächsten Raum gehen können. Sie erklären auch kurz die Situation, die es zu lösen galt und was das Ziel war: hinschauen und handeln. Jedes Üben erhöht die Wahrscheinlichkeit, auch in der Realität zu handeln.

Raum 4: Hall of Fame

Siehe Kapitel „Tipps zur Andacht".

7.2 Spielschema

In der folgenden Übersicht ist der Lösungsweg schematisch und kompakt aufgezeigt. Dieses Spielschema ist ausdrücklich keine Aufbauanleitung, sondern dient der Prozessverfolgung, an welcher Stelle sich die Gruppe gerade auf dem Weg zum Ziel befindet. Die verschiedenen Schraffierungen sollen die verschiedenen Arten deutlich machen und dienen der besseren Erkennung.

Legende

xxx	nicht verschlossene Gegenstände, können sofort genutzt werden
xxx	Rätsel
xxx	verschlossene Kisten / Koffer / Taschen
xxx	Rätsel oder Infos, die aus solchen verschlossenen Objekten hervorkommen

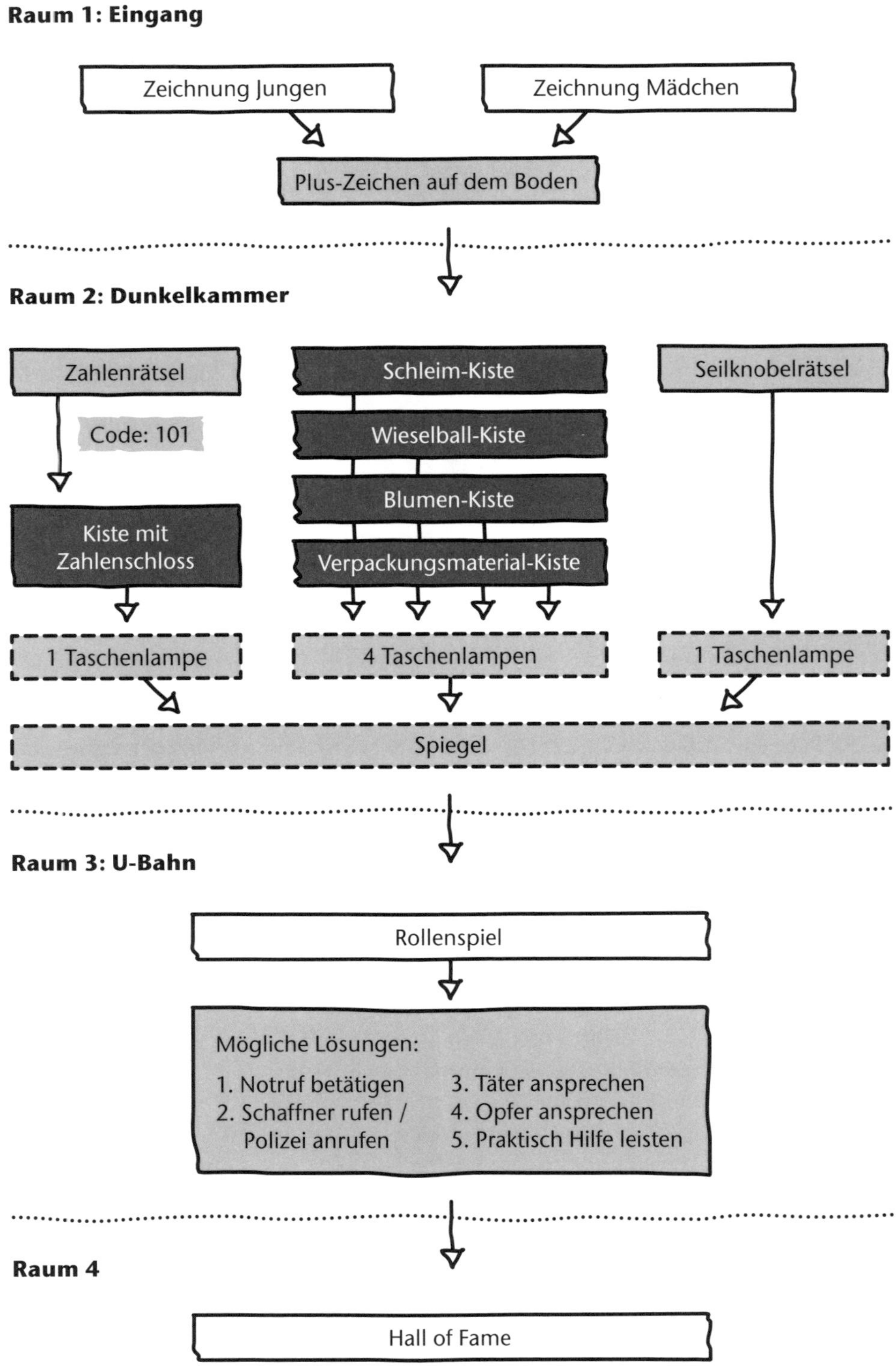
Raum 1: Eingang
Zeichnung Jungen
Zeichnung Mädchen
Plus-Zeichen auf dem Boden
Raum 2: Dunkelkammer
Zahlenrätsel
Code: 101
Kiste mit Zahlenschloss
Schleim-Kiste
Wieselball-Kiste
Blumen-Kiste
Verpackungsmaterial-Kiste
Seilknobelrätsel
1 Taschenlampe
4 Taschenlampen
1 Taschenlampe
Spiegel
Raum 3: U-Bahn
Rollenspiel
Mögliche Lösungen:
1. Notruf betätigen
2. Schaffner rufen / Polizei anrufen
3. Täter ansprechen
4. Opfer ansprechen
5. Praktisch Hilfe leisten
Raum 4
Hall of Fame

8. Tipps zur Andacht

In der Hall of Fame können Mitarbeiterinnen und Mitarbeiter neben dem Glückwunsch und einem kurzen Ermutigungssatz (z. B. „Herzlichen Glückwunsch! Du bist ein Weltveränderer!“) die Erfahrungen aus dem Live Escape Game mit der Lebenswelt der Spielerinnen und Spieler in Verbindung bringen und verknüpfen. Der Fokus sollte hier darauf liegen, ihnen Mut zu machen, sich in ihrem Alltag anders zu verhalten. Mit ganz kleinen Schritten, vielleicht schon heute. Insbesondere das Rollenspiel bietet die Möglichkeit, nach persönlichen Erfahrungen zu fragen. Hier ist es wichtig, dass die Mitarbeiterinnen und Mitarbeiter für sich persönlich eine Vorstellung davon entwickeln, was es heißt, sein persönliches Umfeld positiv zu prägen und Nächstenliebe zu leben.

Impulsfragen

- Hast du so eine Situation wie im Rollenspiel schon mal erlebt? Wie hast du das erlebt? Wie hast du dich verhalten? Wie möchtest du dich verhalten?
- Wo möchtest du im Alltag mutiger sein?
- Welche Personen in deinem Lebensumfeld brauchen Unterstützung?
- Was könntest du tun, um deine Mitmenschen bewusster wahrzunehmen?
- Wer ist deine Nächste / dein Nächster?
- Nächstenliebe und dieses Live-Escape-Game – was fällt dir dazu ein?

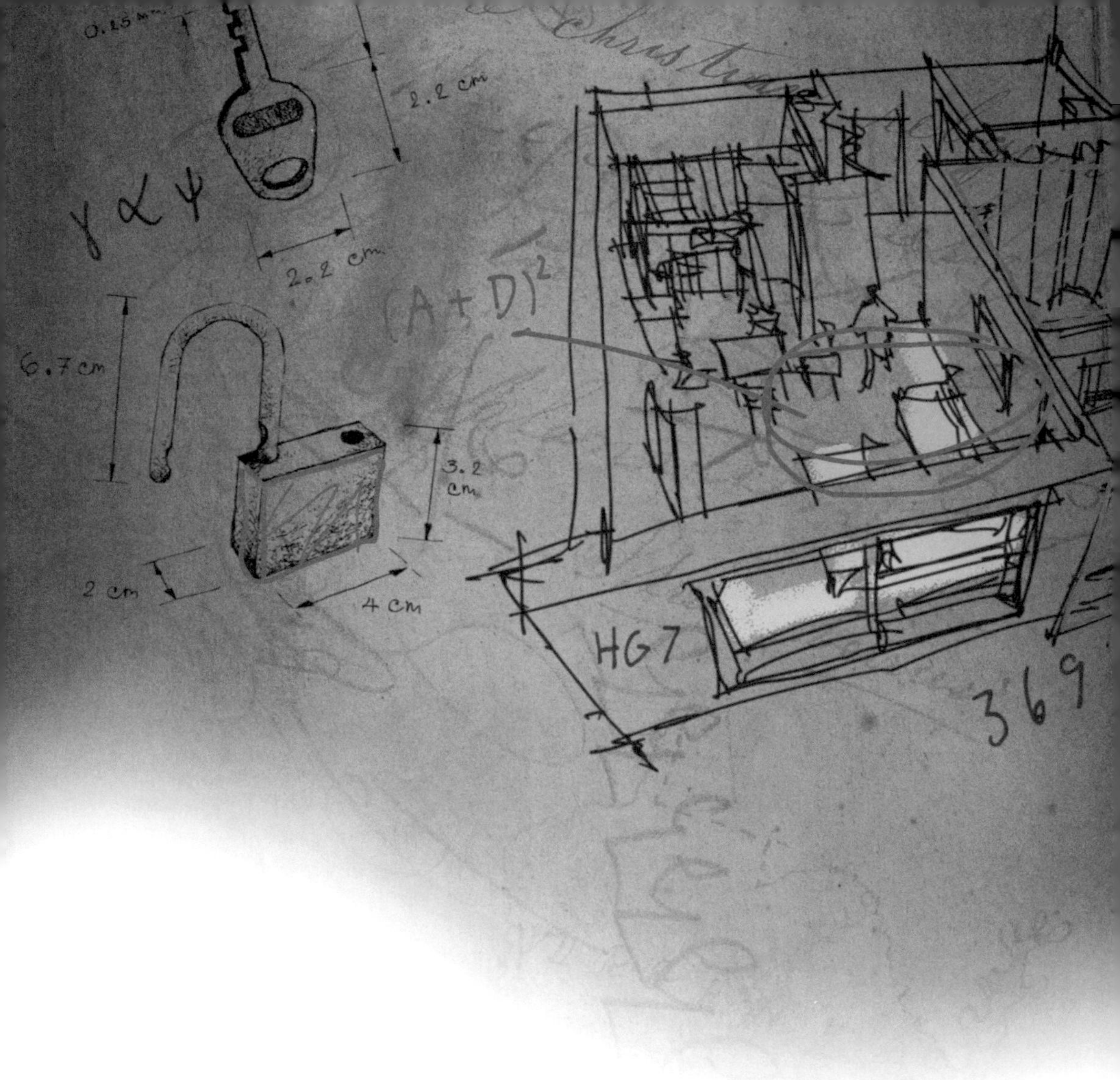

DAS GAME

DER ENGEL

von Viktoria Adam und Birke Lorenz-Reeh

1. Allgemeine Informationen

Ziel des Spiels:	Die Spielerinnen und Spieler helfen einem kleinen Engel, der es nicht schafft pünktlich zu sein und damit den Unmut seines Umfeldes auf sich zieht.
Thema:	Engel
Alter:	ab 8 Jahren
Gruppengröße:	2 – 6 Personen pro Gruppe, bis zu 3 Gruppen pro Spielleitung möglich
Aufgabe:	Die Spielerinnen und Spieler müssen den Heiligenschein von Engel Max wiederfinden, damit Max noch rechtzeitig zur Himmelskonferenz kommt.
Dauer:	**Vorbereitung zu Hause:** ca. 1 Stunde **Aufbau vor Ort:** 10 Minuten **Spieldauer:** ca. 30 Minuten plus 10 Minuten Einführung und 15 Minuten Auswertung und Andacht
Spielformat:	Kurzes Kleingruppen Live Escape Game für Kinder
Raumanforderungen:	Jede Gruppe muss Platz haben für einen eigenen Stuhlkreis, in dem sich das Game abspielt. Je größer und leerer der Raum, umso mehr Kleingruppen können gleichzeitig spielen. Zusätzlich kann Dekoration zum Thema Engel verwendet werden.

Spielprofil mit Schlussbemerkung:

●○○ RAUMANFORDERUNG

●○○ VORBEREITUNGSAUFWAND

●○○ WIEDERAUFBAU

●○○ MATERIALAUFWAND

●○○ KOSTEN

●○○ IMMERSION

●●○ SUCHEN

●●○ KOMBINIEREN

●○○ TEAMWORK

●○○○○ SCHWIERIGKEITSGRAD

2. Herangehensweise

- Zuerst ist es wichtig, dass du dich als Spielleitung näher mit dem Thema Engel beschäftigst. Schließlich handelt es sich dabei um die Grundlage dieses Live Escape Games. Überlege dir anschließend, was dir daran wichtig ist und welche Botschaft darin steckt, die du den Teilnehmerinnen und Teilnehmern vermitteln möchtest. Du kannst jetzt schon damit beginnen, die abschließende Andacht vorzubereiten. Lies dazu das Kapitel „Tipps zur Andacht".
- Nun solltest du dir einen ersten Überblick über die Spielvorbereitungen und den Spielablauf verschaffen. Wirf dazu einen Blick auf die Materialliste und lies die Kapitel „Vorbereitung zu Hause", „Aufbau vor Ort" und „Spieldurchführung".
- Besorge sämtliche Materialien, die auf der Liste stehen. Im Idealfall sprecht ihr euch im Team zwei Wochen vorher ab, wer welches Material besorgen kann und was noch besorgt werden muss. Einige Gegenstände aus der Materialliste werden allerdings erst für den Aufbau vor Ort benötigt und sind dort möglicherweise schon vorhanden. Diese Dinge musst du also nicht extra im Voraus besorgen.
- Wenn du die erforderlichen Materialien besorgt hast, kannst du mit den Vorbereitungen zu Hause beginnen, indem du die Schritte 1. bis 5. befolgst. Vorher solltest du jedoch das Kapitel „Lösungswege" mit der Erklärung der Rätsel gelesen haben. Die Vorbereitungen fallen nämlich leichter, wenn man weiß, wie die einzelnen Rätsel funktionieren.

- Nach den Vorbereitungen zu Hause kannst du dich um den Aufbau vor Ort kümmern. Wähle einen Raum aus, der die erforderlichen Bedingungen erfüllt, und absolviere die Schritte 6. bis 14. Auch hier gilt: Der Sinn der einzelnen Aktionen ist teilweise erst dann erkennbar, wenn man weiß, wie das Spiel später ablaufen wird.
- Wenn die Vorbereitungen abgeschlossen sind, lies dir noch einmal sorgfältig das Kapitel „Spieldurchführung" durch. Dann kann es endlich losgehen!

3. Materialliste

Manche Materialien können mit einer passenden Idee auch durch etwas anderes ersetzt werden – da gibt es oft viele Optionen. Einige Materialien sind zwingend erforderlich, andere Materialien dienen nur dem Flair oder der Veranschaulichung. Sie sind nicht notwendig und werden daher extra aufgeführt.

Material, das zwingend erforderlich ist

- ☐ 3 – 4 goldene Pfeiffenreiniger
- ☐ 15 – 20 Luftballons
- ☐ 1 blaue Decke oder Bettbezug
- ☐ 1 schöne Dose für Belohnung (muss in die Tasche passen)
- ☐ Süßigkeiten
- ☐ 1 Tasche mit 3 Fächern, von denen 2 mit Schlössern verschließbar sind
- ☐ 2 Zahlenschlösser mit 3-stelligem Zahlencode
- ☐ abwaschbare Filzstifte
- ☐ Notizblöcke
- ☐ Hörspiel „Vom Engel, der immer zu spät kam" von Andrea Schwarz (erhältlich bei einschlägigen Streaming-Diensten)
- ☐ Abspielgerät für das Hörspiel und Lautsprecher
- ☐ 1 Wecker/Stoppuhr o. Ä.

Material, das nur bei der Vorbereitung zu Hause benötigt wird

- ☐ 1 (Farb-)Drucker
- ☐ 1 Computer
- ☐ Karton oder festes Papier
- ☐ 1 Klebestift
- ☐ 1 Schere
- ☐ 1 Stift

Material, das aus dem Downloadbereich benötigt wird

- ☐ Hinweise A – G

Material, das nur optional benötigt wird

- ☐ Dekoration zum Thema Engel
- ☐ Laminiergerät und Folie (zum Haltbarmachen der Materialien)
- ☐ Karten mit den Buchstaben E-N-G-E-L (für die Andacht)

4. Vorbereitung zu Hause

1. Erstelle dir eine persönliche Materialliste anhand der angegebenen Liste und besorge alle Materialien.
2. Drucke alle nötigen Seiten aus (s. Downloads) und schneide die einzelnen Hinweise auseinander.
3. Laminiere alle Ausdrucke mit dem Hinweis „bitte laminieren“ ein.
4. Bastele aus den goldenen Pfeifenreinigern einen runden Heiligenschein.
5. Klebe das Dokument „Hinweis C“ (s. Downloads) auf ein Stück Karton oder festes Papier. Schneide das Puzzle dann auseinander. Die Rückseiten der Puzzleteile müssen nun mit Zahlen beschriftet werden. Hierbei ist wichtig, dass das Puzzleteil, das doppelt ist, die Ziffer 5 erhält. Der falsche Doppelgänger – das Puzzleteil, das nicht exakt ins Bild passt – muss eine andere Zahl bekommen. Alle anderen Teile kannst du beliebig nummerieren, jede Zahl darf jedoch nur einmal vorkommen.

5. Aufbau vor Ort

6. Puste die Luftballons auf und verstecke in einem davon das Dokument „Hinweis F“ (s. Downloads).
7. Stecke alle Luftballons und das Dokument „Hinweis G“ (s. Downloads) in die blaue Decke / den blauen Bettbezug.
8. Gestalte daraus das Wolkenlager des Engels in einer nicht ganz offensichtlichen Ecke des Raums.
9. Befülle die schöne Dose mit Süßigkeiten und dem Dokument „Hinweis A“ (s. Downloads).
10. Lege den gebastelten Heiligenschein und die Belohnungsdose in ein verschließbares Fach in der Tasche und verschließe es mit einem 3-stelligen Zahlenschloss und der Kombination 753.
11. Lege die Dokumente „Hinweis B“, „Hinweis C“, „Hinweis D“ und „Hinweis E“ (s. Downloads) in das zweite verschließbare Fach in der Tasche und verschließe es mit einem 3-stelligen Zahlenschloss und der Kombination 173.
12. Lege die Tasche unter das Wolkenlager.
13. Lege die abwaschbaren Filzstifte und Notizblöcke bereit.
14. Lade das Hörspiel „Vom Engel, der immer zu spät kam“ von Andrea Schwarz auf ein Abspielgerät.

Wiederaufbau
Für den Wiederaufbau für eine neue Spielrunde müssen alle Schritte „Aufbau vor Ort“ 6. bis 14. noch einmal durchgegangen werden. Alle Hinweise müssen auf Notizen kontrolliert bzw. abgewischt oder ersetzt werden.

6. Spieldurchführung

6.1 Anmoderation

Erklärung für die Spielenden
Ein Live Escape Game lässt sich mit vier Begriffen erklären: ein Raum – ein Team – eine Aufgabe – eine Stunde Zeit – eigentlich! Denn hier habt ihr nur 25 –30 Minuten Zeit, um verschiedene Rätsel zu entschlüsseln und die Aufgabe zu lösen. Dazu ist es notwendig, viele Hinweise richtig zusammenzubringen. Die Aufgaben und Rätsel lassen sich nach einem einfachen Prinzip lösen: suchen, sammeln, kombinieren und anwenden.
Bei diesem Live Escape Game schlüpft ihr gleich in die Rolle von Helferinnen und Helfern für den kleinen Engel Max.
Viel Spaß und Freude beim Öffnen von Kisten und Finden von Geheimnissen!

Regeln
- Die Aufgaben und Rätsel sind ohne Gewalt lösbar. Ihr müsst nichts demontieren oder mutwillig auseinandernehmen.
- Schlösser werden mittels Schlüssel oder Codes geöffnet und nicht „geknackt“ oder durch Herumprobieren geöffnet, es sei denn, es sind z. B. die Zahlen bekannt, aber nicht die Reihenfolge.
- Lasst bitte geöffnete Schlösser ggf. mit Schlüssel einfach hängen.
- Alles, was durch Klebeband festgeklebt oder anderweitig fixiert ist, soll an diesem Ort bleiben!
- Der Spielbereich ist auf den Stuhlkreis, die gestaltete Mitte und die allernächste Umgebung begrenzt.
- Die Nutzung eigener technischer Hilfsmittel ist verboten!
- Ebenso das Anfertigen von Foto-, Video- oder Audioaufnahmen. Bewahrt das Geheimnis, damit sich bei einem solchen Spiel nicht die Lösung verbreitet.
- Ihr habt 30 Minuten Zeit. Ich stoppe für euch die Zeit und erinnere euch zwischendurch daran. (Gemeinsam runterzählen und den Wecker / die Stoppuhr einstellen.)

Aufgabe
Der kleine Engel ist in Schwierigkeiten, aber hört selbst und passt gut auf, vielleicht ist schon hier der ein oder andere Hinweis versteckt!

6.2 Das Team begleiten – Tipps

- Ist die Zeit vorbei, kann man nochmal 5 Minuten hinzugeben mit den Worten: „Wie im Himmel, so auf Erden! Zum Glück! Ihr kennt das, bei uns läutet es ja auch 5 Minuten vor dem Gottesdienst, also 5 Minuten habt ihr noch."
- Tipp zu Hinweis D: Erinnert euch, welche himmlischen Pflichten Max hat.
- Tipp zu Hinweis E: Erinnert euch, um welchen Engel es in der Geschichte geht.
- Tipp zu Hinweis E: Geht den Weg genauso, wie Max kehren soll.

6.3 Spielablauf

- Du erklärst das Spielprinzip und die Regeln.
- Spiele dann die Hörfrequenzen Track 1 und 2 aus der Geschichte ab.
- Leite nun zum Spiel über: „Ja, wenn nicht eines Tages eine Himmelskonferenz einberufen worden wäre! Eine Himmelskonferenz, man stelle sich das vor. Genau an diesem Morgen der Himmelskonferenz – also eigentlich schon am Abend vorher, hat sich der kleine Engel Max vorgenommen: ‚Und Morgen komme ich nicht zu spät! Nein, morgen komme ich wirklich nicht zu spät!' Also schnallt der kleine Engel sein Flügelchen ab, weil das nachts immer so unbequem ist, feuert seinen Heiligenschein in die Wolkenecke und schlüpft in sein kleines Wolkenbettchen. Immer wieder wacht er auf und sagt sich: ‚Morgen komme ich nicht zu spät!' Und tatsächlich rechtzeitig springt der kleine Max am Morgen der Himmelskonferenz aus dem Bett, schnallt seine Flügel an und ... ‚Mh, wo ist denn mein Heiligenschein?', fragt sich Max. Er durchwühlt sein Wolkenbett und findet ihn nicht. Allmählich dämmert es ihm: Seine Klassenkameradinnen und Klassenkameraden aus der Engelsschule haben ihm wohl einen Streich gespielt. Denn kleine Engel sind auch nicht immer Engel! Zum Glück hat Max noch 25 Minuten Zeit bis zur Himmelskonferenz. Bestimmt könnt ihr ihm helfen! Es ist jetzt eure Aufgabe, den Heiligenschein mit Max zu finden! Aber beeilt euch, ihr habt nur 30 Minuten Zeit! Vielleicht kann euch die Wolke helfen."
- Du stellst den Wecker / die Uhr auf 25 Minuten und beginnst damit das Spiel.
- Die spezifischen Rätselelemente dieses Spiels müssen in der richtigen Reihenfolge gelöst werden.

6.4 Spielende

- Andacht
- Auswertungsrunde
- Foto zum Schluss

7. Lösungswege

7.1 Beschreibung der Rätsel

Hinweis G

Die Spielerinnen und Spieler müssen die fehlenden Buchstaben in den Brief eintragen. Fügt man diese Buchstaben aneinander, ergibt sich der Code 173.

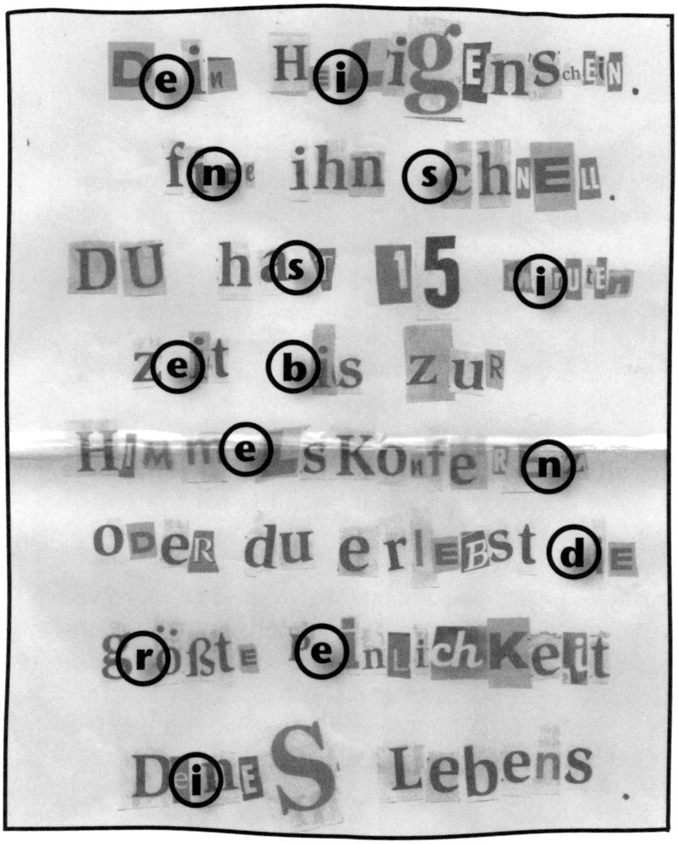

Hinweis F

Der Hinweis ist in einem der Luftballons versteckt. Der darin befindliche Hinweis hilft den Spielerinnen und Spielern, die Reihenfolge der Zahlen der Rätsel C, D und E zu bekommen: 1. Himmelsglocken (Rätsel D), 2. Lobpreis (Rätsel C), 3. Reinigung der Trau-Gott-Gasse (Rätsel E).

Hinweis D

Die Spielerinnen und Spieler müssen das Sudoku lösen. Dabei darf in jeder Zeile jedes Symbol nur einmal vorkommen. Anschließend müssen die Spielerinnen und Spieler alle Zahlen der Felder zusammenrechnen, auf denen sich eine Glocke befindet.

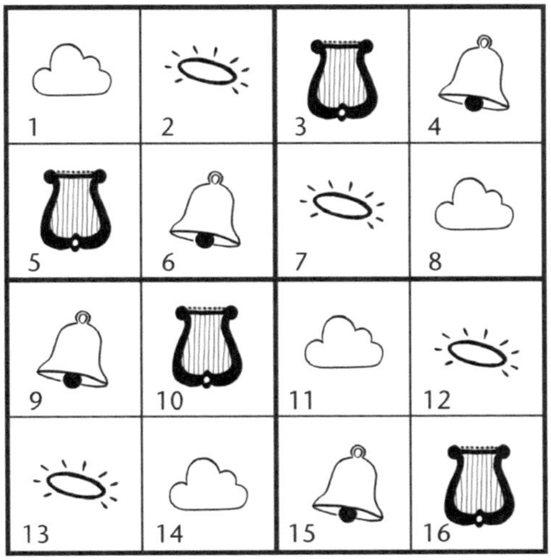

Die Rechnung sieht also folgendermaßen aus: 4 + 6 + 9 + 15 = 34
Da die Summe nicht einstellig ist, muss die Quersumme gebildet werden. So ergibt sich die Zahl 7.

Hinweis C
Die Gruppe muss das Puzzle zusammensetzen (s. Schritt 5.). Auf der Rückseite müssen die vorher angebrachten Zahlen entdeckt werden. Die Lösung ist die Zahl unter dem richtigen Puzzleteil, nicht die Zahl unter dem falschen Doppelgänger. Die Lösung ist also 5.

Hinweis E
Wenn man die Reihenfolge der Namen auf den Wolken anhand des Kehrplans nachmalt, kommen folgende Zahlen heraus: Leya = 2, Max = 3, Justus = 0
Natürlich geht es um Max und nicht einen der beiden anderen Engel. Wenn Max seinen Kehrplan genau in der vorgeschriebenen Reihenfolge erfüllt, ergibt sich auf dem Spielplan die Zahl 3. Die Lösung ist also 3.

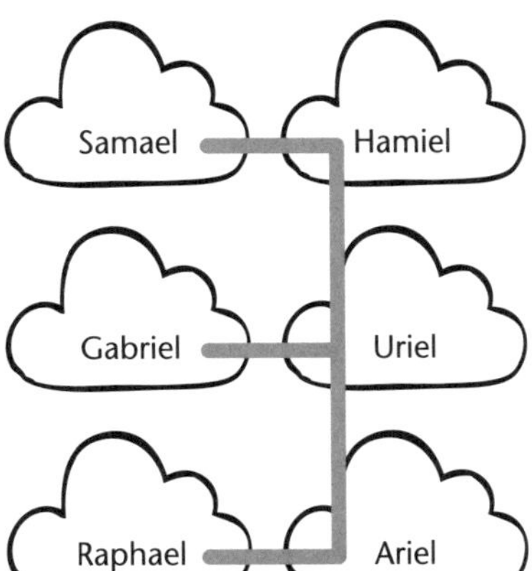

LEYA	MAX	JUSTUS
Samael	Samael	Samael
Hamiel	Hamiel	Hamiel
Uriel	Uriel	Uriel
Gabriel	Gabriel	Ariel
Raphael	Uriel	Raphael
Ariel	Ariel	Gabriel
	Raphael	Samael

(3)

7.2 Spielschema

In der folgenden Übersicht ist der Lösungsweg schematisch und kompakt aufgezeigt. Dieses Spielschema ist ausdrücklich keine Aufbauanleitung, sondern dient der Prozessverfolgung, an welcher Stelle sich die Gruppe gerade auf dem Weg zum Ziel befindet. Die verschiedenen Schraffierungen sollen die verschiedenen Arten deutlich machen und dienen der besseren Erkennung.

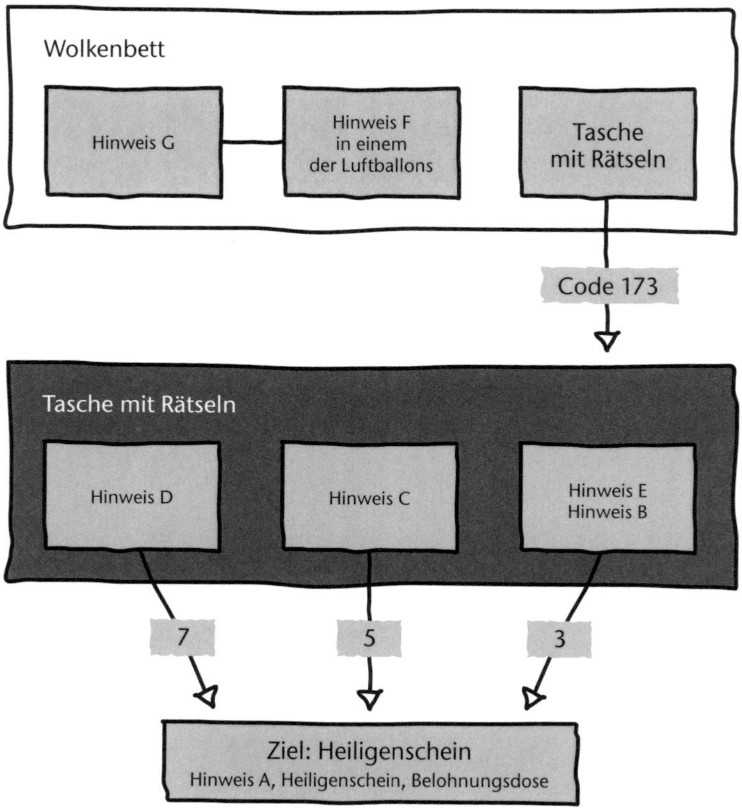

Legende

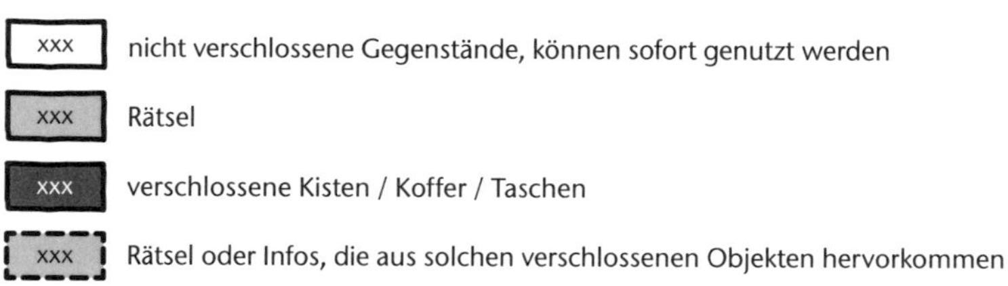

8. Tipps zur Andacht

Lege Karten mit den einzelnen Buchstaben des Wortes „Engel“ in die Mitte. Nenne jeweils dazu den entsprechenden Begriff:

ENGEL
E – Einfühlungsvermögen
N – Nähe
G – Glück
E – Energie
L – Liebe
ENGEL

Manchmal scheinen mir Engel eine Pause von ihrem Job zu machen und schlendern tatenlos durch die Straßen. Das Berufsbild eines Engels ist auch nicht mehr so eindeutig, wie es mir als Kind schien. Und doch – ganz selten – meine ich sie manchmal mit ihren Flügeln zu spüren, z. B. in Gestalt eines Menschen, einer Musik oder eines Raumes.

Wenn einer mal wieder knapp einem Unglück entkommen ist, heißt es: Gott sei Dank, dein Schutzengel hat dich beschützt! Meine kindliche Vorstellung war, dass die Engel irgendwo im Himmel über uns sind und uns bewachen. In weiße Kleidchen gekleidet und mit golden gelockten Haaren. Heute denke ich, Engel leben mit uns auf der Erde. Es sind die Menschen, die immer da sind, wenn Hilfe gebraucht wird. Die unerwarteten Helferinnen und Helfer, wenn unsere eigene Kraft nicht reicht. Die Freundinnen und Freunde, die uns zuhören und Mut machen, wenn wir traurig sind, Sorgen haben und alles ausweglos erscheint. Engel sind für mich die Retterinnen und Retter in höchster Not, vom Himmel geschickt. Sie lassen uns Gottes Nähe spüren.

Impulsfragen

- Ist dir schon einmal so ein Schutzengel begegnet?
- Welche Menschen sind/waren Engel in deinem Leben?
- Wem kannst du heute ein Engel sein?

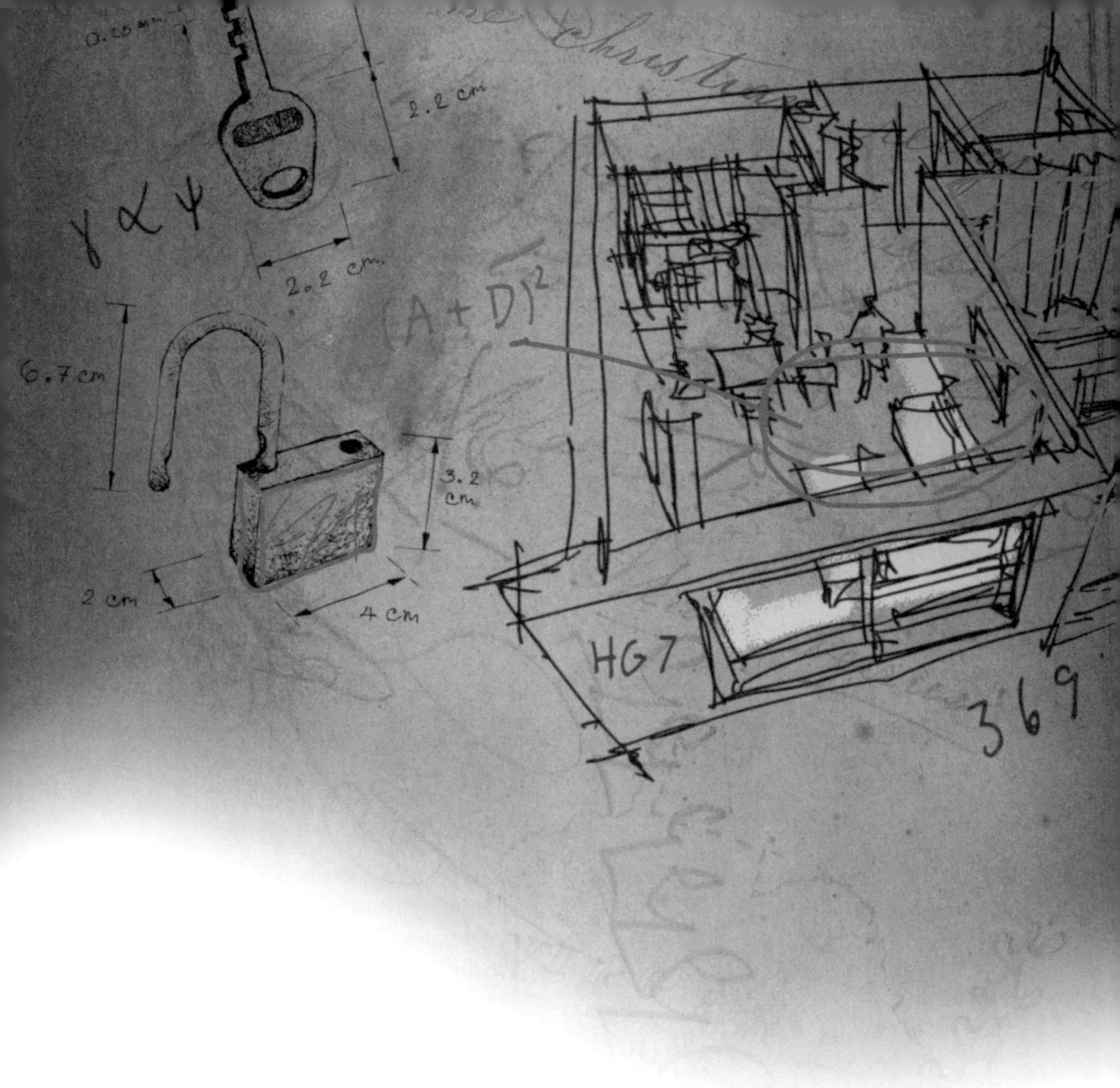

DAS GAME

WIEVIEL SAMARITER STECKT IN DIR?

von Viktoria Adam und Birke Lorenz-Reeh

1. Allgemeine Informationen

Ziel des Spiels:	Die Spielerinnen und Spieler lernen die Geschichte des barmherzigen Samariters kennen und lassen sich in die Rolle von Hilfesuchenden und Hilfegebenden ein, um so einen Teil der Geschichte erlebbar nachzuempfinden.
Bibelstelle/Thema:	Lukas 10,25-37 / Der barmherzige Samariter
Alter:	ab 12 Jahren
Gruppengröße:	4 – 6 Personen je Gruppe
Aufgabe:	Die Spielerinnen und Spieler müssen eine Mitspielerin / einen Mitspieler aus Fesseln befreien, um gemeinsam vor einer Unbekannten / einem Unbekannten zu fliehen. Dafür müssen sie sich mit der Geschichte des barmherzigen Samariters beschäftigen.
Dauer:	**Vorbereitung zu Hause:** ca. 1,5 Stunden **Aufbau vor Ort:** 5 Minuten **Spieldauer:** ca. 40 Minuten plus 10 Minuten Einführung und 15 Minuten Auswertung und Andacht
Spielformat:	Kurzes Kleingruppen Live Escape Game
Raumanforderungen:	Für alle Gruppen muss Platz für je einen Tisch und ausreichend Stühle sein. Je größer und leerer der Raum ist, desto mehr Gruppen können gleichzeitig spielen. Dekoration zum Thema kann zusätzlich verwendet werden, um z. B. eine gestaltete Mitte aufzubauen.

Spielprofil mit Schlussbemerkung:

●○○ RAUMANFORDERUNG

●○○ VORBEREITUNGSAUFWAND

●○○ WIEDERAUFBAU

●○○ MATERIALAUFWAND

●○○ KOSTEN

●○○ IMMERSION

●○○ SUCHEN

●○○ KOMBINIEREN

●●● TEAMWORK

●●○○○ SCHWIERIGKEITSGRAD

2. Herangehensweise

- Zuerst ist es wichtig, dass du dich als Spielleitung näher mit der Geschichte vom barmherzigen Samariter beschäftigst. Schließlich handelt es sich dabei um die Grundlage dieses Live Escape Games: Lies die betreffende Bibelstelle in Lukas 10,25-37 mehrmals aufmerksam durch. Überlege dir anschließend, was dir an der Geschichte wichtig ist und welche Botschaft darin steckt, die du den Teilnehmerinnen und Teilnehmern vermitteln möchtest. Du kannst jetzt schon damit beginnen, die abschließende Andacht vorzubereiten. Lies dazu auch das Kapitel „Tipps zur Andacht“.
- Nun solltest du dir einen ersten Überblick über die Spielvorbereitungen und den Spielablauf verschaffen. Wirf dazu einen Blick auf die Materialliste und lies die Kapitel „Vorbereitung zu Hause“, „Aufbau vor Ort“ und „Spieldurchführung“.
- Besorge sämtliche Materialien, die auf der Liste stehen. Im Idealfall sprecht ihr euch im Team zwei Wochen vorher ab, wer welches Material besorgen kann und was noch besorgt werden muss. Einige Gegenstände werden allerdings erst für den Aufbau vor Ort benötigt und sind dort möglicherweise schon vorhanden. Diese Dinge musst du also nicht extra im Voraus besorgen.
- Wenn du die erforderlichen Materialien besorgt hast, kannst du mit den Vorbereitungen zu Hause beginnen, indem du die Schritte 1. bis 17. befolgst. Vorher solltest du jedoch das Kapitel „Lösungswege“ mit der Erklärung der Rätsel gelesen haben. Die Vorbereitungen fallen nämlich leichter, wenn man weiß, wie die einzelnen Rätsel funktionieren.

- Nach den Vorbereitungen zu Hause kannst du dich um den Aufbau vor Ort kümmern. Wähle einen Raum aus, der die erforderlichen Bedingungen erfüllt, und absolviere die Schritte 18. bis 22. Auch hier gilt: Der Sinn der einzelnen Aktionen ist teilweise erst dann erkennbar, wenn man weiß, wie das Spiel später ablaufen wird.
- Wenn die Vorbereitungen abgeschlossen sind, lies dir noch einmal sorgfältig das Kapitel „Spieldurchführung“ durch. Dann kann es endlich losgehen!

3. Materialliste

Manche Materialien können mit einer passenden Idee auch durch etwas anderes ersetzt werden – da gibt es oft viele Optionen. Einige Materialien sind zwingend erforderlich, andere Materialien dienen nur dem Flair oder der Veranschaulichung. Sie sind nicht notwendig und werden daher extra aufgeführt.

Material, das zwingend erforderlich ist

- ☐ 1 Bibel
- ☐ 1 Glasgefäß für Öl
- ☐ 1 Spielzeug-Esel/-Reittier (klein)
- ☐ 1 leere Weinflasche
- ☐ 1 kleine Genesungskarte
- ☐ 1 Plastikblume/Plastikblumenstrauß
- ☐ 1 Stoffkreis (dünner, grober Stoff; Durchmesser 20 cm)
- ☐ 2 dünne Schnüre (ca. 50 cm und ca. 15 cm)
- ☐ 5 Goldtaler aus Schokolade oder Kaubonbon
- ☐ 1 Spritze
- ☐ 1 Stoffstreifen/Mullbinde
- ☐ 1 Tasche mit abschließbarem Fach
- ☐ 1 Schloss mit Schlüssel
- ☐ 1 Augenbinde
- ☐ 3 Zahlenschlösser mit 3-stelligem Zahlencode
- ☐ 2 Eisenketten (ja ca. 45 cm)
- ☐ Notizzettel
- ☐ Buntstifte (rot, orange, gelb, grün)
- ☐ 1 Wecker/Stoppuhr o. Ä.

Material, das nur bei der Vorbereitung zu Hause benötigt wird

- ☐ 1 (Farb-)Drucker
- ☐ 1 Computer
- ☐ feuchter Kaffeesatz
- ☐ Heißkleber
- ☐ Tesafilm
- ☐ 1 Lochzange für Stoff
- ☐ 3 Eddings (schwarz, rot, blau)
- ☐ 1 Schere
- ☐ Papier und Stift

Material, das aus dem Downloadbereich benötigt wird

- ☐ Brief (entweder einseitig oder doppelseitig ausgedruckt)
- ☐ Hinweise A – I

Material, das nur optional benötigt wird

- ☐ Dekoration
- ☐ Laminiergerät und Folien (zum Haltbarmachen der Materialien)

4. Vorbereitung zu Hause

1. Erstelle dir eine persönliche Materialliste anhand der angegebenen Liste und besorge alle Materialien.
2. Drucke alle nötigen Materialien aus (s. Downloads).
3. Schneide das Dokument „Hinweis A“ (s. Downloads) aus und lege es in die Bibel. Je nach Schwierigkeitsstufe kannst du es irgendwo in der Bibel verstecken oder sichtbar bei Lukas 10,29-37. Achtung: Je nach Übersetzung und Ausgabe kann die Bibelstelle unterschiedlich angegeben sein. Bitte stelle sicher, dass in der verwendeten Ausgabe die Bibelstelle auch den oben angegebenen Versen entspricht, da sich ansonsten der Lösungscode ändert. Passe den Lösungscode ggf. an die verwendete Bibel(stelle) an!
4. Schneide das Dokument „Hinweis B“ (s. Downloads) aus. Bearbeite es mit etwas feuchtem Kaffeesatz und zerknülle es vorsichtig. Danach säubere es, trockne es kurz und klebe es auf das Glasgefäß für Öl.
5. Schneide das Dokument „Hinweis C“ (s. Downloads) aus. Beklebe die Oberfläche mit Tesafilm oder laminiere sie ein (zum Schutz vor Notizen) und befestige es mit Heißkleber auf dem Spielzeug-Esel/-Reittier.
6. Schneide Dokument „Hinweis D“ (s. Downloads) aus. Bearbeite es mit etwas feuchtem Kaffeesatz und zerknülle es vorsichtig. Danach säubere es, trockne es kurz und klebe es auf die Weinflasche.
7. Schneide das das Dokument „Hinweis E“ (s. Downloads) aus, beklebe die Oberfläche mit Tesafilm oder laminiere sie ein (zum Schutz vor Notizen). Klebe es in die Genesungs-Karte und befestige sie an den Plastikblumen / dem Plastikblumenstrauß.
8. Bastele nun folgendermaßen ein Geldsäckchen: Nimm einen dünnen, aber groben Stoff. Schneide einen Stoffkreis mit einem Durchmesser von ca. 20 cm aus. Stanze eine ungerade Anzahl (15 oder 17) Löcher mit einer Lochzange aus und fädele die 50 cm lange Schnur hindurch. Male auf die Innenseite des Geldsäckchens mit Edding folgende Symbole (s. Grafik rechts):

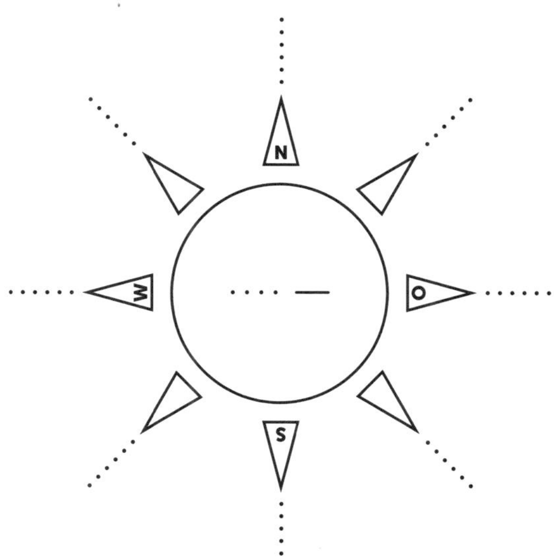

9. Lege fünf Goldtaler aus Schokolade oder Kaubonbon in das Geldsäckchen.
10. Schneide das Dokument „Hinweis F“ (s. Downloads) aus. Beklebe die Oberfläche mit Tesafilm oder laminiere sie ein (zum Schutz vor Notizen). Verstecke es in der Spritze.
11. Schneide das Dokument „Hinweis G“ (s. Downloads) aus. Rolle es und binde die 15 cm lange Schnur darum.
12. Schneide das Dokument „Hinweis H“ (s. Downloads) aus. Falte es so, dass es gut in dem Stoffstreifen / der Mullbinde verborgen werden kann und verstecke es darin.
13. Verstaue die Gegenstände, an denen die Hinweise A – H angebracht sind, in der abschließbaren Tasche. Verschließe die Tasche mit dem Schlüsselschloss.
14. Mache auf der Rückseite der Augenbinde einen Schnitt, sodass im Innenfutter etwas versteckt werden kann. Falte das Dokument „Hinweis I“ (s. Downloads) und lege den Schlüssel für das Schloss hinein. Stecke dann beides zusammen in das Innere der Augenbinde. Achte dabei darauf, dass keine Ecken und Kanten entstehen.
15. Nimm das Schloss mit dem 3-stelligem Zahlencode und stelle es auf 121 ein. Befestige es an der Augenbinde.
16. Markiere eine Eisenkette und ein Schloss für die Armfessel mit einem roten Edding. Stelle ein Zahlenschloss auf den Code 973 ein. Markiere die zweite Eisenkette und ein weiteres Schloss für die Beinfessel mit einem blauen Edding. Stelle das andere Schloss auf den Zahlencode 584 ein.
17. Zerknülle das Dokument „Brief“ (s. Downloads) mehrmals kräftig.

5. Aufbau vor Ort

18. Stelle entsprechend der Anzahl an Gruppen Tischgruppen auf, die nicht zu nahe beieinanderstehen.
19. Verstecke das präparierte Dokument „Brief“ (s. Schritt 17.) unter dem Tisch. Hast du den Brief auf zwei Seiten ausgedruckt und nicht doppelseitig, kannst du die Schwierigkeit des Games dadurch erhöhen, indem du die zweite Seite des Briefes an einer anderen Stelle im Spielbereich versteckst.
20. Deponiere die verschließbare Tasche sichtbar unter dem Tisch.
21. Die Bibel, Buntstifte und Notizzettel legst du auf den Tisch.
22. Der weitere Aufbau erfolgt während der Anmoderation, nachdem die Regeln besprochen wurden.

Wiederaufbau
Für den Wiederaufbau für eine neue Spielrunde müssen alle Hinweise auf Notizen kontrolliert und ggf. ersetzt werden. Alle Schritte „Aufbau vor Ort“ 18. bis 22. Müssen erneut durchgeführt werden.

6. Spieldurchführung

6.1 Anmoderation

Erklärung für die Spielenden

Ein Live Escape Game lässt sich mit drei Begriffen erklären: ein Raum – ein Team – eine Aufgabe. Man hat als Team 40 Minuten Zeit, um verschiedene Rätsel zu entschlüsseln und die Aufgabe zu lösen. Dazu ist es notwendig, viele Hinweise richtig zusammenzubringen. Die Aufgaben und Rätsel lassen sich nach einem einfachen Prinzip lösen: suchen, sammeln, kombinieren und anwenden.
Ihr nehmt als Team die Rolle der Ermittlerinnen und Ermittler einer SOKO oder SWAT-Einheit ein, manche von euch auch die der Gefangenen, die aus der Gefangenschaft ausbrechen wollen! Gleich müsst ihr irgendwo anfangen und dann ist es wie bei einer Schnitzeljagd: Ihr folgt als Team einem roten Faden und setzt verschiedene Dinge zusammen, um das große Puzzle zu lösen.
Viel Spaß und Freude beim Öffnen von Taschen und Finden von Geheimnissen!

Bevor ich euch die Regeln erkläre, benötige ich aus jeder Gruppe eine Person, die sich freiwillig fesseln lässt und keine Probleme damit hat, sich für kurze oder lange Zeit – das kommt auf euch an – die Augen verbinden zu lassen. Die Person spielt auch weiterhin mit und kann Rätsel lösen, sieht aber nichts. Keine Angst, alles ist so gemacht, dass es sich im Ernstfall auch schnell lösen lässt!
(Während die Regeln erklärt werden, kann schon damit begonnen werden, die freiwillige Person zu fesseln: Zuerst wird ein Fuß am Tisch angekettet und dann werden die Hände gefesselt, zuletzt die Augenbinde umgebunden. Achtung: Befestige die Person so am Tisch, dass sie jederzeit schnell und einfach wieder befreit werden kann!)

Regeln

- Jede Gruppe hat einen eigenen Spielbereich, er ist direkt um den Tisch herum.
- Die Aufgaben und Rätsel sind ohne Gewalt lösbar. Ihr müsst nichts demontieren oder mutwillig auseinandernehmen.
- Schlösser werden mittels Schlüssel oder Codes geöffnet und nicht „geknackt“ oder durch Herumprobieren geöffnet, es sei denn, es sind z. B. die Zahlen bekannt, aber nicht die Reihenfolge.
- Schlösser und Hinweise dürfen wirklich nur dann geöffnet werden, wenn auch das Schloss mit Code geöffnet wurde. Die Augenbinde darf z. B. erst nach dem

Öffnen des Codes abgenommen werden, obwohl sie auch so heruntergenommen werden könnte. Auch aus den Ketten könntet ihr euch so befreien.
- Lasst bitte geöffnete Schlösser ggf. mit Schlüssel einfach hängen.
- Alles, was durch Klebeband festgeklebt oder anderweitig fixiert ist, soll an diesem Ort bleiben!
- Die Nutzung eigener technischer Hilfsmittel ist verboten!
- Ebenso das Anfertigen von Foto-, Video- oder Audioaufnahmen. Bewahrt das Geheimnis, damit sich bei einem solchen Spiel nicht die Lösung verbreitet.
- Ganz wichtig: Merkt euch, wo ihr welchen Hinweis gefunden habt – manchmal ist das auch von Bedeutung!
- Ihr habt 40 Minuten Zeit. Ich stoppe für euch die Zeit und erinnere euch zwischendurch daran. (Gemeinsam runterzählen und den Wecker / die Stoppuhr einstellen.)

Aufgabe

Ihr seid mit eurer Gruppe von den anderen während einer Wanderung gestern Abend getrennt worden. Zum Glück habt ihr diese armselige Hütte gefunden, in der ihr übernachten konntet. Heute Morgen, als ihr aufgewacht seid, habt ihr allerdings festgestellt, dass einer von euch hier gefesselt wurde. Auf dem Tisch liegt nichts anderes als eine Uhr, auf der noch 40 Minuten ablaufen, bevor – ja, was eigentlich? Natürlich könntet ihr anderen auch einfach gehen und eure Freundin / euren Freund hierlassen, aber das macht ihr sicherlich nicht! Also ran ans Helfen, Suchen und Knobeln!

6.2 Das Team begleiten – Tipps

Sobald das Spiel beginnt, rückst du in den Hintergrund und überlässt der Gruppe die Führung. Halte dich besonders am Anfang mit Tipps und Hinweisen zurück. Die Spielerinnen und Spieler sollen ruhig etwas knobeln und herumprobieren. Dabei ist es auch nicht weiter schlimm, wenn nicht sofort alle Elemente gefunden und den richtigen Rätseln zugeordnet werden. Es dürfen ruhig Fehler gemacht werden. Schließlich sind es manchmal gerade die Irrtümer, die letztendlich zur gesuchten Lösung führen. Ganz ohne Ratschläge geht es meistens jedoch nicht. Manchmal geraten die Teilnehmerinnen und Teilnehmer nämlich in eine Sackgasse, übersehen einen wichtigen Gegenstand oder brauchen für das Lösen eines Rätsels einfach zu lange, sodass das Spiel unmöglich in der vorgesehenen Zeit geschafft werden kann. Deshalb musst du in bestimmten Situationen immer mal wieder Hilfestellungen geben. Einen Leitfaden für den richtigen Einsatz von Tipps gibt es allerdings nicht. Du musst selbstständig entscheiden, wann du welche Hinweise gibst. Hilf der Gruppe spätestens dann, wenn sie sich ganz verrannt hat und die Motivation verlieren sollte. Wer sich nicht sicher ist, ob die Gruppe weiß, was Quersummen und Rebusrätsel sind, kann schon in der Anmoderation darauf hinweisen, dass man manchmal rechnen muss und erklären, was Quersummen und Rebusrätsel sind.

6.3 Spielablauf

- Du erklärst das Spielprinzip und die Regeln.
- Du stellst die Aufgabe vor.
- Du stellst den Wecker / die Uhr und beginnst damit das Spiel.
- Die spezifischen Rätselelemente dieses Spiels müssen in der richtigen Reihenfolge gelöst werden.

6.4 Spielende

- Andacht
- Auswertungsrunde
- Foto zum Schluss

7. Lösungswege

7.1 Beschreibung der Rätsel

Hinweis A: Notizzettel in der Bibel
Er erleichtert lediglich das Finden der Bibelstelle und wird je nach Schwierigkeitsgrad schwerer oder weniger schwer in der Bibel versteckt (s. Schritt 3.).

Der Brief
Im Brief befinden sich ein Anschreiben eines Vorgängers der „Gefangenen", sowie einige zusätzliche Erklärungen (Beispiele für Rebusrätsel und Quersumme) und Hinweise (Morsealphabet und farbig markierte Teile im Text und die Sonne) für spätere Rätsel.

Das erste Rätsel ist ein Rebusrätsel. Hier müssen folgende Bilder erkannt werden:

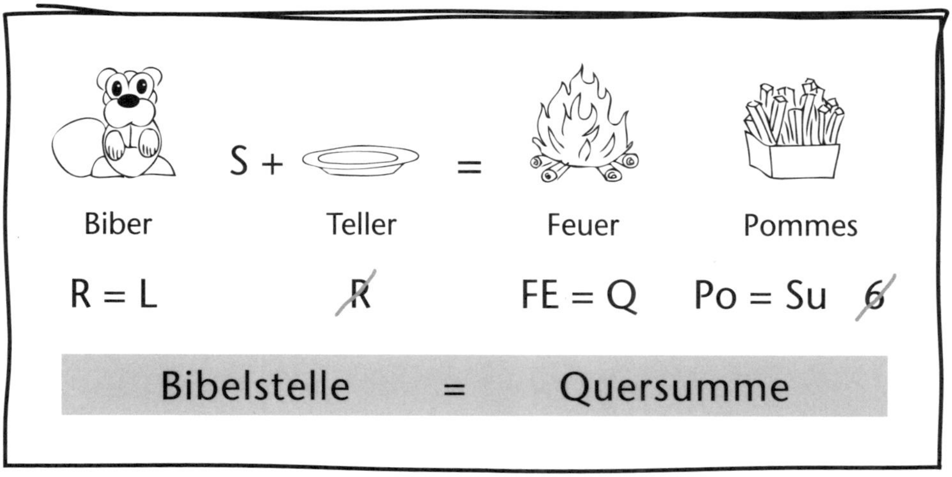

Hier muss also die Bibelstelle vom barmherzigen Samariter gefunden werden (Hinweis auf die Geschichte findet sich auch im Brief wieder). Die Bibelstelle ist Lukas 10,25-37. Die Quersumme und somit der Lösungscode lautet 121.

Die Augenbinde

Die Augenbinde kann mithilfe dieses Codes entfernt werden. Darin sind folgende Gegenstände zu finden: ein Schlüssel und „Hinweis J“. Mit dem Schlüssel kann die Tasche geöffnet werden. „Hinweis J“ weist darauf hin, dass nicht alle Gegenstände, die in der Tasche sind, von Bedeutung sind. Es gibt Rätsel, die nicht gelöst werden müssen. Unbedeutend sind die Rätsel in der Spritze und den Blumen.

Hinweis B: Das Öl

Von links nach rechts gelesen wird folgender Satz lesbar: „In welchem Vers steht ÖL?“ Lesen die Spielerinnen und Spieler im Bibelvers nach, erhalten sie als Antwort: Vers 34. Die Quersumme davon gibt den Lösungscode an: Code = 7.

Hinweis C: Die Satteldecke

Auf der Satteldecke sind in einer der Sonnen fünf Punkte zu erkennen. Ziehen die Spielerinnen und Spieler das Morsecode-Alphabet zu Rate, das sich auf „Hinweis I“ versteckt, finden sie den Code heraus: Code = 5.

Hinweis D: Die Weinflasche

Das Etikett der Weinflasche trägt den Titel „Samarit“. Die Buchstaben S + A + M + A + R + I + T werden anhand ihres Platzes im Alphabet in Zahlen umgewandelt. Dabei ist A = 1, B = 2 usw. Dieses Vorgehen ist aus den Zahlen erschließbar, die am Rand der Grafik zu sehen sind. Die Zahlen werden nun so lange zusammengerechnet und die Quersumme gebildet, bis eine einstellige Zahl herauskommt. Code = 9.

Hinweis E: Die Blumen

Die fehlenden Buchstaben müssen ergänzt werden. Setzt man die eingesetzten Buchstaben wiederum zu einem Wort zusammen, ergibt sich das Wort „Niete“. Das Rätsel ist eine Sackgasse und bringt die Spielerinnen und Spieler nicht weiter.

Das Geldsäckchen

Auf das Geldsäckchen ist ein Morsecode aufgemalt (s. Schritt 8.). Ziehen die Spielerinnen und Spieler das Morsecode-Alphabet zurate, erhalten sie dafür die Lösung: Code = 4.

Hinweis F: Spritze

In der Spritze befindet sich ein Zettel mit einem Morsecode. Lösen die Spielerinnen und Spieler den Code anhand des Morsecode-Alphabets, erhalten sie den Satz: „Das ist nicht die Lösung“. Das Rätsel ist eine Sackgasse und bringt sie nicht weiter.

Hinweis G: Die Herberge

Auf dem Hinweis-Bild befinden sich viele Morsecodes. Relevant ist nur der Morsecode, der mit einer Sonne gekennzeichnet ist: Daraus ergibt sich die Lösung: Code = 8.

Hinweis H: Die Mullbinde

In der Mullbinde befindet sich ein Zettel. Malen die Spielerinnen und Spieler nun die Felder entsprechend der Angaben unter dem Feld aus, ergibt sich die Zahl 3. Dies ist die Lösung für dieses Rätsel.

5	5	5	3	3	5	5	5	3
4	5	4	6	6	6	6	3	3
3	3	5	5	5	5	6	3	4
5	3	4	5	6	6	6	3	4
3	5	4	5	5	5	6	3	3
3	5	5	6	6	6	6	3	3
5	5	5	5	5	5	5	5	3

Die letzten Codes

Ein Hinweis auf die richtige Reihenfolge der Zahlen ergibt sich aus dem Brief. Hier werden die richtigen Gegenstände in der richtigen Reihenfolge genannt: Wein = 9, Öl = 7, Leinen = 3, Esel = 5, Herberge = 8, Bezahlen/Geld = 4. Daraus ergeben sich zwei Lösungscodes: 973 und 584.

7.2 Spielschema

In der folgenden Übersicht ist der Lösungsweg schematisch und kompakt aufgezeigt. Dieses Spielschema ist ausdrücklich keine Aufbauanleitung, sondern dient der Prozessverfolgung, an welcher Stelle sich die Gruppe gerade auf dem Weg zum Ziel befindet. Die verschiedenen Schraffierungen sollen die verschiedenen Arten deutlich machen und dienen der besseren Erkennung.

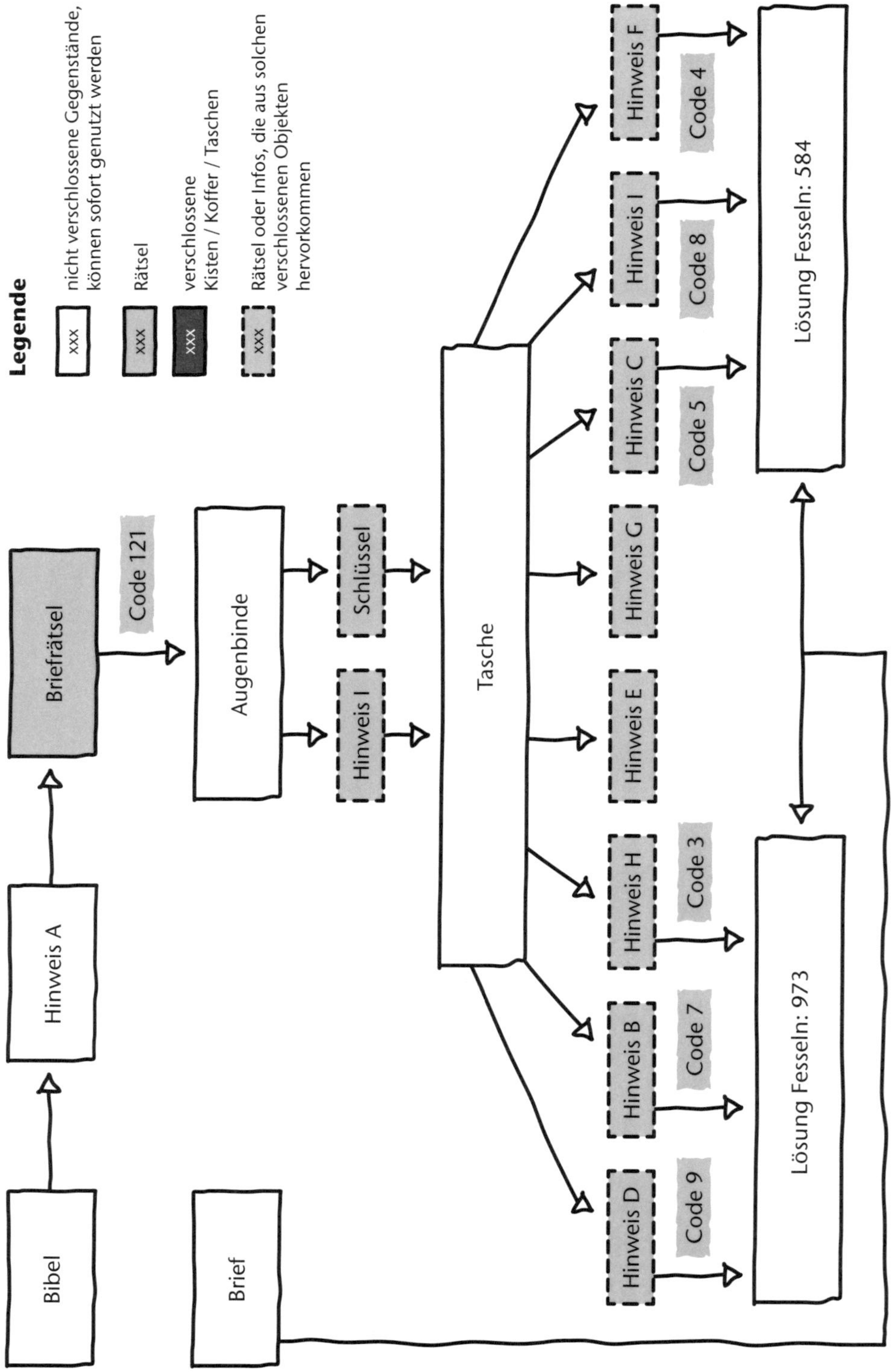
Legende
xxx
nicht verschlossene Gegenstände, können sofort genutzt werden
xxx
Rätsel
xxx
verschlossene Kisten / Koffer / Taschen
xxx
Rätsel oder Infos, die aus solchen verschlossenen Objekten hervorkommen
Bibel
Hinweis A
Briefrätsel
Code 121
Brief
Augenbinde
Hinweis I
Schlüssel
Tasche
Hinweis D
Hinweis B
Hinweis H
Hinweis E
Hinweis G
Hinweis C
Hinweis I
Hinweis F
Code 9
Code 7
Code 3
Code 5
Code 8
Code 4
Lösung Fesseln: 973
Lösung Fesseln: 584

8. Tipps zur Andacht

Bringe der Gruppe Gegenstände mit, die zum Thema Helfen passen: Verbandskasten; Einkaufstüten; Hundeleinen; Bilder von Menschen, die sich umarmen; ein Herz usw.

In unserem Live Escape Game habt ihr versucht, gemeinsam einem Menschen zu helfen. Und wie war das am Ende, als ihr es geschafft habt? Gut, oder? Und wie schade ist es, es nicht geschafft zu haben? Aber ganz schlimm ist es nicht, immerhin habt ihr es ja gemeinsam versucht!

Es gibt ganz viele Möglichkeiten zu helfen. Es gibt natürlich ganz klassisch den Fall, dass sich jemand verletzt hat und der Verbandskasten zum Einsatz kommt. Aber oft sind es doch die kleinen Sachen, wie für jemand einkaufen zu gehen oder mit dem Hund rauszugehen für Nachbarn, die es selbst nicht mehr schaffen. Viele von euch engagieren sich irgendwo ehrenamtlich, schenken Menschen, die es brauchen, ihre Zeit, Geduld, Spaß, Freude. Aber es geht auch noch kleiner: Eine Umarmung, um Trost zu spenden. Und manchmal ist es ganz groß: Man muss seinen ganzen Mut zusammennehmen und sich ein Herz nehmen, um zu helfen, nicht vorbeizugehen, obwohl man Angst hat. Und es ist gut, das zu schaffen!

Impulsfragen

- Wie hat sich die Person gefühlt, die im Spiel blind und gefesselt war?
- Wie ist der Rest der Gruppe damit umgegangen? Wurde die Person beachtet oder nicht?
- Fühlte die Person sich wohl, so gefesselt? Hat die Gruppe sie gut mit eingebunden? Wer hat sich gekümmert?

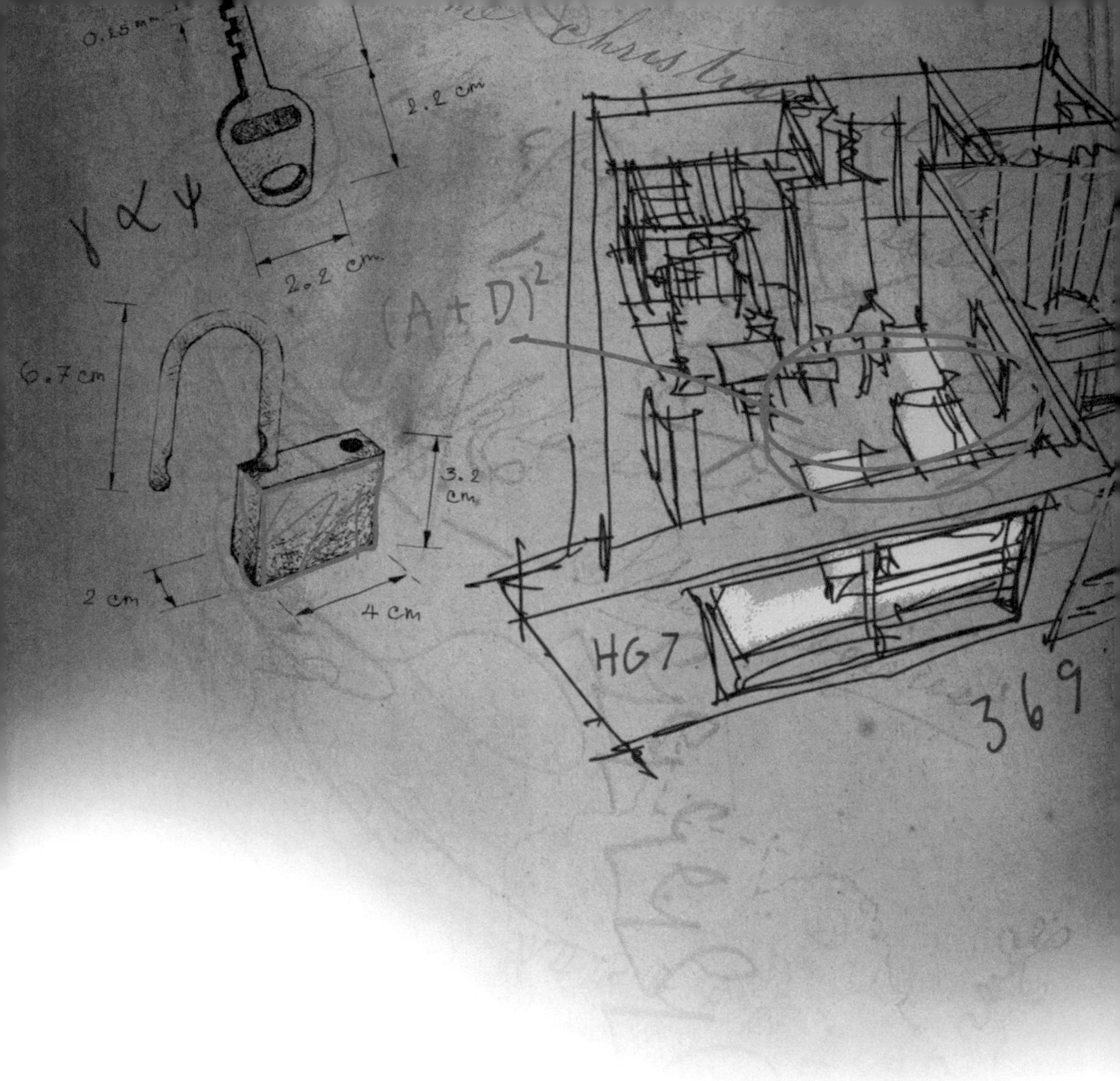

DAS GAME

DIE BEFREIUNG

von Ingo Müller

1. Allgemeine Informationen

Ziel des Spiels:	Die Spielerinnen und Spieler bewegen sich draußen und erfahren dabei etwas über Johannes den Täufer. Außerdem erfahren sie spielerisch ein Befreiungs- und Fluchterlebnis.
Thema:	Johannes der Täufer
Alter:	ab 12 Jahren (oder jüngere Kinder gemischt mit Erwachsenen)
Gruppengröße:	4 – 8 Personen (oder 2 – 4 Erwachsene und Kinder)
Aufgabe:	Befreit Johannes den Täufer – denn er wird sonst enthauptet! Wenn ihr die Tür geöffnet habt, bringt Johannes (die anderen Gefangenen sind zweitrangig) schnell zum Startpunkt (Ort, wo die Einführung war) und damit in Sicherheit, ohne dass die Wärterinnen/Wärter Johannes erwischen und wieder einsperren.
Dauer:	**Erkundigung der Örtlichkeit:** ca. 1 Stunde **Vorbereitung zu Hause:** 1 – 2 Stunden **Aufbau vor Ort:** 1 – 2 Stunden **Spieldauer:** 1 Stunde plus 10 Minuten Einführung und 15 Minuten Auswertung und Andacht
Spielformat:	Outdoor Live Escape Game
Raumanforderungen:	Es wird ein Ort zur Einführung benötigt, der etwas abseits vom eigentlichen Spielort ist. Es sollte keine direkte Sicht auf den Spielort bestehen, da ein Teil der Spielerinnen und Spieler mit einem GPS-Gerät diesen Spielraum erst finden muss. Der eigentliche Spielort sollte eine größere Fläche sein, wo z. B. etliche Bäume stehen. Im Idealfall ergeben vier Bäume die vier Ecken des Spielraumes und innerhalb dieses Spielfeldes gibt es wieder einen Bereich, der sich als Gefängnis absperren lässt.

Spielprofil mit Schlussbemerkung:

●●○ RAUMANFORDERUNG

●●○ VORBEREITUNGSAUFWAND

●●○ WIEDERAUFBAU

●●○ MATERIALAUFWAND

●●○ KOSTEN

●●● IMMERSION

●○○ SUCHEN

●○○ KOMBINIEREN

●●● TEAMWORK

●●●○○ SCHWIERIGKEITSGRAD

Entweder du spielst die Variante mit Erwachsenen und Kindern; dann müssen die Erwachsenen ins Gefängnis und die Kinder befreien sie. Oder du spielst mit einer etwas älteren Zielgruppe ab 12 Jahren, dann kann man die Gruppe aufteilen.

Variante: Das Spiel kann auch als normales Escape Game im Haus stattfinden. Dafür braucht man ebenso einen Ort für die Einführung und einen möglichst großen Raum oder zwei Räume mit einer direkten Verbindung. Die Einführung sollte etwas entfernt vom Spielort stattfinden. Die Indoor-Variante wird im Materialteil und im Kapitel „Indoor-Variante“ noch detaillierter beschrieben bzw. die Änderungen aufgeführt.

2. Herangehensweise

- Zuerst ist es wichtig, dass du dich als Spielleitung näher mit Johannes dem Täufer beschäftigst. Schließlich handelt es sich dabei um die Grundlage dieses Live Escape Games. Überlege dir anschließend, was dir an der Geschichte wichtig ist und welche Botschaft darin steckt, die du den Teilnehmerinnen und Teilnehmern vermitteln möchtest. Du kannst jetzt schon damit beginnen, die abschließende Andacht vorzubereiten. Lies dazu das Kapitel „Tipps zur Andacht“. Dort findest du ein paar Gedanken, die im Zusammenhang mit diesem Spiel und Johannes dem Täufer wichtig sind.
- Nun solltest du dir einen ersten Überblick über die Spielvorbereitungen und den Spielablauf verschaffen. Wirf dazu einen Blick auf die Materialliste und lies die Kapitel „Vorbereitung zu Hause“, „Aufbau vor Ort“ und „Spieldurchführung“.

- Verschaffe dir im Vorfeld einen guten Überblick über das Gelände, auf dem das Spiel stattfinden soll. Der Ort der Einführung sollte so weit vom Spielort entfernt sein, dass dieser wirklich erst gefunden werden muss (5 – 10 Minuten Wegstrecke mit GPS-Gerät wären ideal)!
- Besorge sämtliche Materialien, die auf der Liste stehen. Im Idealfall sprecht ihr euch im Team zwei Wochen vorher ab, wer welches Material besorgen kann und was noch besorgt werden muss. Einige Gegenstände werden allerdings erst für den Aufbau vor Ort benötigt und sind dort möglicherweise schon vorhanden. Diese Dinge musst du also nicht im Voraus besorgen.
- Wenn du die erforderlichen Materialien besorgt hast, kannst du mit den Vorbereitungen zu Hause beginnen, indem du die Schritte 1. bis 19. befolgst. Vorher solltest du jedoch das Kapitel „Lösungswege“ mit der Erklärung der Rätsel gelesen haben. Die Vorbereitungen fallen nämlich leichter, wenn man weiß, wie die einzelnen Rätsel funktionieren.
- Nach den Vorbereitungen zu Hause kannst du dich um den Aufbau vor Ort kümmern. Wähle einen Raum aus, der die erforderlichen Bedingungen erfüllt, und absolviere die Schritte 20. bis 45. Auch hier gilt: Der Sinn der einzelnen Aktionen ist teilweise erst dann erkennbar, wenn man weiß, wie das Spiel später ablaufen wird.
- Wenn die Vorbereitungen abgeschlossen sind, lies dir noch einmal sorgfältig das Kapitel „Spieldurchführung“ durch. Dann kann es endlich losgehen!
- In diesem Spiel ist die Inszenierung am Anfang und am Ende wichtig, um das Feeling und das Setting, in dem gespielt wird, zu unterstreichen.

3. Materialliste

Manche Materialien können mit einer passenden Idee auch durch etwas anderes ersetzt werden – da gibt es oft viele Optionen. Einige Materialien sind zwingend erforderlich, andere Materialien dienen nur dem Flair oder der Veranschaulichung. Sie sind nicht notwendig und werden daher extra aufgeführt.

Material, das zwingend erforderlich ist

- ☐ 2 Seile, je ca. 50 m lang
- ☐ 2 Sandalen
- ☐ mehrere alte Schuhe
- ☐ 1 Kasten mit 12 PET-Wasserflaschen
- ☐ 1 Spaten
- ☐ 1 sauberes, leeres Honigglas
- ☐ 2 gelbe Plastikverpackungen aus dem Inneren eines Überraschungseis
- ☐ 3 verschiedene Arten von Holzstöcken oder Steinen, auf die man mit Edding zeichnen kann; 4 Stück je Sorte
- ☐ 8 Holzstäbe, ca. 50 cm lang (für die Markierungen an den vier Ecken)
- ☐ 1 GPS-Gerät (eine Anleitung zu deinem Gerät findest du auf der Hersteller-Website)
- ☐ 1 Seil fürs Gefängnis, ca. 30 m lang

- ☐ stabile und reißfeste Schnur für die Fesseln (so viele, wie Personen im Gefängnis sind), je ca. 1,5 m lang
- ☐ Stecknadeln oder Klebeband, um Zettel an Bäumen zu befestigen
- ☐ 3 Klemmbretter mit Papier
- ☐ Stifte
- ☐ Schlösser:
  - 4 Zahlenschlösser mit 3-stelligem Zahlencode
  - 2 Vorhängeschlösser mit unterschiedlichen Schlüsseln (davon muss ein Schlüssel so dick sein, dass er nicht durch die Öffnung eine PET-Wasserflasche passt)
- ☐ 1 Verrriegelungshaspe (s. Kapitel „Materialempfehlungen")
- ☐ 1 UV-Taschenlampe mit Batterien
- ☐ 1 Kiste (die man im Boden eingraben und gut wieder ausgraben kann)
- ☐ 1 BasisBibel
- ☐ 4 kleine Seile, ca. 1,5 m lang, um Personen aneinanderzufesseln
- ☐ mehrere Kugelschreiber
- ☐ 1 Wecker/Stoppuhr o. Ä.

Material, das nur bei der Vorbereitung zu Hause benötigt wird

- ☐ 1 (Farb-)Drucker
- ☐ 1 Computer
- ☐ 1 UV-Stift (z. B. edding 8280, farblos)
- ☐ 1 Permanent-Marker
- ☐ 1 Cutter-Messer
- ☐ Klebeband (breit)
- ☐ Schmirgelpapier
- ☐ 1 Schere
- ☐ Schnur

Material, das aus dem Downloadbereich benötigt wird

- ☐ Seilmarkierungen
- ☐ Namenskärtchen (auf etwas dickerem Papier, mehrmals für jede Person)
- ☐ 12x Etikett
- ☐ Steckbrief der Tiere
- ☐ Hinweise oder Angepasste Hinweise für die Indoor-Variante
- ☐ Zeichenalphabet
- ☐ Raum finden
- ☐ Landkarte

Material, das nur optional benötigt wird

- ☐ 1 weitere Mitarbeiterin / weiteren Mitarbeiter für die Rolle des Gefängniswärters
- ☐ Gefängniswärter-Verkleidung
- ☐ Gitterdraht für Gefängnis
- ☐ Sirene, z. B. über ein Megafon
- ☐ Laminiergerät und Folien (zum Haltbarmachen der Materialien)
- ☐ Krepp-Klebeband
- ☐ Flatterband
- ☐ rot-weißes Absperrband (zum Abtrennen von Bereichen, die nicht zum Spiel gehören)

Zusatzmaterial, wenn man das Spiel in der Indoor-Variante spielt

- ☐ 1 Tasche
- ☐ 12 Gegenstände für die Zeichen des Zeichenalphabets
- ☐ 2 Räume mit direkter Verbindung zueinander
- ☐ 2 kleine Seile fürs Gefängnis
- ☐ 2 Stühle oder andere massive Gegenstände

Material, das wegfällt, wenn man das Spiel in der Indoor-Variante spielt

- ☐ 1 Kiste (die man im Boden eingraben und gut wieder ausgraben kann)
- ☐ 1 Spaten
- ☐ Stecknadeln oder Klebeband, um Zettel an Bäumen zu befestigen
- ☐ 1 GPS-Gerät

4. Vorbereitung zu Hause

1. Erstelle dir eine persönliche Materialliste anhand der angegebenen Liste und besorge alle Materialien.
2. Drucke alle nötigen Seiten aus (s. Downloads).
3. Bringe die Markierungen aus dem Dokument „Seilmarkierungen" (s. Downloads) an den jeweiligen Enden der zwei 50 m langen Seile an.
4. Schreibe auf eines der Namenskärtchen (s. Dokument „Namenskärtchen" in den Downloads) in das obere Feld mit dem UV-Stift „Johann3s d3r Täuf3r" und lege die Namenskärtchen abgezählt auf die Seite. Achte darauf, wie viele Runden das Spiel gespielt wird. Pro Runde brauchst du neue Namenskärtchen. Insgesamt brauchst du für jede Runde ein Namenskärtchen pro Spielerin/Spieler.
5. Schreibe mit dem Permanentmarker auf eine (der zwei) Sandalen 316. Auf die anderen Schuhe schreibst du jeweils auch einen Code. Der kann frei erfunden sein, darf nur nicht einem vorhandenen Code entsprechen (also nicht 333, 380, 316 oder 813).
6. Entferne die Banderole von den PET-Flaschen und bringe bei jeder Flasche das neue Etikett (s. Dokument „Etikett" in den Downloads) so an, dass man es hoch und runter schieben kann, es aber sonst an normaler Position festhält. Am besten geht das mit einem entsprechend zugeschnittenen, laminierten Papier und mit durchsichtigem, breitem Klebeband.
7. Schiebe bei einer Flasche das neue Etikett hoch und schneide mit dem Cutter-Messer ein Loch in die Flasche, welches so groß ist, dass der dickere Schlüssel in die Flasche passt, dieser aber nicht durch die normale Öffnung am Flaschenhals herausfallen kann. Achte darauf, dass keine scharfe Kante entsteht, an der man sich schneiden kann. Diese kannst du mit Schmirgelpapier abschleifen. Schiebe danach die Banderole wieder über die Öffnung.
8. Schneide das Dokument „Steckbriefe der Tiere" (s. Downloads) auseinander.
9. Schneide die Hinweise im Dokument „Hinweise" (s. Downloads) auseinander.
10. Klebe den Hinweis „Benutze die Schaufel dort, wo die zwei Seile sich kreuzen!" an den Handgriff des Spatens.
11. Lege den Hinweis „Welches Tier isst wilden Honig und Heuschrecken wie Johannes der Täufer" in das Honigglas.
12. Rolle den Hinweis „Wer von euch Johannes der Täufer ist, findet ihr heraus durch eine geheime Notiz auf dem entsprechenden Namensschild!" zusammen und lege ihn in die gelbe Plastikverpackung eines Überraschungseis.
13. Das Gleiche machst du mit dem Hinweis „Versucht euch mit einem kleinen Trick aus der gefesselten Situation zu befreien!".

14. Nimm nun die drei Arten von Hölzern oder Steinen und male mit dem Permanentmarker die Zeichen vom Dokument „Zeichenalphabet" (s. Downloads) auf eine gut sichtbare Stelle. Du brauchst je Art vier Zeichnungen.
    » Sorte 1: A, C, H, T
    » Sorte 2: E, I, N, S
    » Sorte 3: D, R, E, I

15. Lege die restlichen Hinweise zur Seite. Sie werden direkt vor Ort versteckt oder von dir als Hinweis zum Verteilen gebraucht.

16. Lege dir die Seile zum Fesseln zurecht und teste das Vorgehen einmal mit einer weiteren Person. Da du die Lösung kennst, solltest du dich zurückhalten und die andere Person probieren lassen. Um anderen bei der Lösung zu helfen, ist es wichtig, es einmal richtig erlebt und gesehen zu haben.

17. Lege zwei der acht Holzstäbe als X übereinander. Verknote nun diese Holzstäbe mit einer Schnur so miteinander, dass die Holzstäbe als X festhalten und du diese später mit der Restschnur in einen Baum hängen kannst. Alternativ kannst du die vier Ecken mit beschriftetem Krepp-Klebeband mit den Zahlen 1, 2, 3 und 4 markieren und die Seil-Enden dann ebenso nur mit 1, 2, 3 und 4 markieren.

18. Baue drei weitere dieser X-Konstruktionen. Schreibe nun mit dem Permanentmarker auf je davon:
    » links oben
    » links unten
    » rechts oben
    » rechts unten

19. Stelle die vier Zahlenschlösser auf ihre Kombinationen ein und markiere dir mit einem beschrifteten Klebeband, welches Schloss welchen Code hat:
    » 333
    » 380
    » 316
    » 813

5. Aufbau vor Ort

Freie Spielfläche

20. Bestimme die vier Ecken des Spielraumes. Hänge in die jeweiligen vier Ecken die passenden X-Holzkonstruktionen mit den Eckbezeichnungen. Achte beim Verstecken der Utensilien darauf, dass sie innerhalb des Raums liegen und nicht außerhalb angebracht werden.

21. Ermittle nun die Koordinaten, die in der Mitte dieses Raums liegen und notiere die entsprechenden Daten mit einem Permanentmarker auf dem Dokument „Raum finden" (s. Downloads).

22. Gehe nun zu dem Ort, wo die Einführung stattfinden soll und laufe einmal mit dem GPS-Gerät den Weg probeweise ab.

Gefängnis

23. Lege nun das Gefängnis mit dem Seil an. Wichtig dafür ist, dass die beiden Seil-Enden in die Verriegelungshaspe passen müssen und das Seil noch etwas gespannt sein soll.
24. Optional: Um das Gefängnis realistischer zu machen, kannst du nun den Bereich mit dem Gitterdraht umranden.
25. Lege das Klemmbrett mit einem Zettel und einem Stift in das Gefängnis. So können sich die Gefangenen Notizen machen.
26. Bringe nun die ganzen Schlösser an der Schnittstelle an:
    » Schloss mit normalem Schlüssel
    » Schloss mit dickerem Schlüssel
    » Zahlenschlösser mit Codes (s. Schritt 19.)
27. Verdrehe die Kombinationen aller Zahlenschlösser, schließe die Vorhängeschlösser zu und ziehe die Schlüssel ab.

Freie Spielfläche

28. Deponiere den dickeren Schlüssel in der präparierten Flasche. Öffne dafür die geheime Öffnung hinter der Banderole und ziehe die Banderole wieder an die richtige Stelle.
29. Teste noch einmal mit der UV-Taschenlampe, ob das präparierte Namenskärtchen auch wirklich dabei ist.
30. Verstecke nun den Kasten mit dem „Taufwasser" (die Wasserflaschen mit den neuen Etiketten) von Johannes im freien Spielfeld.
31. Lege den dünneren Schlüssel und die UV-Taschenlampe in die Kiste.
32. Um die Position des Verstecks der Kiste zu ermitteln, nimmst du die Seile mit den Markierungen und legst sie entsprechend von Ecke zu Ecke aus. An dem Punkt, wo die Seile sich kreuzen, vergräbst du die Kiste leicht unter dem Boden und verdeckst den Boden wieder, sodass die Stelle nicht mehr auffällt. Versuche dir den Ort ungefähr zu merken, z. B.: drei Schritte von diesem Busch aus in diese Richtung.
33. Jetzt kannst du die markierten Seile wieder zusammenwickeln und in den freien Spielraum legen. Du kannst die Seile auch leicht verstecken. Gut ist, wenn eins vom Gefängnis aus zu sehen ist, aber nicht unbedingt für die Befreierinnen/Befreier.

34. Den Spaten steckst du im Spielfeld an einer anderen Stelle in den Boden.
35. Die markierten Schuhe und Sandalen verteilst du auf dem freien Spielfeld.
36. Bis auf zwei Steckbriefe der Tiere hängst du alle mit Stecknadeln oder mit Klebeband an verschiedenen Stellen im Spielraum verteilt auf. Achte dabei ggf. auf die Höhe, damit auch Kinder diese gut lesen können.
37. Verstecke die gelbe Plastikverpackung aus dem Überraschungsei mit dem Hinweis „Wer von euch Johannes der Täufer ist, findet ihr heraus durch eine geheime Notiz auf dem entsprechenden Namensschild!" auf dem Spielfeld.
38. Das Dokument „Landkarte" (s. Downloads) versteckst du ebenfalls auf dem Spielfeld.
39. Verstecke die drei verschiedenen Holz- bzw. Steinarten mit den Zeichen darauf je zusammen auf dem Spielfeld.

Gefängnis

40. Die zwei übrigen Steckbriefe der Tiere hängst du mit Stecknadeln oder mit Klebeband an verschiedenen Stellen im Gefängnis auf. Achte dabei ggf. auf die Höhe, damit auch Kinder diese gut lesen können.
41. Das Honigglas versteckst du im Gefängnis.
42. Verstecke die Bibel im Gefängnis.
43. Verstecke ebenso die gelbe Plastikverpackung aus dem Überraschungsei mit dem dem Hinweis: „Versucht euch mit einem kleinen Trick aus der gefesselten Situation zu befreien!" im Gefängnis.
44. Das Dokument „Zeichenalphabet" versteckst du auch im Gefängnis.

Einführungsort

45. Lege folgende Dinge an dem Ort ab, wo die Einführung stattfindet:
    » mehrere Kugelschreiber
    » Namenskärtchen
    » langes Seil bzw. Flatterband
    » GPS-Gerät
    » Seile für die Fesselung

Wiederaufbau

Für den Wiederaufbau für eine neue Spielrunde müssen alle Schritte „Aufbau vor Ort" 20. bis 45. noch einmal durchgegangen werden. Das dauert 15 – 25 Minuten. Denke beim Wiederaufbau auch an neue Namenskärtchen. Auf einem muss in Geheimschrift folgendes stehen: „Johann3s d3r Täuf3r".

6. Spieldurchführung

6.1 Anmoderation

Erklärung für die Spielenden

Ein Live Escape Game lässt sich mit vier Begriffen erklären: ein Raum – ein Team – eine Aufgabe – eine Stunde Zeit. Man hat als Team 60 Minuten Zeit, um verschiedene Rätsel zu entschlüsseln und die Aufgabe zu lösen. Dazu ist es notwendig, viele Hinweise richtig zusammenzubringen. Die Aufgaben und Rätsel lassen sich nach einem einfachen Prinzip lösen: suchen, sammeln, kombinieren und anwenden.
Ihr nehmt als Team die Rolle der Gefangenen und der Befreierinnen/Befreier ein. Ihr müsst versuchen, euch zu befreien bzw. Johannes den Täufer vor der Enthauptung zu bewahren. Sobald ihr ihn befreit habt, müsst ihr so schnell wie möglich zurücklaufen, ohne dass die Wärterin / der Wärter Johannes wieder erwischt. Gleich müsst ihr irgendwo anfangen. Dann ist es wie bei einer Schnitzeljagd: Ihr folgt als Team den Hinweisen und setzt verschiedene Dinge zusammen, um das große Rätsel zu lösen.
Viel Spaß und Freude beim Öffnen von Kisten und Finden von Geheimnissen!

Regeln

- Die Aufgaben und Rätsel sind ohne Gewalt lösbar. Ihr müsst nichts demontieren oder mutwillig auseinandernehmen.
- Schlösser werden mittels Schlüssel oder Codes geöffnet und nicht „geknackt" oder durch Herumprobieren geöffnet, es sei denn, es sind z. B. die Zahlen bekannt, aber nicht die Reihenfolge.
- Lasst bitte geöffnete Schlösser ggf. mit Schlüssel einfach hängen.
- Alles, was durch Klebeband festgeklebt oder anderweitig fixiert ist, soll an diesem Ort bleiben!
- Mit rot-weißem Band markierte Bereiche dürfen nicht betreten bzw. die Gegenstände dürfen nicht berührt werden – sie gehören nicht zum Spiel.
- Ihr dürft parallel arbeiten, ihr müsst also nicht immer alle dasselbe machen, sondern ihr könnt euch auch aufteilen.
- Die Nutzung eigener technischer Hilfsmittel ist verboten!
- Ebenso das Anfertigen von Foto-, Video- oder Audioaufnahmen. Bewahrt das Geheimnis, damit sich bei einem solchen Spiel nicht die Lösung verbreitet.
- Es darf nichts vom Gefängnis nach draußen oder von draußen ins Gefängnis gereicht werden. Sprechen, zeigen o. Ä. sind erlaubt.
- Ihr habt 60 Minuten Zeit. Ich stoppe für euch die Zeit und erinnere euch zwischendurch daran. (Gemeinsam runterzählen und den Wecker / die Stoppuhr einstellen.)

Aufgabe

Befreit Johannes den Täufer – denn er wird sonst enthauptet! Wenn ihr die Tür geöffnet habt, bringt Johannes (die anderen Gefangenen sind zweitrangig) schnell zum Startpunkt (Ort der Einführung) und damit in Sicherheit, ohne dass die Wärterinnen/Wärter Johannes erwischen und ihn wieder einsperren.

Story und Regieanweisungen für den Start

Wir befinden uns in einer Zeit voller Unruhen: Es gibt viel Wirbel um einen Mann namens Johannes. Man nennt ihn auch Johannes den Täufer. Denn das ist es, was er macht: Er ruft Menschen zur Umkehr auf: „Leute, ändert euer Leben! Gott will euch alles vergeben, was bei euch schiefläuft. Also kehrt um zu ihm und lasst euch als Zeichen dafür taufen!" Johannes tauft viele Menschen und er weist auf Jesus, den Retter, den Messias, hin. Viele finden das gut und werden seine Anhängerinnen und Anhänger. Aber natürlich gibt es auch jene, die sich darüber ärgern, dass Johannes die Missstände im Land offen anspricht. Unangenehme Dinge, Dinge, die am liebsten unter den Teppich gekehrt werden. Jetzt will man seinen Kopf! Johannes soll verhaftet und enthauptet werden, um so dem Aufruhr ein Ende zu machen.

Die Sirene ertönt, die verkleidete Wärterin / der verkleidete Wärter kommt herein: „Ich habe einen Haftbefehl für ... (Namen der freiwilligen Gefangenen nennen). Mit sofortiger Wirkung werdet ihr wegen Hochverrats verhaftet. Hier sind eure Haftbefehle. (Namenskärtchen geben) Steckt sie ein und tragt sie immer bei euch!" Die Wärterin / der Wärter geht gemeinsam mit den freiwilligen Gefangenen zum Spielfeld vor, unterwegs werden ihnen die Regeln genannt:

- Jede Person, die gefesselt wird, soll vorher noch ihr Namenskärtchen ausfüllen, um sich jederzeit im Gefängnis identifizieren zu können.
- Jetzt werden je zwei Personen, die ins Gefängnis kommen, aneinandergefesselt.

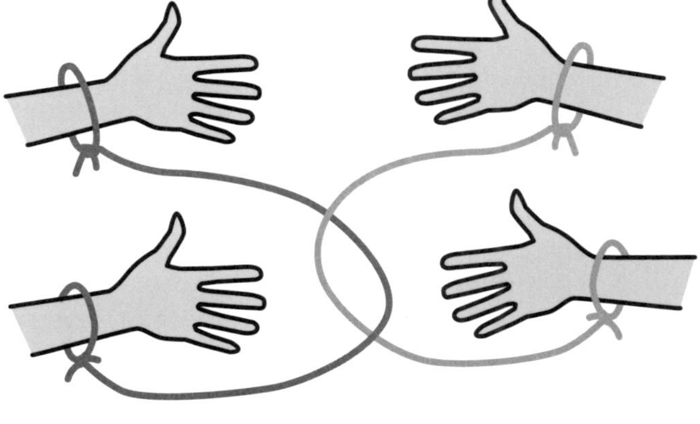

- Nun werden sie von der Wärterin / vom Wärter ins Gefängnis gebracht.
- Sobald sie eingesperrt sind, sagt die Wärterin / der Wärter noch: „Seid ja schön lieb zueinander, für Johannes sind es die letzten 60 Minuten, die ihm nach der Verurteilung bis zur Enthauptung noch bleiben. Sie sollen doch noch schön für ihn sein. Hahaha. Also Füße stillhalten, ihr seht bald das Jenseits."
- Während die Gefangenen ins Gefängnis gebracht werden, werden die anderen mit dem GPS-Gerät vertraut gemacht und dazu motiviert, sich auf die Suche zu machen. Nach ca. 5 Minuten kann die Gruppe aufbrechen und die Zeit läuft.
- Du motivierst sie nochmal abschließend: „Los, beeilt euch! Findet den Spielraum und das Gefängnis. Befreit Johannes und bringt ihn schnell hierher zurück, damit er nicht verurteilt und enthauptet wird."

Erklärung des Spielziels für die Befreierinnen und Befreier

- Ihr nehmt nun die Rolle der Befreierinnen/Befreier ein. Euer Ziel ist es, eure Leute und Johannes aus dem Gefängnis zu befreien und in Sicherheit zu bringen, bevor es zu spät ist.
- Dazu müsst ihr gleich die vorhandenen Hinweise suchen, finden und richtig kombinieren, um alle Rätsel zu lösen und somit das Gefängnis zu öffnen.
- Wenn ihr das geschafft habt, bringt ihr Johannes so schnell wie möglich hierher zurück, bevor die Gefängniswärterin / der Gefängniswärter euch erwischt und ihn sich wieder schnappt.

Regeln kurz

- nichts kaputt machen – alles ist ohne Gewalt lösbar
- alles Festgeklebte/Festgesteckte bleibt am Ort hängen
- Codes nicht raten
- keine anderen Hilfsmittel
- Mitarbeiterin/Mitarbeiter kann ab und zu Tipps geben
- Gefängnis: reden ist erlaubt, Gegenstände austauschen nicht

Story und Regieanweisungen für das Finale

- Sobald die sechs Schlösser offen sind, müssen die Spielerinnen und Spieler versuchen, Johannes den Täufer zum Ort der Einführung zu bringen.
- In dem Moment, wenn das letzte Schloss offen ist, wirst du als Spielleitung zur Gefängniswärterin / zum Gefängniswärter bzw. kommt die Wärterin / der Wärter zurück. Es ertönt die Sirene oder du rufst laut: „Alarm, Alarm!" und zählst langsam „5, 4, 3, 2, 1 – schnappt die Gefangenen!" Dann versucht die Wärterin / der Wärter so viele Spielerinnen und Spieler zu fangen, wie ihr/ihm möglich ist. Evtl. ist sogar Johannes dabei. Dann wäre die Gruppe gescheitert.
- Falls es eine neutrale Spielleitung gibt, versucht sie die Gruppe anzufeuern: „Schnell, beeilt euch! Bringt Johannes in Sicherheit, sonst verliert er seinen Kopf! Achtung, sie kommen immer näher!"

6.2 Das Team begleiten – Tipps

- Der Rollentausch bzw. die unterschiedlichen Rollen im Spiel sollten deutlich sichtbar sein. Du erklärst und gibst Hinweise als neutrale Person. Wenn du die Gefangenen abführst und später als Wärterin/Wärter versuchst, die Gefangenen wieder einzufangen, sollst du als Wärterin/Wärter erkennbar sein. Das kannst du beispielsweise über eine entsprechende Kopfbedeckung oder eine andere Art von Verkleidung machen.
- Die Spielleitung nimmt den Gefesselten die Fesseln komplett ab, wenn sie gelöst wurden und die Gefangenen nicht mehr aneinandergefesselt sind.
- Im Dokument „Hinweise“ (s. Downloads) findest du zwei Hinweise für die gefesselten Personen im Gefängnis. Zusätzlich findest du im Dokument auch noch eine Kurzbeschreibung der Lösung, falls du denkst, der Gruppe noch mehr helfen zu müssen. Jedoch muss die Gruppe den Fesseltrick nicht gelöst haben, um Johannes in Sicherheit zu bekommen.
- Viele Gruppen werden sehr erfinderisch, wie sie die Wärterin / den Wärter davon abhalten können, Johannes den Täufer zu jagen. So kommen manche Gruppen auf die Idee, die Wärterin / den Wärter selbst zu fesseln, anzulügen usw.

6.3 Spielablauf

- Du erklärst das Spielprinzip und die Regeln.
- Du stellst die Aufgabe anschaulich vor.
- Du verteilst die Namenskärtchen (sei dir sicher, dass die präparierte Karte dabei ist) und lässt die Spielerinnen und Spieler ihre persönlichen Namen aufschreiben.
- Die Wärterin / der Wärter fesselt die Gefangenen vor den anderen, führt sie ab und erklärt ihnen unterwegs die Fesselaufgabe.
- Währenddessen oder danach (je nach Anzahl der Mitarbeiterinnen und Mitarbeiter) wird dem Befreiungstrupp das GPS-Gerät erklärt.
- Du stellst den Wecker / die Uhr und das Spiel beginnt.
- Die zweite Gruppe sucht den Raum, in dem das Gefängnis und der Rest der Gruppe ist.
- Die spezifischen Rätselelemente müssen gelöst werden.
- Sobald die sechs Schlösser offen sind, beginnt das Finale.

6.4 Spielende

- Andacht
- Auswertungsrunde
- Foto zum Schluss

7. Lösungswege

7.1 Beschreibung der Rätsel

Fesseltrick

Führe einen Teil deines Seils durch die Handschlaufe deiner Partnerin / deines Partners.

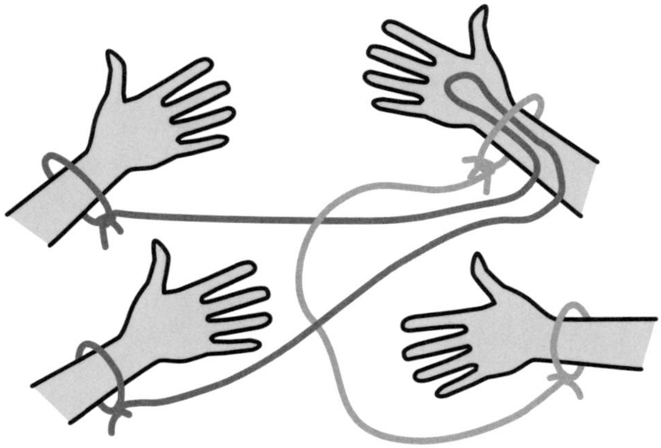

Öffne nun die durchgezogene Schlaufe und ziehe diese über die Hand deiner Partnerin / deines Partners.

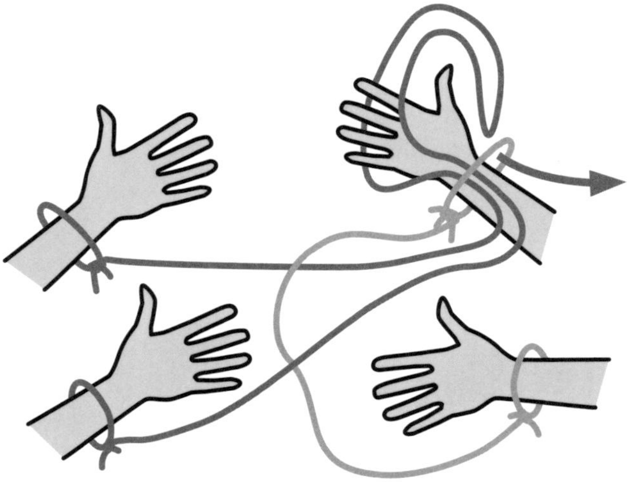

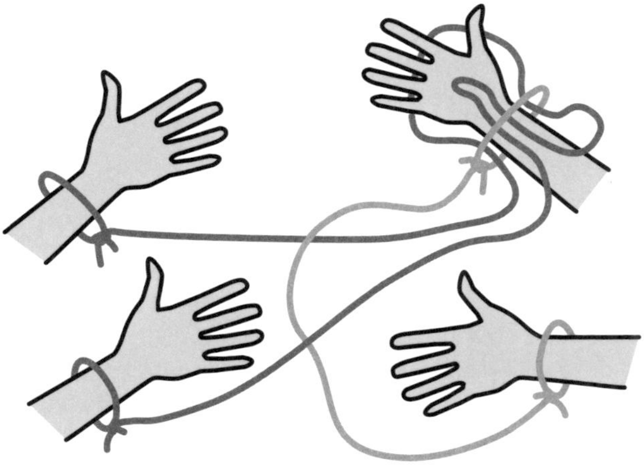

Nun ziehst du deinen Strick wieder aus der Handschlaufe deines Partners heraus.

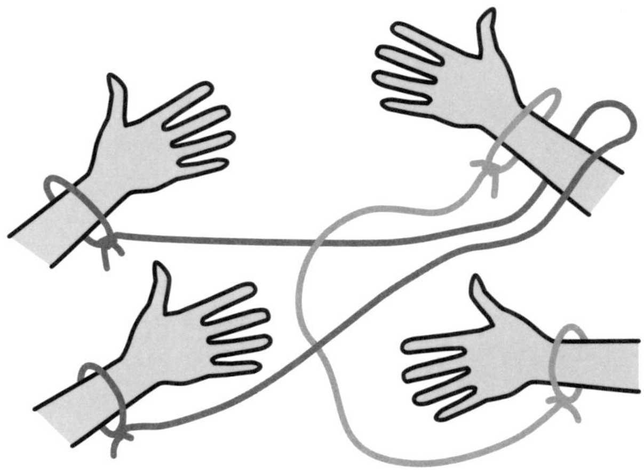

Ort bzw. Spielraum finden

Mithilfe des Dokuments „Anleitung für das GPS-Gerät" gibt die Gruppe die Koordinaten in das GPS-Gerät ein und lässt sich zu dem entsprechenden Ort führen. Nachdem die Gruppe den Ort gefunden hat, sieht sie schon ziemlich viel, muss aber erst noch wissen, wie groß der Raum eigentlich ist und muss daher die vier X-Holzkonstruktionen, die an den Bäumen hängen, finden und sich so die Größe des Spielfelds erschließen. Es ist legitim, dass ein Teil der Gruppe schon anfängt, Dinge zu suchen und ein anderer Teil die drei weiteren Ecken des Spielraumes ermittelt oder sie sich noch gar nicht den Raum erschließen.

Eingegrabene Kiste mit Schlüssel

Die zwei markierten Seile sollen jeweils diagonal von einer Ecke zur diagonal gegenüberliegenden Ecke des Raumes gelegt werden – das erschließt sich die Gruppe über die an den Seil-Enden befestigten Markierungen. Wenn sie dies mit beiden Seilen gemacht hat, kreuzen sich die zwei Seile an einer Stelle. Je nach Hindernissen in dem Gelände muss das nicht zwangsläufig die Mitte sein. Dort, wo die Seile sich kreuzen, ist der Ort, an dem die kleine Kiste vergraben ist (s. Schritt 32.). Die Spielerinnen und Spieler müssen die Kiste mithilfe des Spatens ausgraben und finden darin die UV-Taschenlampe und einen Schlüssel. Der Schlüssel passt in eines der Schlösser an der Verriegelungshaspe. (Wichtig ist, dass dies der dünnere Schlüssel ist.) Die UV-Taschenlampe ist wichtig für das nächste Rätsel.

Präpariertes Namenskärtchen

Die meisten Rätsel kann man in unbestimmter Reihenfolge oder sogar parallel lösen. Dieses hier jedoch kann man erst lösen, wenn die Kiste ausgegraben und die UV-Taschenlampe gefunden wurde. Dazu braucht die Gruppe den Hinweis „Wer von euch Johannes der Täufer ist, findet ihr heraus durch eine geheime Notiz auf dem entsprechenden Namensschild." Dafür holen die Gefangenen ihre Namenskärtchen heraus und halten sie zum Ableuchten den freien Spielerinnen und Spielern hin, denn die Taschenlampe darf ja nicht in das Gefängnis gegeben werden und die Kärtchen nicht ins Freie. Auf einem Namenskärtchen steht dann: „Johann3s d3r Täuf3r". Damit ist klar, welche Person am Ende gerettet werden muss. Zusätzlich bekommt das Team noch den Zahlencode 333.

Steckbriefe der Tiere

Durch den Hinweis „Welches Tier isst wilden Honig und Heuschrecken wie Johannes der Täufer?" wird die Gruppe automatisch auf die Steckbriefe der Tiere gelenkt. Diese Steckbriefe enthalten viele unwichtige Informationen. Entscheidend sind die Nahrungsmittel „wilder Honig" und „Heuschrecken" in der jeweiligen Auflistung. Die Tiere Spitzmaus, Fuchs und Wildschwein essen tatsächlich je beides. Einige andere nur eins von beidem. Durch die drei richtigen Tiere bekommt das Team drei Zahlen mit je einer Angabe, wo die Zahl stehen soll:
Fuchs: Code 3-X-X
Spitzmaus: Code X-8-X
Wildschwein: Code X-X-0
Wenn man nun nur die Zahlen an der jeweiligen Stelle liest und die „X" durch die jeweiligen Zahlen ersetzt, ergibt sich der Code 380.
Hinweis: Der Bär wird oft auch in Betracht gezogen. Er ist Fleischfresser, jedoch isst er nicht explizit Heuschrecken.

Landkarte

Auf der Landkarte ist unterhalb der Positions-Markierung ein kleiner Hinweis: Lukas 3,16. Wenn die Spielerinnen und Spieler diese Bibelstelle in der Bibel nachschlagen, lesen sie Folgendes: „Johannes erklärte ihnen: ‚Ich taufe euch mit Wasser. Aber es kommt einer, der ist mächtiger als ich. Ich bin nicht einmal wert, ihm die Riemen seiner Sandalen aufzuschnüren. Er wird euch mit Heiligem Geist und mit Feuer taufen'" (Lk 3,16 BB). Spätestens bei dem Wort „Sandalen" fällt den Spielerinnen und Spielern ein, dass sie viele Schuhe gefunden haben. Auf diesen Schuhen steht je ein Code. Wenn sie sich nicht durchprobiert haben, dann ist das Wort „Sandale" die Hilfe, diesen Code auszuprobieren: 316.
Der Code ist die gleiche Zahlenkombination wie die Versangabe der Bibelstelle. Auch so könnte es auf diesen Code kommen. Oder eben, indem es alle Kombinationen der Schuhe an jedem noch geschlossenen Zahlenschloss ausprobiert. Mühsam, aber auch legitim.

Zeichenalphabet

Das Zeichenalphabet zeigt, welches Zeichen für welchen Buchstaben steht. Die entsprechenden Zeichen auf den Hölzern oder Steinen müssen also entschlüsselt und dann in die richtige Reihenfolge gebracht werden. Schwierig daran ist, dass manche Zeichen, je nachdem wie man das Holz oder den Stein hält, einen anderen Buchstaben ergeben, z. B. ist das Zeichen für J und X identisch, wenn man das X falschherum hält. Ebenso ist es bei den Buchstaben B + H + Y – E + P – D + I + M + V – F + Q – K + N – O + S – L + W. Hier müssen die Spielerinnen und Spieler also tüfteln und nach sinnvollen Buchstaben suchen (richtige Kombination s. Schritt 13.).

Taufwasser mit Schlüssel

Wenn die Gruppe den Kasten PET-Flaschen gefunden hat, wird sie vermutlich auch zügig den Schlüssel in einer der Flaschen entdecken. Dieser passt jedoch nicht durch die Flaschenhalsöffnung. Der Schlüssel ist zu dick. Er passt nur durch das versteckte Loch hinter der Banderole (s. Schritt 6. und 7.). Um an den Schlüssel zu kommen, muss die Gruppe also das Etikett der entsprechenden Flasche hochschieben und so den Schlüssel herausholen.

Flucht

Sobald das letzte Schloss offen ist, müssen alle helfen, dass Johannes sicher zum Startpunkt laufen kann, ohne davor von der Wärterin / dem Wärter gefangen zu werden. In dem Moment, in dem das Team das Gefängnis öffnet, ruft die Wärterin / der Wärter laut: „Alarm, Alarm!“ oder betätigt eine Sirene und zählt langsam „5, 4, 3, 2, 1 – schnappt die Gefangenen!“ Dann versucht sie/er, so viele Spielerinnen und Spieler zu fangen, wie ihr/ihm möglich ist. Evtl. ist sogar Johannes dabei. Dann wäre die Gruppe gescheitert. Entscheidend, ob die Gruppe das Spiel gewinnt, ist tatsächlich nur Johannes. Personen aus der Gruppe können sich also opfern oder versuchen, die Wärterin / den Wärter aufzuhalten. Allerdings sollte die Wärterin / der Wärter sein Insiderwissen durch die Spielbegleitung nicht nutzen, um direkt auf Johannes zuzugehen. Die Spielerinnen und Spieler sollen vor allem das Gefühl haben, sie müssten fliehen und sich beeilen, damit sie gewinnen. Es geht also weniger darum, den Sieg des Teams zu verhindern, sondern mehr um Dynamik und einen emotionalen Abschluss.

7.2 Spielschema

In der folgenden Übersicht ist der Lösungsweg schematisch und kompakt aufgezeigt. Dieses Spielschema ist ausdrücklich keine Aufbauanleitung, sondern dient der Prozessverfolgung, an welcher Stelle sich die Gruppe gerade auf dem Weg zum Ziel befindet. Die verschiedenen Schraffierungen sollen die verschiedenen Arten deutlich machen und dienen der besseren Erkennung.

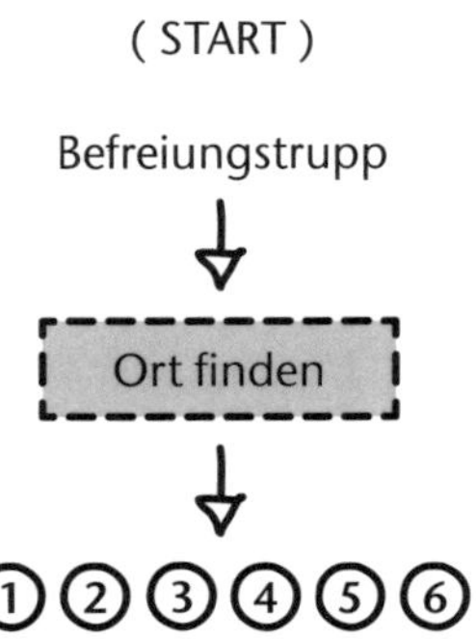

LÖSUNGSSCHEMA

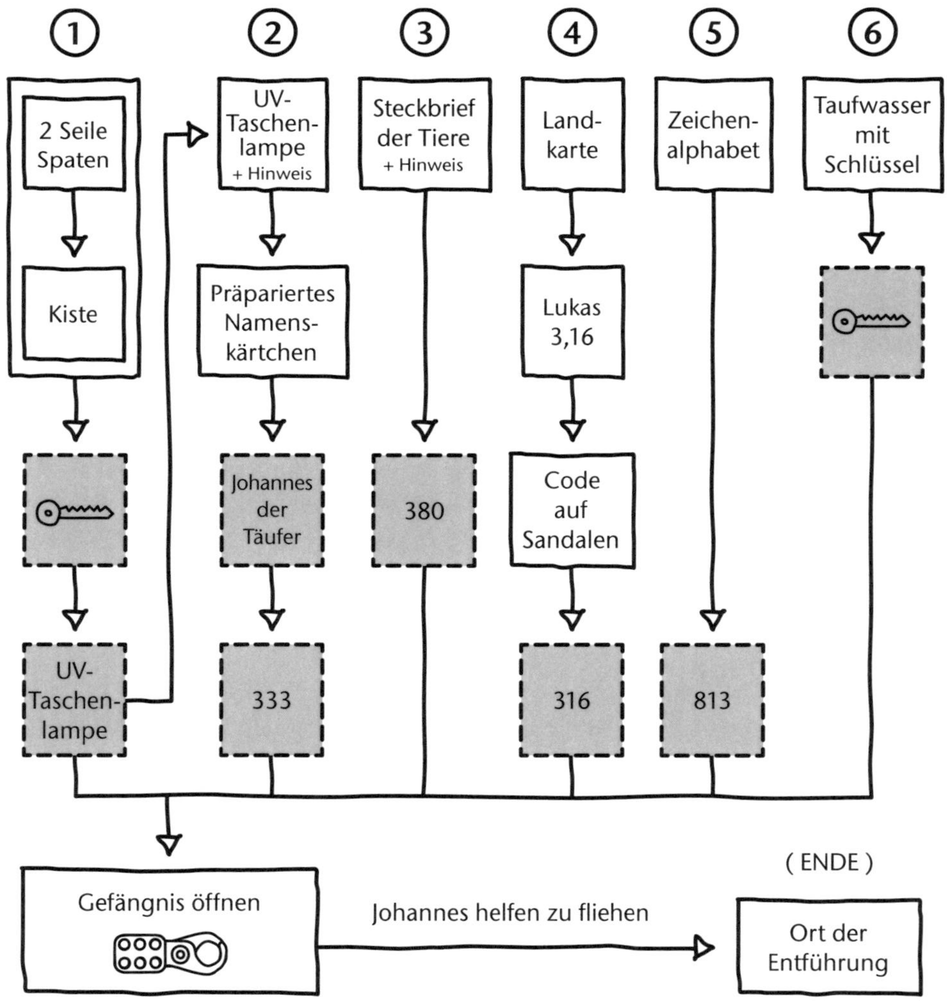

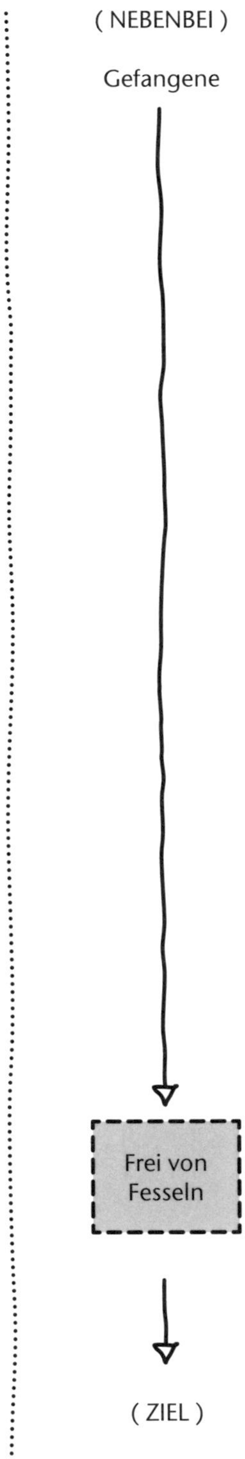

Legende

xxx

nicht verschlossene Gegenstände, können sofort genutzt werden

xxx

Rätsel

xxx

verschlossene
Kisten / Koffer / Taschen

xxx

Rätsel oder Infos, die aus solchen verschlossenen Objekten hervorkommen

Indoor-Variante

Hier ein paar ergänzende Ideen, um dieses Spiel auch drinnen als klassisches Live Escape Game zu spielen:

Es bleibt bei zwei Teams. Es bleibt bei einem Gefängnis. Du startest auch hier an einem neutralen Ort, der einzige Unterschied ist, dass du das freie Team nicht mit GPS-Geräten suchen lässt, sondern sie später auch in den entsprechenden Raum führst. Das Gefängnis ist diesmal nur ein abgetrennter Bereich in einem sehr großen Raum oder ein zweiter mit direkter Verbindung zum ersten. Das Gefängnis muss auch mit der Verriegelungshaspe verschlossen werden. Hierfür ist eine Konstruktion notwendig. Je nach Gegebenheiten der Raumverbindung kann man hier auch zwei kleine Seile je von der Wand zu der Schnittstelle anbringen. Wenn es dazu keine Möglichkeit gibt, stellt man einen massigen Gegenstand, z. B. einen bzw. zwei Stühle, neben die Verbindung, sodass man die zwei Seile zwischen die Stühle hängen kann.

Weitere Änderungen für die Indoor-Variante

Ort finden und abstecken

- entfällt komplett (Dauer kann auf 45 – 50 Minuten reduziert werden.)

Eingegrabene Kiste mit Schlüssel

- Die UV-Taschenlampe ist im freien Raum versteckt.
- Wenn man die zwei Seile diagonal durch den Raum legt, dann zeigt die Stelle, wo die Seile sich kreuzen, nicht den Ort an, wo man gräbt, sondern wo man per UV-Taschenlampe eine Kombination für ein Zahlenschloss findet.
- Diese Kombination öffnet dann eine Tasche, die die Kiste ersetzt. Darin ist der Schlüssel versteckt.

Steckbriefe der Tiere

- Die Steckbriefe hängen an den Wänden und nicht an Bäumen.

Zeichenalphabet

- Anstelle von den Hölzern oder Steinen können auch ganz andere Gegenstände verwendet werden. Diese Gegenstände können in beiden Räumen versteckt sein, diesmal auch wild durcheinander.

Flucht

- Das Ziel für die Befreiung von Johannes dem Täufer ist nicht der Ort der Einführung, sondern der Ausgang des Gebäudes. Sobald Johannes draußen vor der Eingangstür ist, hat das Team gewonnen.

8. Tipps zur Andacht

Die Eltern von Johannes lebten so, wie es Gott wollte. Die Mutter von Johannes konnte leider keine Kinder bekommen. Daher war es ein Wunder, dass sie mit Johannes schwanger wurde und ihn zur Welt brachte. Johannes lebte asketisch bis zu seiner Wirkungszeit in der Wüste und aß Heuschrecken und Honig von wilden Bienen. Seine Message ist in Lukas 3,3 gut beschrieben: Lasst euch taufen! Ändert euer Leben! Gott will eure Schuld vergeben!

Viele Menschen ließen sich von Johannes taufen, daher auch sein Name. Er hatte viele Anhängerinnen und Anhänger und war selbst so eine Art jüdischer Prediger. Er forderte die Menschen auf, zu teilen, abzugeben und anderen Gutes zu tun. Johannes machte deutlich, dass er nicht der Christus ist, auf den alle warteten. Er verstand sich eher als Wegbereiter. Er hat auf Jesus hingewiesen. Mit allem, was er tat, wollte er auf Jesus aufmerksam machen. Er sprach davon, dass er nur mit Wasser taufen kann und er es nicht mal wert ist, Jesus die Sandalen aufzumachen.

Johannes durfte Jesus im Jordan taufen. Dort öffnete sich der Himmel und der Heilige Geist fuhr auf Jesus in Form einer Taube herab. Dort stammt der bekannte Bibelvers her: Du bist mein Sohn, dich habe ich lieb, an dir habe ich Freude (vgl. Mk 1,11)!

Weil Johannes die unangenehmen Dinge ansprach, wurde er ins Gefängnis geworfen. Er sollte umgebracht werden. Und später wurde ihm dann tatsächlich der Kopf abgeschlagen. Er war nicht wegen einer Strafe im Gefängnis. Johannes wurde in einem Kerker festgehalten bis zum Prozessbeginn, aber natürlich unter katastrophalen Haftbedingungen. Sein Kopf war am Ende eine Belohnung für einen Tanz.

Johannes hat sein ganzes Leben Jesus zur Verfügung gestellt. Ihm war nichts wichtiger als Jesus. Faszinierend, wie er auf alle egoistischen Momente und Anerkennung verzichtet hat. Sein Leben sollte ein Fingerzeig hin zu Jesus sein. Egal was er machte, er machte es, um Jesus in den Blickpunkt zu setzen.

Impulsfragen

- Was ist Jesus für dich?
- Wie kannst du in deinem Leben zeigen, wer Jesus für dich ist?
- Wo bist du bereit zu verzichten, um Jesus zu dienen?
- Was kannst du für Jesus tun?

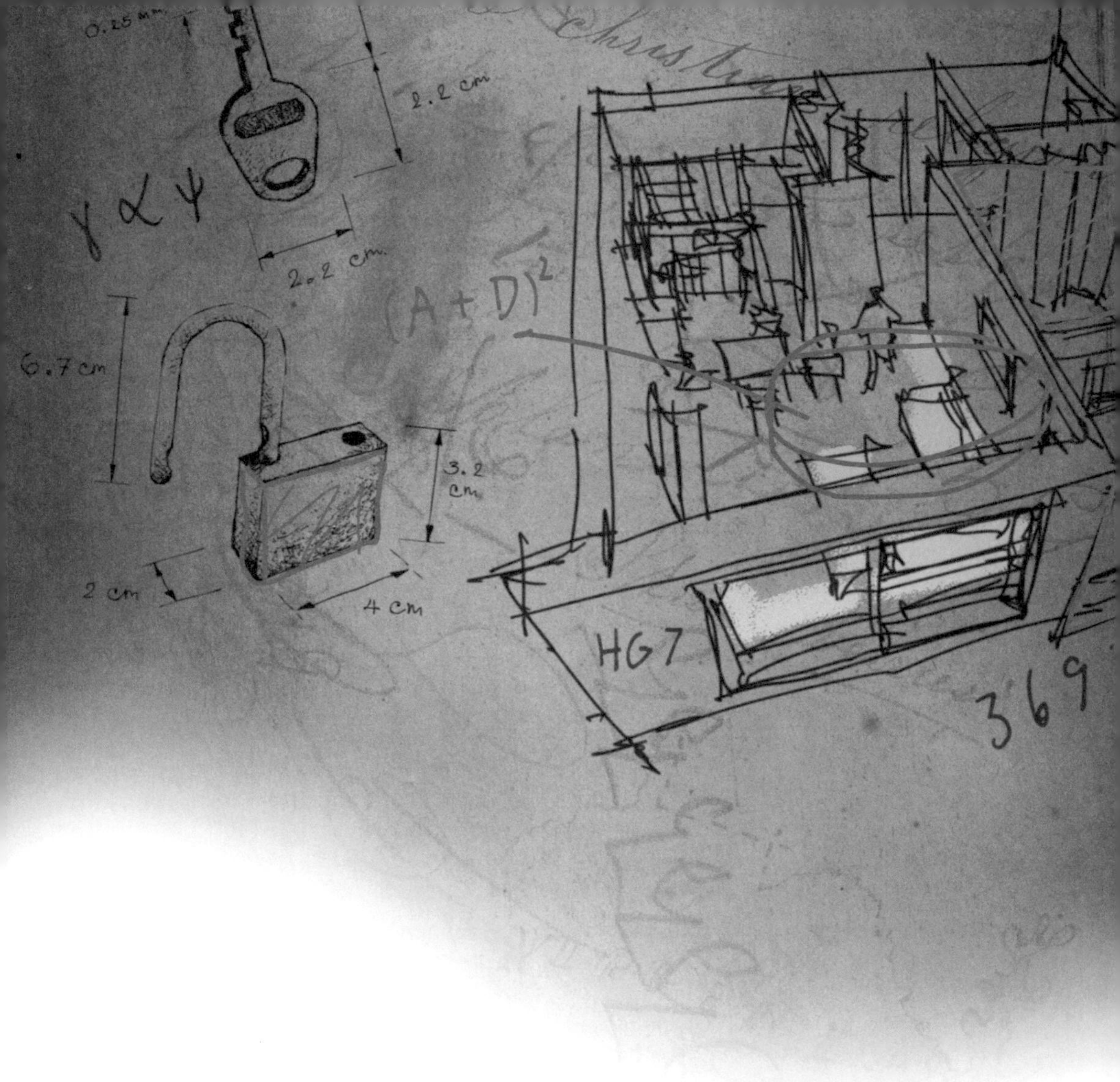

DAS GAME

DAS SCHLUPFLOCH DER SPIONE

von Ingo Müller

1. Allgemeine Informationen

Ziel des Spiels:	Die Spielerinnen und Spieler tauchen als Spioninnen und Spione ein in eine biblische Geschichte, die mit einer „zufälligen" Begegnung ihren Höhepunkt erreicht und durch eine abschließende Flucht durch den Ort endet.
Bibelstelle:	Josua 2,1-24 / Rahabs Geschichte
Alter:	ab 12 Jahren (Die Spielerinnen und Spieler müssen einen Messenger-Dienst mit Standortfunktionen usw. nutzen können. Achtung: Die Nutzung vieler Messenger-Dienste ist rechtlich erst ab 14 Jahren erlaubt.)
Gruppengröße:	2 – 8 Personen 1 – 3 Mitarbeitende
Aufgabe:	Kundschaftet Jericho (alias euren Ort) aus und kommt zurück, ohne euch erwischen zu lassen.
Dauer:	**Vorbereitung zu Hause:** ca. 1 Stunde **Aufbau vor Ort:** ca. 2 Stunden **Spieldauer:** 1,5 – 2 Stunden (je nach Wegstrecke auch länger) plus 10 Minuten Einführung und 10 Minuten Auswertung und Andacht
Spielformat:	City Live Escape Game
Raumanforderungen:	Als Raum wird eine Wohnung im Erdgeschoss benötigt mit einem Fenster, aus dem man von drinnen nach draußen klettern kann. Dazu sind ein zugänglicher Briefkasten und weitere Stationen im Ort bzw. in der Stadt nötig wie z. B. eine Bank, eine Kirche, ein Imbiss, ein Supermarkt. Neben den Stationen und der Wohnung ist ein Ort für die Einführung notwendig.

Spielprofil mit Schlussbemerkung:

●○○ RAUMANFORDERUNG

●●○ VORBEREITUNGSAUFWAND

●○○ WIEDERAUFBAU

●○○ MATERIALAUFWAND

●○○ KOSTEN

●●● IMMERSION

●●○ SUCHEN

●●○ KOMBINIEREN

●○○ TEAMWORK

●●○○○ SCHWIERIGKEITSGRAD

In diesem City Live Escape Game spielen Bewegung, das Erleben einer biblischen Geschichte und das Finden und Lösen von Rätseln eine ebenso wichtige Rolle wie die Dynamik, die durch die Flucht zurück erzeugt wird. Es ist auf einer Messenger-Dienst-Kommunikation aufgebaut, sodass die Spioninnen und Spione mit der Zentrale verbunden sind und so ihre Feinde und Insider im Ort besser finden können.

2. Herangehensweise

- Zuerst ist es wichtig, dass du dich als Spielleitung näher mit den Kundschaftern in Jericho beschäftigst. Schließlich handelt es sich dabei um die Grundlage dieses Live Escape Games: Lies die betreffende Bibelstelle in Josua 2,1-24 mehrmals aufmerksam durch. Überlege dir anschließend, was dir an der Geschichte wichtig ist und welche Botschaft darin steckt, die du den Teilnehmerinnen und Teilnehmern vermitteln möchtest. Du kannst jetzt schon damit beginnen, die abschließende Andacht vorzubereiten.
- Nun solltest du dir einen ersten Überblick über die Spielvorbereitungen und den Spielablauf verschaffen. Wirf dazu einen Blick auf die Materialliste und lies die Kapitel „Vorbereitung zu Hause“, „Aufbau vor Ort“ und „Spieldurchführung“.
- Besorge sämtliche Materialien, die auf der Liste stehen. Im Idealfall sprecht ihr euch im Team zwei Wochen vorher ab, wer welches Material besorgen kann und was noch besorgt werden muss. Einige Gegenstände werden allerdings erst für den Aufbau vor Ort benötigt und sind dort möglicherweise schon vorhanden. Diese Dinge musst du also nicht extra im Voraus besorgen. Es ist enorm wichtig, die Route und Gegebenheiten der Etappen bzw. Spielstationen zu besichtigen, festzulegen und genau zu planen. Damit das Game an deinem Ort funktioniert, werden Fotos und Audionachrichten per Messenger-Dienst vor Ort benötigt.

- Wenn du die erforderlichen Materialien besorgt hast, kannst du mit den Vorbereitungen zu Hause beginnen, indem du die Schritte 1. bis 14. befolgst. Vorher solltest du jedoch das Kapitel „Lösungswege“ mit der Erklärung der Rätsel gelesen haben. Die Vorbereitungen fallen nämlich leichter, wenn man weiß, wie die einzelnen Rätsel funktionieren.
- Nach den Vorbereitungen zu Hause kannst du dich um den Aufbau vor Ort kümmern. Wähle eine Laufstrecke aus, die die erforderlichen Bedingungen erfüllt, und absolviere die Schritte 15. bis 54. Auch hier gilt: Der Sinn der einzelnen Aktionen ist teilweise erst dann erkennbar, wenn man weiß, wie das Spiel später ablaufen wird.
- Wenn die Vorbereitungen abgeschlossen sind, lies dir noch einmal sorgfältig das Kapitel „Spieldurchführung“ durch. Dann kann es endlich losgehen!

3. Materialliste

Manche Materialien können mit einer passenden Idee auch durch etwas anderes ersetzt werden – da gibt es oft viele Optionen. Einige Materialien sind zwingend erforderlich, andere Materialien dienen nur dem Flair oder der Veranschaulichung. Sie sind nicht notwendig und werden daher extra aufgeführt.

Material, das zwingend erforderlich ist

- ☐ 2 – 3 weitere Mitarbeiterinnen/Mitarbeiter
- ☐ 1 Computer mit Desktop-Version eines datenschutzkonformen Messenger-Dienstes (alternativ kann auch das Smartphone benutzt werden)
- ☐ 1 Smartphone mit datenschutzkonformem Messenger-Dienst, Fotokamera, Empfang, Guthaben, mobilen Daten
- ☐ roter Stoff (den man in viele rote Tücher teilen kann); alternativ: rote Knicklichter
- ☐ 1 abschließbare Geldkassette mit Schlüssel
- ☐ 2 Zahlenschlösser mit 3-stelligem Zahlencode (z. B. ABUS Aluminium-Zahlenschloss 145/30)
- ☐ 1 UV-Taschenlampe mit Batterien
- ☐ 1 abschließbarer Briefkasten mit 2 passenden Schlüsseln
- ☐ 1 Bibel mit Altem Testament (Josua 2)
- ☐ 1 Fenster im Erdgeschoss einer Wohnung (aus dem man hinausklettern kann)
- ☐ 1 Rucksack
- ☐ Belohnung (Süßigkeiten o. Ä.)
- ☐ 1 Wecker/Stoppuhr o. Ä.

Material, das nur bei der Vorbereitung zu Hause benötigt wird

- ☐ 1 (Farb-)Drucker
- ☐ 1 Computer
- ☐ 1 UV-Stift (z. B. edding 8280, farblos)
- ☐ 1 Stoffschere
- ☐ 1 Schere
- ☐ Papier
- ☐ Tacker

Material, das aus dem Downloadbereich benötigt wird

- ☐ Morsezeichen (Audiodatei, muss nicht ausgedruckt, aber auf dem Computer/Smartphone gespeichert werden)
- ☐ Markierungen für die roten Tücher
- ☐ Morse-Alphabet
- ☐ Hinweise
- ☐ Elementare Texte (muss nicht zwingend ausgedruckt werden)

Material, das nur optional benötigt wird

- ☐ Verkleidung für die Mitarbeiterinnen und Mitarbeiter
- ☐ rote Lampe für das Haus der Prostituierten
- ☐ Snacks und Getränke zum Dekorieren der Wohnung
- ☐ Leiter für sicheren Ausstieg aus Fenster

4. Vorbereitung zu Hause

1. Erstelle dir eine persönliche Materialliste anhand der angegebenen Liste und besorge alle Materialien.
2. Drucke alle nötigen Seiten aus (s. Downloads).
3. Speichere die Morsezeichen-Audiodatei auf deinem Handy. (Falls du einen anderen Morse-Code erstellen willst, kannst du dir z. B. hier eine Audiodatei erstellen lassen: www.morseresource.com/morse/makemorse.php Achte darauf, dass du auch die anderen Details dieses Rätsels anpassen musst, wenn du etwas am Code veränderst.)
4. Schneide dir aus dem roten Stoff fünf bis zehn rote, schmale Tücher zurecht.
5. Schneide aus dem Dokument „Markierungen für die roten Tücher" (s. Downloads) die Markierungen aus.
6. Tackere die ausgeschnittenen Markierungen an die roten Tücher.
7. Schreibe auf drei der Markierungen mit UV-Stift die Zahlen 0 – 0 – 7.
8. Markiere diese drei Tücher, damit du weißt, auf welchen die Markierungen sind.
9. Falte das Dokument „Morse-Alphabet" (s. Downloads) ein paar Mal, sodass es gut in eine Hosentasche passt.
10. Schneide das Dokument „Hinweise" (s. Downloads) auseinander.

Routenplanung

11. Lies dir spätestens jetzt unbedingt das Kapitel „Lösungswege“ gut durch!
12. Überlege, an welchen Orten die verschiedenen Stationen/Rätsel stattfinden können. Im Folgenden werden mögliche Orte für die Stationen vorgeschlagen, diese müssen jedoch ggf. an deine Örtlichkeiten angepasst werden:
    - Start = Platz in der Nähe vom Supermarkt (sehr nahe an der Zentrale oder in der Zentrale)
    - H1 = Supermarkt mit abschließbarer Kundentoilette
    - H2 = Apotheke mit Notschalter
    - H3 = Kirche mit Denkmal
    - H4 = Bank mit Öffnungszeiten
    - H5 = Imbiss mit instruierter Verkäuferin / instruiertem Verkäufer
    - H6 = Briefkasten am Wohnhaus
    - Story = Wohnhaus mit Fenster im Erdgeschoss und Briefkasten mit Schlüssel
    - R1 = Wohnhausfenster als Ausgang
    - R2 = Weg mit roten Tüchern
    - R3 = Der Feind mit dem Zettel
    - R4 = Unterschlupf (Garage, Bushaltestelle, Einfahrt ...)
    - R5 = Gebüsch kurz vor dem Ziel (nahe am Start)
13. Plane mit einem Routenplaner (z. B. Google Maps) die Wegstrecke und überprüfe die Entfernungen. Beachte dabei, dass die Spielerinnen und Spieler dabei unsicher sind, den Weg nicht kennen und dabei auch noch Rätsel lösen müssen. Sie werden also deutlich länger für die Wegstrecken brauchen als du. (Bei z. B. 60 Minuten Spielzeit ist eine Entfernung von 15 – 20 Minuten ausreichend. Der Hinweg dauert deutlich länger als der Rückweg.)
14. Rufe die Imbissbesitzerin / den Imbissbesitzer an und erkläre ihr/ihm, was du vorhast und ob sie/er bereit wäre, einer Gruppe eine Kiste zu überreichen. Wichtig: Frage früh genug, um nach einer Alternative Ausschau halten zu können!

5. Aufbau vor Ort

15. Gehe nun die Route einmal ab, um die Gegebenheiten vor Ort zu überprüfen, und passe die Route ggf. etwas an. Passe ggf. auch die Rätsel an deine Örtlichkeiten an. Während du die Route abläufst, baust du die Route auf: Erstelle dazu bei jeder Station einen Standort, ein Foto mit einem Detail und ein Foto mit dem klaren Ziel. Diese Fotos brauchst du für die Begleitung der Gruppe, außerdem helfen sie dir evtl. dabei, Tipps zu geben, wenn die Gruppe nicht weiterkommt.
16. Starte in der Nähe von einem Supermarkt.

H1: Supermarkt

17. Mache die zwei Fotos und erstelle den Standort.
18. Gehe in den Supermarkt und schau, ob es eine abschließbare Kundentoilette gibt.
19. Frage nach dem Schlüssel und gehe auf die Toilette. Eventuell bietet es sich hier an, die Angestellten im Supermarkt über das Spiel aufzuklären.
20. In der Toilette schaust du dich nach etwas um, nach dem du fragen kannst, z. B. wie viele Gitterstäbe das Gitter am Fenster in der Toilette hat.

H2: Apotheke

21. Mache die zwei Fotos und erstelle den Standort.
22. Mache ein Foto vom Notschalter bzw. der Liste der Apotheken, die Notdienst haben.

H3: Kirche

23. Mache die zwei Fotos und erstelle den Standort.
24. Mache ein Foto von etwas, das in einer bestimmten Anzahl vorhanden ist und auf die du hindeuten kannst (z. B. Kirchtürme, Fenster, Stufen).

H4: Bank

25. Mache die zwei Fotos und erstelle den Standort.
26. Mache ein Foto von den Öffnungszeiten der Bank.

H5: Imbiss

27. Mache die zwei Fotos und erstelle den Standort.
28. Nimm die Geldkassette und lege dort die UV-Taschenlampe und den Hinweis 3 vom Dokument „Hinweise“ hinein.
29. Verschließe die Geldkassette und behalte den Schlüssel. Den bekommt die Mitarbeiterin / der Mitarbeiter, die/der die Prostituierte Rahab spielt.
30. Lege folgende Dinge in die Kiste:
    - » Zahlenschloss mit dem Code 542 (damit verschließt du später die Kiste)
    - » Geldkassette mit UV-Taschenlampe und Hinweis 3 darin
    - » Hinweis 1 vom Dokument „Hinweise“ mit der Adresse des Unterschlupfs
    - » Schlüssel für den Briefkasten (du brauchst für später noch einen zweiten Schlüssel)

31. Erinnere die Imbissbesitzerin / den Imbissbesitzer an euer Gespräch und deine Frage, ob du hier für ein Stadtspiel eine verschlossene Kiste hinterlegen kannst. Sage ihr/ihm eine Uhrzeit, zu der eine Gruppe kommen und nach einem Käsekuchen spezial mit lila Leberwurst fragen wird. Das ist das Codewort dafür, dass sie/er der Gruppe diese Kiste übergeben kann. Zeige der Imbissbesitzerin / dem Imbissbesitzer den Inhalt, um ihr/ihm die Sorge zu nehmen. Danke ihr/ihm!
32. Lege dann alle Dinge in die Kiste, schließe sie mit dem Zahlenschloss ab (s. Schritt 30.) und verdrehe die Zahlenkombination.

H6: Wohnung

33. Mache die zwei Fotos und erstelle den Standort.
34. Lege Hinweis 2 vom Dokument „Hinweise" in den Briefkasten und schließe ihn ab.
35. Gibt den verbliebenen Schlüssel dafür der Mitarbeiterin / dem Mitarbeiter, der die Prostituierte Rahab spielt.
36. Optional: Ebenso bekommt die Mitarbeiterin / der Mitarbeiter die Verkleidung für die Prostituierte.
37. Die Mitarbeiterin / der Mitarbeiter bekommt die Bibel mit dem Bibeltext aus Josua 2,1-24.
38. Optional: Installiere in der Wohnung, am besten von außen sichtbar, eine rote Lampe.
39. Optional: Stelle in der Wohnung Snacks und etwas zu trinken für die Teilnehmerinnen und Teilnehmer bereit.
40. Optional: Stelle eine entsprechend geeignete Leiter zurecht, um evtl. beim Ausstieg aus dem Fenster helfen zu können. Achte hier auf die Sicherheit der Spielerinnen und Spieler. Teste den Ausstieg aus dem Fenster vorab am besten einmal selbst.

R2: Weg mit roten Tüchern

41. Markiere den Weg, den die Gruppe von der Wohnung aus geht, mit den roten Tüchern. Das erste rote Tuch muss eine UV-Markierung mit der 0 haben. Du kannst die Tücher gut an Straßenschilder, Zäune oder Bäume binden.
42. Es ist sehr wichtig, dass das erste rote Tuch auch gleich eine UV-Markierung hat. Denn sonst besteht die Gefahr, dass die Gruppe die Markierungen komplett übersieht.
43. Mache je ein Foto von dem Weg und den roten Tüchern, besonders von den drei mit der jeweiligen UV-Markierung.

R3: Der Feind mit dem Zettel

44. Suche dir einen Unterschlupf nicht mehr weit vom Ziel entfernt. Man sollte das Ziel von dort aus sehen können.
45. Gehe vom Unterschlupf aus ein bisschen zurück und suche dir einen Ort, an dem eine Mitarbeiterin / ein Mitarbeiter einen Zettel „verlieren" kann oder wo ein Mülleimer steht.
46. Instruiere die Mitarbeiterin / den Mitarbeiter, was sie/er hier tun muss (s. Beschreibung des Rätsels).

R4: Unterschlupf

47. Mache die zwei Fotos und erstelle den Standort.

R5: Gebüsch direkt am Ziel

48. Mache die zwei Fotos und erstelle den Standort.
49. Lege etwas als Belohnung in den Rucksack und verschließe diese mit dem Zahlenschloss und dem Code 007. Verdrehe nun die Zahlenkombination und verstecke die Tasche im Gebüsch.

Vorbereitungen für die Kommunikation per Messenger-Dienst

50. Richte deinen PC ein. Installiere die Desktop-Version des Messenger-Dienstes.
51. Ziehe die Fotos in einen entsprechenden Ordner.
52. Benenne die Fotos nach den Stationen.
53. Lege dir die Texte aus Kapitel „Lösungswege" bzw. aus dem Dokument „Elementare Texte" (s. Downloads) für die Kommunikation zurecht.
54. Sende dir die Standorte alle zu, damit du sie mit den Spielerinnen und Spielern während des Spiels teilen bzw. sie an sie weiterleiten kannst.

Wiederaufbau

Für den Wiederaufbau für eine neue Spielrunde müssen alle Schritte „Aufbau vor Ort" 15. bis 54. noch einmal durchgegangen werden.

6. Spieldurchführung

6.1 Anmoderation

Erklärung für die Spielenden

Ein Live Escape Game lässt sich mit drei Begriffen erklären: ein Raum – ein Team – eine Aufgabe. Man hat als Team 90 – 120 Minuten Zeit, um verschiedene Rätsel zu entschlüsseln und die Aufgabe zu lösen. Dazu ist es notwendig, viele Hinweise richtig zusammenzubringen. Die Aufgaben und Rätsel lassen sich nach einem einfachen Prinzip lösen: suchen, sammeln, kombinieren und anwenden.
Ihr nehmt als Team die Rolle der Spione ein, kundschaftet einen Ort aus und versucht unbemerkt wieder ins Ziel zu kommen. Ihr folgt als Team einem roten Faden und setzt verschiedene Dinge zusammen, um das große Puzzle zu lösen. In diesem Spiel unterstützt euch die Zentrale per Messenger-Dienst mit Informationen, Tipps und Daten.
Viel Spaß und Freude beim Öffnen von Kisten und Finden von Geheimnissen!

Regeln

- Die Aufgaben und Rätsel sind ohne Gewalt lösbar. Ihr müsst nichts demontieren oder mutwillig auseinandernehmen.
- Schlösser werden mittels Schlüssel oder Codes geöffnet und nicht „geknackt“ oder durch Herumprobieren geöffnet, es sei denn, es sind z. B. die Zahlen bekannt, aber nicht die Reihenfolge.
- Lasst bitte geöffnete Schlösser ggf. mit Schlüssel einfach hängen.
- Alles, was durch Klebeband festgeklebt oder anderweitig fixiert ist, soll an diesem Ort bleiben!
- Die Nutzung eigener technischer Hilfsmittel – außer dem Messenger-Dienst und Google Maps – ist verboten!
- Ebenso das Anfertigen von Foto-, Video- oder Audioaufnahmen. Bewahrt das Geheimnis, damit sich bei einem solchen Spiel nicht die Lösung verbreitet.
- Ihr werdet mittels Hinweisen von mir über den Messenger-Dienst begleitet. Um immer zu sehen, wo die Gruppe ist, kann die Person ihren Standort im Messenger-Dienst dauerhaft sichtbar machen. Das hilft der Zentrale zu sehen, wo das Team / die Spione sich gerade befindet/befinden. (Um diese Standort-Einstellungen vorzunehmen bitte in den Chat des Messenger-Dienstes gehen, auf das „Plus“ drücken, dann „Standort“ auswählen und dann „Live-Standort teilen“. Dafür muss folgende notwendige grundsätzliche Handyeinstellungen eingestellt sein: Name des Messengers, Standort, Immer!)
- Ihr habt 90 – 120 Minuten Zeit. Ich stoppe für euch die Zeit und erinnere euch zwischendurch daran. (Gemeinsam runterzählen und den Wecker / die Stoppuhr einstellen.)

Aufgabe
Mein Name ist Josua und ich führe uns mit Gottes Hilfe zurück in unser verheißenes Land. Durch Gottes unendliche Kraft werden wir dieses Land einnehmen und den Krieg gewinnen. Nun brauche ich euch als meine auserwählte Spionage-Eliteeinheit. Ihr müsst den Ort (eigenen Ort einfügen) für uns auskundschaften und verschiedene Mittelsmänner treffen, Informationen einholen und die Feinde ausfindig machen.
Per Messenger-Dienst sind wir jederzeit miteinander verbunden. Ihr bekommt Informationen, Daten und Hinweise von mir aus der Zentrale und liefert eure Ergebnisse auch immer sofort an uns zurück. Dann können wir die Daten sofort weiterverwerten. Falls ihr Probleme habt, meldet euch, dann versuchen wir euch zu unterstützen. (Optional: Für euren Einsatz bekommt ihr ein Bahn-/Busticket für größere Entfernungen.)
Jetzt beeilt euch, damit ihr ans Ziel kommt, bevor unsere Gegner Wind davon bekommen und sich vorbereiten können. Ihr habt 90 Minuten Zeit, bis wir uns hier wiedertreffen. Kundschaftet den Ort aus und kommt zurück, ohne euch erwischen zu lassen.

6.2 Das Team begleiten – Tipps

- Beobachte die Gruppe ab und zu durch ihren Standort über den Messenger-Dienst, den sie euch mitgeteilt hat. Du kannst sie je nach Einstellung dauerhaft dort beobachten.
- Halte aus, dass du manchmal nicht weißt, ob die Gruppe zurechtkommt oder nicht. Sie müssen sich melden, wenn sie Hilfe benötigen. Nach ca. der Hälfte der Spielzeit sollte die Gruppe im Haus bei der Prostituierten angekommen sein.
- Mache dir vorab Fotos und Standortmarkierungen von den Stationen, damit du zur Not Tipps geben kannst!
- Bereite die Kommunikation mit der Gruppe gut vor, damit du immer die entsprechenden Informationen, Texte, Bilder und Standorte liefern kannst.

6.3 Spielablauf

- Du erklärst das Spielprinzip und die Regeln.
- Du stellst die Aufgabe vor.
- Du stellst den Wecker / die Uhr und beginnst damit das Spiel.
- Die Spielerinnen und Spieler spielen auf dem Hinweg den Spionage-Auftrag.
- Die Spielerinnen und Spieler erleben im Haus der Prostituierten die Story.
- Die Spielerinnen und Spieler begeben sich auf dem Rückweg auf die Flucht.

6.4 Spielende

- Andacht
- Auswertungsrunde
- Foto zum Schluss

7. Lösungswege

7.1 Beschreibung der Rätsel

Start

Gehe gemeinsam mit der Gruppe die Regeln und Einführung durch. Gib ihnen dann das Foto, auf dem der Supermarkt nur leicht zu sehen ist. Dazu bekommt die Gruppe die Aufgabe: „Sucht den Ort, wo unzählige Geschäfte gemacht werden! Meldet euch per Foto in der Zentrale. Versteckt euch an einem sicheren Ort (z. B. hinter einem Baum) und wartet auf neue Instruktionen!"
Achtung: Dieses Rätsel musst du an deine Gegebenheiten vor Ort anpassen!

H1: Supermarkt

Wenn die Gruppe das Foto geschickt hat, antwortest du: „Vordergründig ist das ein Supermarkt. Doch in diesem Supermarkt gibt es einen verschlossenen Raum. Hinter der verschlossenen Tür passieren unglaubliche Dinge. Es ist das Hinterzimmer der Strippenzieher. Geht in diesen Raum! Er hat eine weiße Tür, die mit zwei unterschiedlichen Personen markiert ist, einem Mann und einer Frau. Ihr findet eine wichtige Erinnerungshilfe in diesem Raum. Besorgt euch Zutritt und schaut von innen durch das offene Fenster. Wie viele Gitterstäbe seht ihr in dem Fenster? Merkt euch diese Anzahl an Gitterstäben gut und meldet euch bei der Zentrale." Es sind fünf Gitterstäbe, das entspricht der 1. Ziffer für das Zahlenschloss der Kiste: 5. Schicke der Gruppe nun den Standort für die nächste Station.
Achtung: Dieses Rätsel musst du an deine Gegebenheiten vor Ort anpassen!

H2: Apotheke

Wenn die Gruppe das Foto vom Notschalter geschickt hat, schreibst du ihr: „Sendet mir einen Standort, sobald ihr am Notschalter angekommen seid."
Wenn die Gruppe den Standort geschickt hat, schreibst du ihr: „Dieser Notdienst-Schalter wird oft genutzt, um Informationen zu schmuggeln. Unzählig viele Menschen versuchen hier Hilfe zu bekommen. Doch meistens zieht es sie nur tiefer in ihren Schmerz, denn nur selten ist dieser Schalter geöffnet. Man verweist die Bewohnerinnen und Bewohner nur zu gern an andere angeblich geöffnete Notschalter. Wir haben hier in einem letzten Aufklärungseinsatz eine weitere Notiz versteckt. Entscheidend ist dafür die Anzahl der Apotheken, die Notdienst haben. Wie viele sind es? Merkt euch auch diese Zahl sehr genau und meldet sie der Zentrale!" Es sind vier Apotheken und das entspricht der 2. Ziffer für das Zahlenschloss der Kiste: 4. Schicke der Gruppe nun den Standort für die nächste Station.
Achtung: Dieses Rätsel musst du an deine Gegebenheiten vor Ort anpassen!

H3: Kirche

Wenn die Gruppe das Foto geschickt hat, schreibst du ihr: „Sendet mir einen Standort, sobald ihr am Tor angekommen seid."
Wenn die Gruppe den Standort gesendet hat, schreibe ihr: „Geht durch dieses Tor und sucht ein Kreuz auf einem Stein. Was schön fromm aussieht, ist nicht immer so. In vielen Kriegen hatte die Kirche ihre Hände mit im Spiel. Auch unser Krieg ist einer der Gläubigen.

Doch unser Gott wird seine Stärke zeigen, indem er diesen Ort in unsere Hände gibt. An einem Denkmal findest du von uns eingravierte Zahlen der großen Kriege. Zwei Kriege wurden hier notiert. Einer war etwas länger als der andere. Zieht die kleinere Zahl der Dauer des 1. Krieges von der größeren Zahl der Dauer des 2. Krieges ab. Merkt euch diese Zahl ebenso. Die Zahlen benötigt ihr zu einem späteren Zeitpunkt. Sendet mir ein Foto und die Zahl." Der 1. Krieg ging von 1914 – 1918, also 4 Jahre. Der 2. Krieg ging von 1939 – 1945, also 6 Jahre. Ziehe nun die kleinere Zahl von der größeren ab. 6-4 = 2 Das Ergebnis entspricht der 3. Ziffer für das Zahlenschloss der Kiste: 2.
Hat dir die Gruppe das Foto geschickt, schickst du ihr die Nachricht: „Prima, weiter so! Ihr habt schon drei Notizen ausgekundschaftet!" Der Code für die Kiste, die die Spielerinnen und Spieler noch gar nicht haben, ist 542.
Achtung: Dieses Rätsel musst du an deine Gegebenheiten vor Ort anpassen!

H4: Bank

Versende den Standort vor der Bank an die Gruppe. Schreibe ihr dann: „Gelder spielen im Krieg immer eine große Rolle. Um die Bank und das Kapital, was in euch steckt, nutzen zu können, solltet ihr euch die Uhrzeiten einprägen, wann die Bank geöffnet hat. Dann können wir zuschlagen, wenn niemand in der Bank ist. Sendet der Zentrale ein Foto der Öffnungszeiten." Diese Station und die Informationen dienen nur der Story und könnten auch weggelassen werden.
Achtung: Dieses Rätsel musst du an deine Gegebenheiten vor Ort anpassen!

H5: Imbiss

Schicke der Gruppe Foto und Standort vom Imbiss. Dann schreibst du ihr: „Der ganze Ort isst hier, deshalb haben wir hier jemanden eingeschleust. Die Inhaberin / der Inhaber ist unser Insider. Sie/er liefert ständig Informationen und hat auch etwas für euch da. Bestellt bei ihr/ihm einen Käsekuchen spezial mit lila Leberwurst und wartet ab, was passiert." Im entsprechenden Imbiss bekommt die Gruppe eine mit Zahlenschloss verschlossene Kiste, wenn sie nach dem Genannten fragt. Hier passt der Code: 542. In der Kiste findet die Gruppe außerdem den Hinweis mit der Adresse für die Wohnung, eine verschlossene Geldkassette und einen Schlüssel. Der Schlüssel passt nicht in die Geldkassette. Den zur Geldkassette passenden Schlüssel bekommen sie erst von der Prostituierten. Der Schlüssel, den die Spielerinnen und Spieler hier bekommen, passt später in den Briefkasten am Wohnhaus.
Achtung: Dieses Rätsel musst du an deine Gegebenheiten vor Ort anpassen!

H6: Wohnung

Die Gruppe hat die Adresse zur Wohnung bekommen (Hinweis 1 in der Kiste beim Imbiss) und geht nun dorthin. Wenn sie sich meldet, versorgst du sie mit weiteren Instruktionen per Sprachnachricht: „Ihr seid am Save House angekommen. Lasst euch nicht erwischen, gerade hier ist die Gefahr groß. Das sichere Versteck darf nicht auffliegen, sonst ist jahrelange Arbeit im Nu zerstört! Wartet in sicherem Abstand! Ich kontaktiere unsere Kontaktperson! Ihr bekommt dann weitere Informationen, sobald alles arrangiert ist."

Nach 1 – 2 Minuten bekommt die Gruppe die Information: „Im Briefkasten findet ihr weitere Anweisungen!“ Im Briefkasten findet die Gruppe Hinweis 2, der ihr sagt, wo sie klingeln sollen: „Bei ... unten im Erdgeschoss klingeln!“
Achtung: Diesen Hinweis musst du an deine Gegebenheiten vor Ort anpassen!

Die Story

Eine Mitarbeiterin / ein Mitarbeiter öffnet der Spionagetruppe als Prostituierte Rahab verkleidet die Tür und bittet sie, schnell hereinzukommen. (Optional: Die Spielerinnen und Spieler bekommen ein Glas Wasser zu trinken und Snacks zu essen.) Nun liest Rahab die Geschichte aus Josua 2,1-24 vor oder erzählt sie nach. Anschließend überreicht Rahab der Gruppe noch einen Schlüssel für die Geldkassette und gibt ihnen den Hinweis, sich an den roten Tüchern zu orientieren. Diese sind jetzt das Symbol der Sicherheit. Im Idealfall kann jetzt eine andere Person klingen oder an der Tür klopfen. Dann hängt Rahab ein rotes Tuch ins Fenster und die Spioninnen und Spione flüchten durch das Fenster. Rahab hilft ihnen dabei.

R1: Wohnhausfenster

In der Geldkassette finden die Spieler eine UV-Taschenlampe und den Hinweis: „Folgt den roten Tüchern. Das ist die Markierung für eure sichere Flucht.“ Dann flüchten die Spielerinnen und Spieler durchs Fenster nach draußen.
Achtung: Dieses Rätsel musst du an deine Gegebenheiten vor Ort anpassen!

R2: Weg mit roten Tüchern

Die Gruppe sieht auf dem Weg rote Tücher als Markierung ihres sicheren Weges. Diese führen sie bis kurz vors Ziel. Zusätzlich sind an drei roten Tüchern kleine Zettel mit einer UV-Geheimschrift angebracht. Durch die UV-Taschenlampe wird eine Zahl sichtbar. Diese gehört zu einem letzten Zahlenschloss kurz vor dem Ziel. Der Code lautet 007 (ist beliebig anpassbar).

Sobald die Gruppe losgegangen ist, bekommt sie per Messenger-Dienst die Information: „Wenn ihr kein rotes Tuch mehr seht, dann meldet euch mit einem Standort bei der Zentrale!“

R3: Der Feind mit dem Zettel

Kurz vor dem Unterschlupf steht eine verkleidete Mitarbeiterin / ein verkleideter Mitarbeiter auf dem Weg. Im Idealfall (er)kennt die Gruppe sie/ihn nicht. Sie/er beobachtet die Gruppe und schreibt der Mitarbeiterin / dem Mitarbeiter in der Zentrale das Codewort „Zettel-Jetzt“, lässt dann einen Zettel fallen (der Zettel ist das Morse-Alphabet) und versteckt sich heimlich in Sichtnähe.
Die Spioninnen und Spione bekommen einen Anruf. Du erklärst ihnen: „Passt auf! Unsere Feinde sind ganz in der Nähe. Versucht einen geheimen Zettel von euren Gegnerinnen/Gegnern zu entwenden, ohne entdeckt zu werden! Darauf könnten wichtige Entschlüsselungshilfen sein. Schickt mir ein Foto, sobald ihr den Zettel habt, damit wir die Geheimschrift analysieren können.“

Alternative: Du kannst auch ohne die Mitarbeiterin / den Mitarbeiter spielen und den Zettel an, in oder unter einem Mülleimer verstecken. Dann rufst du an, sobald die Gruppe dir den Standort geschickt hat.

R4: Unterschlupf

Wenn die Gruppe den Zettel mit dem Morse-Alphabet gefunden hat, schreibst du ihnen „Versteckt euch gut! Seht ihr eine Einbuchtung, eine Garage oder Ähnliches, wo ihr euch für ein paar Minuten verstecken könnt, ohne dass ihr gesehen werdet? Meldet euch, wenn ihr euch versteckt habt, dann senden wir euch verschlüsselte Dokumente für eure Flucht zu."

Sobald die Gruppe ein Versteck gefunden hat, schickst du ihr das Morsezeichen-Audio und einen Lückentext. Diesen müssen sie mit Hilfe der Audiodatei und dem Alphabet füllen: „Wenn die Luft rein ist: Geht zu der Autobahnbrücke. Passt auf, lasst euch nicht erwischen! Hinter der Autobahnbrücke ist eine verschlossene ... (Tasche) mit einem Überlebenspaket ... (versteckt) und ihr seid in Sicherheit."

Achtung: Dieses Rätsel musst du an deine Gegebenheiten vor Ort anpassen!

Sobald die Gruppe wieder aus dem Versteck kommt, instruierst du die versteckte Mitarbeiterin / den versteckten Mitarbeiter, dass die Gruppe nun verfolgt werden kann.

R5: Gebüsch direkt am Ziel

Sobald du der versteckten Person Bescheid gegeben hast, schickst du der Gruppe folgende Nachricht: „Habt ihr das Überlebenspaket gefunden, schickt ein Foto von euch mit dem Inhalt." Wenn du das Foto bekommst, gratulierst du der Gruppe mit endlos vielen Emojis und einer Sprachnachricht: „Ich bin so froh! Danke! Ihr seid in Sicherheit! Dank euch und mit Gottes Hilfe werden wir in dieser Nacht unser Land einnehmen und unsere Feinde überwinden!"

Kurz darauf schickst du eine weitere Nachricht: „PS: Wartet hier, ich komme zu euch und hole euch ab!"

7.2 Spielschema

In der folgenden Übersicht ist der Lösungsweg schematisch und kompakt aufgezeigt. Dieses Spielschema ist ausdrücklich keine Aufbauanleitung, sondern dient der Prozessverfolgung, an welcher Stelle sich die Gruppe gerade auf dem Weg zum Ziel befindet. Die verschiedenen Schraffierungen sollen die verschiedenen Arten deutlich machen und dienen der besseren Erkennung.

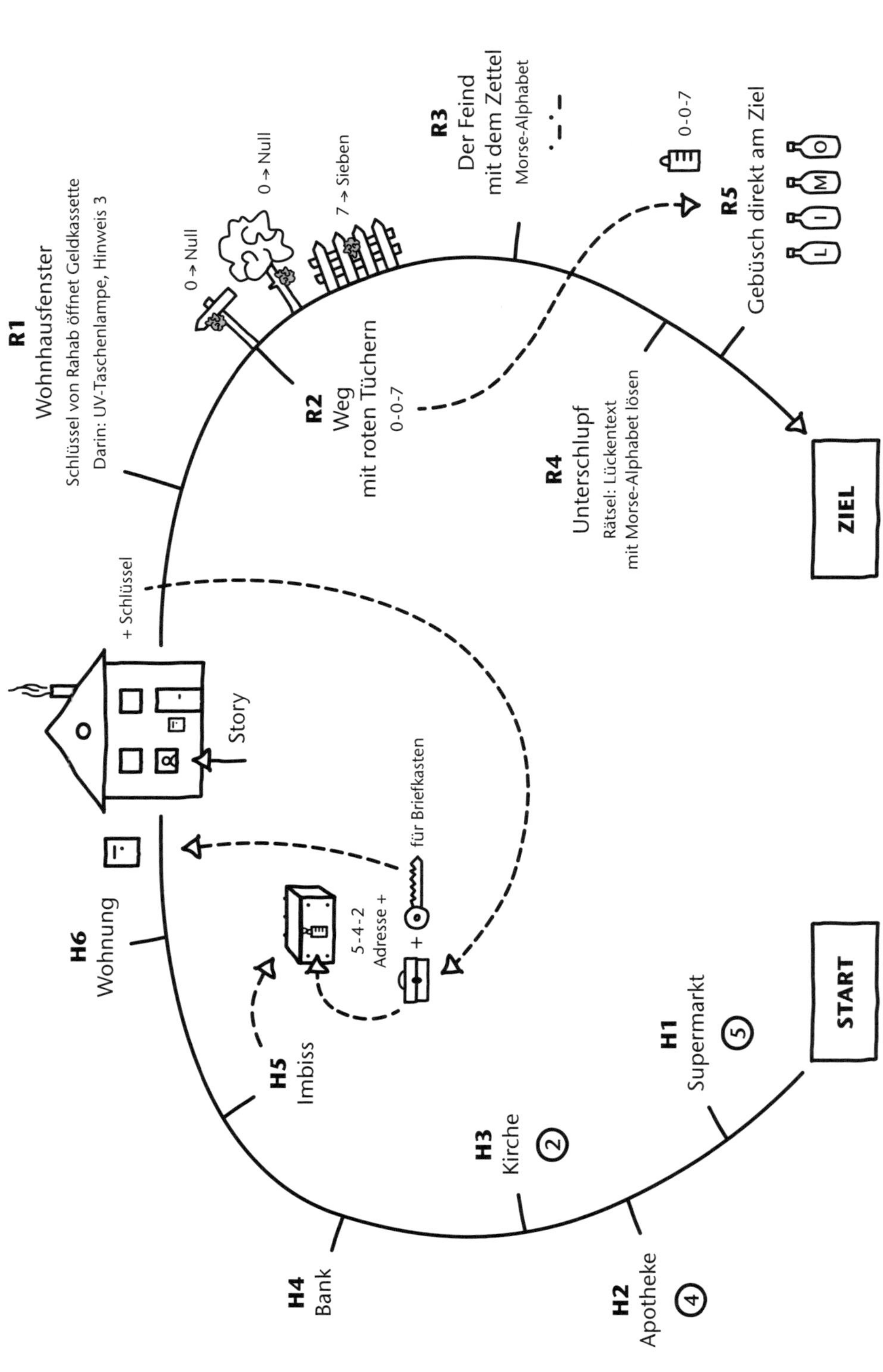
START
H1
Supermarkt
5
H2
Apotheke
4
H3
Kirche
2
H4
Bank
H5
Imbiss
5-4-2
Adresse +
+
für Briefkasten
H6
Wohnung
Story
+ Schlüssel
R1
Wohnhausfenster
Schlüssel von Rahab öffnet Geldkassette
Darin: UV-Taschenlampe, Hinweis 3
0 → Null
0 → Null
7 → Sieben
R2
Weg
mit roten Tüchern
0-0-7
R3
Der Feind
mit dem Zettel
Morse-Alphabet
R4
Unterschlupf
Rätsel: Lückentext
mit Morse-Alphabet lösen
0-0-7
R5
Gebüsch direkt am Ziel
L
I
M
O
ZIEL

8. Tipps zur Andacht

In dieser Geschichte stecken viele Themen: Flucht, Krieg, Verfolgung, Unsicherheit, das Richtige tun usw. Ich möchte hier aber vor allem auf einen sehr viel persönlicheren Aspekt eingehen, der jede und jeden betrifft!

Lies zuerst die Geschichte aus der Bibel nochmal vor! Das Volk Gottes steht in Bedrängnis. Schön, dass gerade eine Frau am Rande der Gesellschaft hilft und den zwei Kundschaftern Sicherheit anbietet und ihnen zur Flucht verhilft. Rahab ist eine Person, die eher von oben herab angesehen wird. Eine Frau, von der man nicht viel hält. Vermutlich muss sie sich ständig irgendwelche Sprüche anhören. Doch hier hat sie eine elementare Aufgabe. Sie ist wichtig in Gottes Plan. Gott gebraucht Menschen für seinen Plan, denen man es im ersten Moment nicht zutraut. So kann Gott auch dich gebrauchen, um Gutes zu tun. Obwohl du es dir vielleicht nicht so zutraust. Vielleicht sind es in deinem Leben keine Menschen, die auf der Flucht sind, aber in dir steckt ganz viel, um Menschen zu helfen! Die Prostituierte Rahab hat das gemacht und sie selbst wurde später verschont und beschützt. Sie hat sich für das Richtige entschieden und danach gehandelt.

Impulsfragen

- Wo konntest du schon einmal helfen?
- Kennst du Situationen, in denen du fliehen musstest oder wolltest?
- Woran erkennt man, was richtig und was falsch ist?
- Wovor hat dich Gott schon einmal beschützt?
- Wie ging es dir beim Auskundschaften? Und wie beim Flüchten?

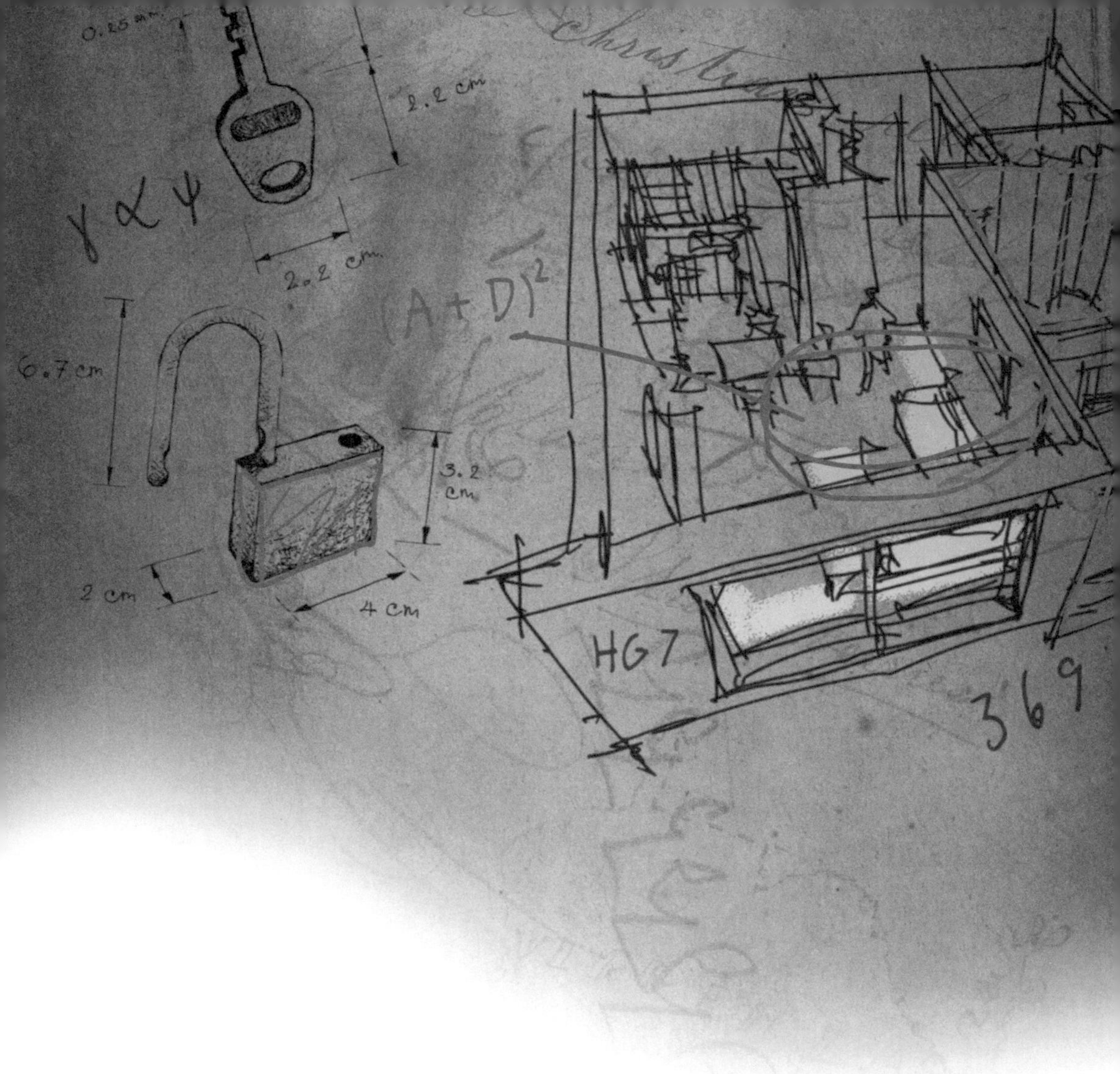

DAS GAME

DER SCHATZ IM ACKER

von Kathi Sandmann

1. Allgemeine Informationen

Ziel des Spiels:	Die Spielerinnen und Spieler sollen den Schatz im Acker suchen und finden.
Bibelstelle/Thema:	Matthäus 13,44-46 / Der Schatz im Acker
Alter:	ab 8 Jahren
Gruppengröße:	4 – 6 Kinder pro Gruppe, 1 – 3 Gruppen gleichzeitig möglich
Aufgabe:	Die Spielerinnen und Spieler lösen in kleinen Gruppen Rätsel, öffnen Schlösser und knacken Codes, um den Schatz im Acker zu finden. Dabei bewegen sie sich durch einen Ort, den sie auf diese Weise spielend entdecken.
Dauer:	**Vorbereitung zu Hause:** ca. 2 Stunden **Aufbau vor Ort:** ca. 2 Stunden **Spieldauer:** 1 – 1,5 Stunden plus 10 Minuten Einführung und 10 Minuten Auswertung und Andacht
Spielformat:	City Live Escape Game für Kinder
Raumanforderungen:	Das Spiel findet draußen statt, am besten in einem kleinen Ort, einem abgegrenzten Bereich einer Stadt o. Ä.

Spielprofil mit Schlussbemerkung:

●○○ RAUMANFORDERUNG

●●○ VORBEREITUNGSAUFWAND

●●○ WIEDERAUFBAU

●○○ MATERIALAUFWAND

●○○ KOSTEN

●●○ IMMERSION

●●○ SUCHEN

●○○ KOMBINIEREN

●●○ TEAMWORK

●○○○○ SCHWIERIGKEITSGRAD

Dieses Game ist eine Mischung aus Live Escape Game, Schnitzeljagd, Stadtspiel und Schatzsuche, die individuell den Bedingungen vor Ort angepasst werden kann. Dafür findest du unten neun mögliche Rätsel zur Auswahl, die an fast jedem Ort einsetzbar sind. Von diesen wählst du pro Gruppe vier bis fünf aus und bringst sie in eine beliebige Reihenfolge. Bei fast allen Rätseln werden für die Lösung Zahlen/Buchstaben gebraucht, die z. B. im Ort gezählt/gefunden werden müssen. Daher musst du die einzelnen Rätsel jeweils an deinen Spielort anpassen. Ein Aufwand, der sich lohnt – die Spielerinnen und Spieler entdecken den Ort, setzen sich mit dem Gleichnis auseinander, bewegen sich und lösen Rätsel.

Variante: Das Spiel kann entweder mit einer oder mehreren Gruppen gleichzeitig gespielt werden. Im zweiten Fall spielen die Gruppen dann die meiste Zeit für sich, tragen aber ihre Ergebnisse am Ende zusammen, um gemeinsam den Schatz zu finden.

2. Herangehensweise

- Zuerst ist es wichtig, dass du dich als Spielleitung näher mit dem Gleichnis vom Schatz im Acker beschäftigst. Schließlich handelt es sich dabei um die Grundlage dieses Live Escape Games: Lies dir also die betreffende Bibelstelle in Matthäus 13,44-46 mehrmals aufmerksam durch. Überlege dir anschließend, was dir an der Geschichte wichtig ist und welche Botschaft darin steckt, die du den Teilnehmerinnen und Teilnehmern vermitteln möchtest. Du kannst jetzt schon damit beginnen, die abschließende Andacht vorzubereiten. Lies dazu das Kapitel „Tipps zur Andacht".
- Nun solltest du dir einen ersten Überblick über die Spielvorbereitungen und den Spielablauf verschaffen. Wirf dazu einen Blick auf die Materialliste und lies die Kapitel „Vorbereitung zu Hause", „Aufbau vor Ort" und „Spieldurchführung".
- Entscheide dich, welche Rätsel du nutzen möchtest (vier bis fünf pro Gruppe).
- Besorge sämtliche Materialien, die auf der Liste stehen. Im Idealfall sprecht ihr euch im Team zwei Wochen vorher ab, wer welches Material besorgen kann und was noch besorgt werden muss.
- Wenn du die erforderlichen Materialien besorgt hast, kannst du mit den Vorbereitungen zu Hause beginnen, indem du die Schritte 1. bis 15. befolgst. Vorher solltest du jedoch das Kapitel „Lösungswege" mit der Erklärung der Rätsel gelesen haben. Die Vorbereitungen fallen nämlich leichter, wenn man weiß, wie die einzelnen Rätsel funktionieren. Der Sinn der einzelnen Aktionen ist teilweise erst dann erkennbar, wenn man weiß, wie das Spiel später ablaufen wird. Da das City Live Escape Game auch dazu dient, dass die Spielerinnen und Spieler die Stadt erkunden, müssen fast alle Rätsel an die entsprechende Stadt angepasst werden. Das klingt komplizierter, als es ist – du findest Hinweise dazu bei den einzelnen Rätseln.
- Kurz vor dem Spiel steigst du in den Aufbau vor Ort ein und führst die Schritte 16. bis 26. durch.
- Wenn die Vorbereitungen abgeschlossen sind, lies dir noch einmal sorgfältig das Kapitel „Spieldurchführung" durch und weise die begleitenden Mitarbeiterinnen und Mitarbeiter ein. Dann kann es endlich losgehen!

3. Materialliste

Das Material für dieses Spiel ist abhängig davon, welche Stationen du für dein individuelles Live Escape Game auswählst. Daher sind die Materialien jeweils bei den einzelnen Rätseln aufgeführt. **Hier findest du nur die Materialien, die du in jedem Fall brauchst.** Manche Materialien können mit einer passenden Idee auch durch etwas anderes ersetzt werden, da gibt es oft viele Optionen.

Material, das zwingend erforderlich ist

- ☐ 1 Mitarbeiterin/Mitarbeiter je Gruppe
- ☐ 1 Schatztruhe, die mit einem Vorhängeschloss verschlossen werden kann
- ☐ 1 Zahlenschloss mit mind. 4-stelligem Zahlencode
- ☐ 1 großer Beutel pro Gruppe
- ☐ Schatz (Süßigkeiten o. Ä.)
- ☐ 1 Wecker/Stoppuhr o. Ä.

Material, das nur bei der Vorbereitung zu Hause benötigt wird

- ☐ 1 (Farb-)Drucker
- ☐ 1 Computer
- ☐ 1 Schere
- ☐ buntes Papier in mind. 4 (abhängig vom Zahlenschloss auch mehr) Farben
- ☐ Tesafilm
- ☐ 1 Cutter-Messer
- ☐ Papier und Stift

Material, das aus dem Downloadbereich benötigt wird

- ☐ Vorlage Abschlussrätsel
- ☐ Schatzkarte
- ☐ Hinweis Schatzkarte für Rätsel 1
- ☐ Hinweis Schatzkarte für Rätsel 2
- ☐ Vorlage Rätsel 3
- ☐ Vorlage Rätsel 5
- ☐ Rätsel 8
- ☐ Vorlage Rätsel 8
- ☐ Rätsel-Übersicht

Material, das nur optional benötigt wird

- ☐ Laminiergerät und Folien (zum Haltbarmachen der Materialien)

4. Vorbereitung zu Hause

1. Lies die Beschreibungen der Rätsel durch und entscheide dich für vier bis fünf Rätsel pro Gruppe. Das können gleiche/ähnliche Rätsel sein, die dann in verschiedener Reihenfolge absolviert werden, oder auch völlig verschiedene.
2. Erstelle dir eine persönliche Materialliste anhand der oben angegebenen Liste und der von dir ausgewählten Rätsel und besorge alle Materialien.
3. Drucke alle nötigen Seiten aus (s. Downloads).
4. Drucke das Dokument „Vorlage Abschlussrätsel“ (s. Downloads) aus und schneide die benötigten Ziffern aus. Dabei hat jede Ziffer eine eigene Farbe. Schneide oder stanze aus den gleichen Farben jeweils einen Kreis/Quadrat o. Ä. aus und klebe sie in der Reihenfolge auf die Abschluss-Schatztruhe, in der die farblich entsprechenden Ziffern den Abschluss-Code bilden.
5. Stelle das Zahlenschloss auf diesen Code ein.

6. Wenn du als nächstes die einzelnen Rätsel vorbereitest, muss du beachten: Hinweise und benötigte Gegenstände für ein Rätsel müssen die Spielerinnen und Spieler immer als Ergebnis des vorangehenden Rätsels erhalten, z. B. als Inhalt einer Truhe oder als mündlichen Hinweis. Bei jedem Rätsel ist angegeben, wie die Spielerinnen und Spieler den Hinweis bekommen. Manche der Gegenstände erhalten die Spielerinnen und Spieler auch schon ganz zu Beginn des Spiels als „Ausrüstung" in ihrem Beutel, z. B. diverse verschlossene Kisten.

Rätsel 1: Die magische Schatzkarte

7. Drucke die Dokumente „Schatzkarte" und „Hinweis Schatzkarte für Rätsel 1" (s. Downloads) aus und notiere mit Zitronensaft auf der Schatzkarte die Anleitung für das nächste von dir ausgesuchte Rätsel. Dazu kannst du z. B. einen Pinsel oder ein Wattestäbchen nutzen. Dies solltest du so oft machen, wie Gruppen diese Station spielen sollen. Probiere zu Hause am besten einmal aus, wie viel Saft du nutzen musst, damit man nach dem Bügeln die Schrift gut sehen kann. Schreibe den Hinweis vom Dokument „Hinweis Schatzkarte für Rätsel 1" mit sichtbarem Stift auf die Rückseite der Karte. Lege dann je eine Schatzkarte in den Beutel für die Gruppen.

- **Material zu Hause:** 1 Zitrone, 1 Pinsel oder Wattestäbchen, Dokumente „Schatzkarte", „Hinweis Schatzkarte für Rätsel 1" (s. Downloads)
- **Material vor Ort:** 1 Bügeleisen und Bügelbrett/Handtuch, Stromanschluss (ACHTUNG: Hier sollte auf jeden Fall ein Erwachsener dabei sein, damit sich niemand verbrennt!)

Rätsel 2: Wie aus dem Nichts

8. Drucke die Dokumente „Schatzkarte" und „Hinweis Schatzkarte für Rätsel 2" (s. Downloads) aus und notiere mit einem UV-Stift auf der Schatzkarte die Anleitung für das nächste von dir ausgesuchte Rätsel. Dies solltest du so oft wiederholen, wie Gruppen diese Station spielen sollen.

- **Material zu Hause:** 1 UV-Stiftt (z. B. edding 8280, farblos), Dokumente „Schatzkarte", „Hinweis Schatzkarte für Rätsel 2" (s. Downloads)
- **Material vor Ort:** 1 UV-Taschenlampe mit Batterien

Rätsel 3: Klingeling!

9. Suche einen Platz am Spielort aus, an dem man gut Sachen zählen kann, sodass sich eine eindeutige Zahl ergibt (z. B. Treppenstufen, Bänke). Mithilfe dieser Zahl erstellst du eine einfache Rechnung, deren Ergebnis die Telefonnummer ist, die während des Spiels angerufen werden soll.
   Beispiel: Die Lösungszahl ist 17. Dann ist die Rechnung: 01784739105 +_ _ = … (Lösung: 01784739122). Der Hinweis könnte dann folgendermaßen aussehen:

Sucht die Bäckerei Müller
und zählt die Treppenstufen

01784739105 + _ _
= _ _ _ _ _ _ _ _ _ _ _ _

Nennt das Codewort "Sommerferien"

Wähle bei mehreren spielenden Gruppen verschiedene Codewörter aus. Damit du den Überblick behalten kannst, ist es hilfreich, dir eine Liste der Gruppen und der jeweiligen Codewörter zu erstellen. Das kann zum Beispiel so aussehen:

Gruppe	Codewort	Tipp
1	Sommerferien	Hier steht der Hinweis für das nächste Rätsel.
2	Erdbeereis	Hier steht der Hinweis für das nächste Rätsel.

Tipp: Wenn ihr im eigenen Ort spielt, bietet es sich an, eine Festnetz-Telefonnummer auszuwählen. Diese sind für Kinder oft leichter als Telefonnummer zu identifizieren als Handynummern. Falls die Spielerinnen und Spieler nicht darauf kommen, dass es sich bei der Lösung um eine Telefonnummer handelt, kann man sie die Lösungszahl laut vorlesen lassen und sie fragen, an was sie diese Zahl erinnert.

- **Material zu Hause:** Zettel, Stift
- **Material vor Ort:** 1 Handy/Telefon für eine unbeteiligte Mitarbeiterin / einen unbeteiligten Mitarbeiter mit der Lösungstelefonnummer und 1 Handy mit Guthaben pro Gruppe, Dokument „Vorlage Rätsel 3“ (s. Downloads), selbst erstelltes Rätsel mit Rechenaufgabe

Rätsel 4: Gut versteckt

10. Suche einen Ort aus, an dem du einen Schlüssel verstecken kannst. Gib dem begleitenden Erwachsenen ggf. einen Ersatzschlüssel mit, falls der Schlüssel nicht gefunden wird. Die Anleitung für dieses Rätsel lautet: „Geht an Ort X. Findet den Schlüssel!“
    Beispiel: In der Nähe von Charlottenstr. 27 ist eine Telefonzelle. Findet den Schlüssel!

- **Material zu Hause:** Papier, Stift
- **Material vor Ort:** 1 Kiste mit Schloss/Geldkassette o. Ä., Klebeband, Hinweis für das Rätsel

Rätsel 5: Shopping

11. Die Anleitung für das Rätsel lautet: „Geht an Ort X. Dort erhaltet ihr den nächsten Hinweis. Aber Achtung: Ihr solltet dort nicht ohne ... ankommen!“

- **Material zu Hause:** Zettel, Stift
- **Material vor Ort:** Kleingeld; Hinweis; Übersicht für die Mitarbeiterin / den Mitarbeiter, welche Gruppe welchen Gegenstand mitbringt und dadurch welchen nächsten Hinweis erhalten muss (s. Dokument „Vorlage Rätsel 5“ in den Downloads).

Rätsel 6: Stadtplan

12. Besorge dir einen Stadtplan des Spielortes und markiere auf diesem so viele Orte mit A, B, C usw., wie dein Schloss Ziffern hat. Die Orte sollten fußläufig gut erreichbar sein. Zerschneide dann den Stadtplan in ca. zehn Teile.
    Hinweis: Dieses Rätsel kann nicht direkt im Anschluss an Rätsel 3 gespielt werden, da am Ende von Rätsel 3 nur ein mündlicher Hinweis gegeben wird. Für dieses Rätsel muss aber ein Materialaustausch erfolgen.

- **Material zu Hause:** Stadtplan, Stifte, Schere
- **Material vor Ort:** 1 Zahlen- oder Buchstabenschloss; 1 Kiste, die mit Schloss verschlossen werden kann; Kreide

Rätsel 7: Buchstabenchaos

13. Dieses Rätsel kannst du eigentlich erst richtig vorbereiten, wenn du dich am Spielort befindest. Es ist also dann gut geeignet, wenn der Spielort sich in der Nähe befindet, sodass du vorher schon einmal hinfahren kannst. Suche eine geeignete Infotafel aus und erstelle eine Schablone. Diese muss nicht die komplette Tafel abdecken, aber es muss klar sein, an welcher Stelle sie angelegt werden muss, z. B. durch Pfeile oder indem ein kleiner Teil der Infotafel vorn

auf der Schablone abgebildet ist. Auf die Schablone schreibst du: „Geht an Ort X (Ort, an dem die Infotafel steht). Dort werdet ihr diese Schablone brauchen!“

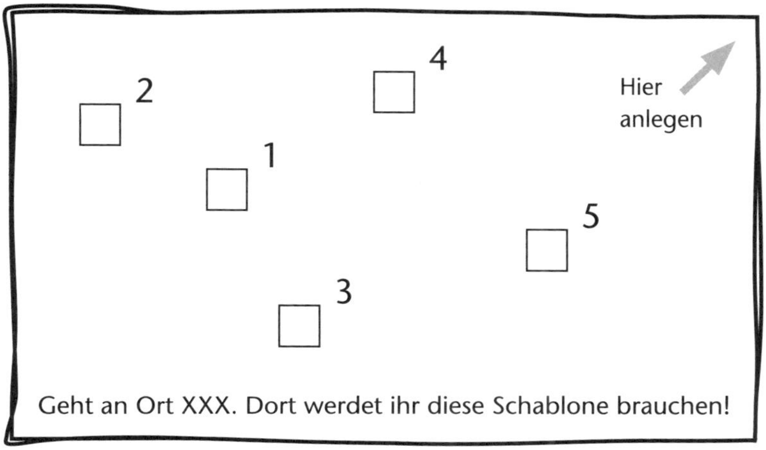

Hinweis: Dieses Rätsel kann nicht direkt im Anschluss an Rätsel 3 gespielt werden, da am Ende von Rätsel 3 nur ein mündlicher Hinweis gegeben wird. Für dieses Rätsel muss aber ein Materialaustausch erfolgen.

- **Material zu Hause:** Papier; Schere; 1 Buchstabenschloss; 1 Kiste, die mit Schloss verschlossen werden kann
- **Material vor Ort:** –

Rätsel 8: Schwergewicht

14. Vergewissere dich, dass es an dem Spielort die Möglichkeit gibt, etwas abzuwiegen. Ggf. bringst du selbst eine Waage mit und platzierst sie an geeigneter Stelle. Wiege die Bibel ab und stelle dein Zahlenschloss entsprechend ein (z. B. 0560 wenn diese 560 Gramm wiegt). Ergänze das Dokument „Rätsel 8“ (s. Downloads) mit deinen Werten: „Ich bin auch ein Schatz. Von mir zählt heute aber nur das Gewicht. Ich wiege ungefähr 0_ _ _ g.“ (Die Zahl entsprechend anpassen und vorn mit Nullen auffüllen.) Stelle das Zahlenschloss auf diesen Lösungscode ein.
    Hinweis: Dieses Rätsel kann nicht direkt im Anschluss an Rätsel 3 gespielt werden, da am Ende von Rätsel 3 nur ein mündlicher Hinweis gegeben wird. Für dieses Rätsel muss aber ein Materialaustausch erfolgen.

- **Material zu Hause:** 1 Waage, Stift, Papier, Dokument „Rätsel 8“ (s. Downloads), 1 Bibel, 1 Zahlenschloss
- **Material vor Ort:** 1 Waage; 1 Bibel; 1 Zahlenschloss; 1 Kiste, die mit Schloss verschlossen werden kann

Rätsel 9: Eingeschlossen

15. Finde heraus, ob es an deinem Spielort öffentlich zugängliche Schließfächer gibt (Achtung: ggf. Öffnungszeiten beachten!).
Hinweis: Dieses Rätsel kann nicht direkt im Anschluss an Rätsel 3 gespielt werden, da am Ende von Rätsel 3 nur ein mündlicher Hinweis gegeben wird. Für dieses Rätsel muss aber ein Materialaustausch erfolgen.

- **Material zu Hause:** –
- **Material vor Ort:** –

5. Aufbau vor Ort

16. Jede Gruppe erhält irgendwann im Spiel eine oder mehrere der bunten Ziffern als Teile der Lösung für das Abschlussrätsel. Diese legst du dazu in die Kisten, die die Spielerinnen und Spieler im Laufe des Spiels öffnen. Sollte nur eine Gruppe mitspielen, verteile die Ziffern auf die verschiedenen Rätsel. Sollten mehrere Gruppen mitspielen, achte darauf, dass die Gruppen nach Möglichkeit gleich viele Ziffern im Laufe des Spiels finden – jede Gruppe mindestens eine!

Rätsel 1: Die magische Schatzkarte

17. Stelle vom Startpunkt aus gut sichtbar Bügelbrett und Bügeleisen bereit. Alternativ kannst du (z. B. bei einer Ferienfreizeit) beides schon vorher im Laufe des Tages „benutzen" und den Kindern so den Hinweis geben, wo sie Bügeleisen und Bügelbrett finden.

Rätsel 2: Wie aus dem Nichts

18. Lege die UV-Taschenlampe vorab in den Beutel der Gruppe oder verstecke sie im Umfeld des Rätselortes. Hier gibt es nichts weiter für dich zu tun!

Rätsel 3: Klingeling!

19. Gib der Mitarbeiterin / dem Mitarbeiter, die/der das Handy mit der Lösungstelefonnummer bedient, dein angepasstes Dokument „Vorlage Rätsel 3". Lege den von dir erstellten Hinweis zu diesem Rätsel in die Kiste des vorangegangenen Rätsels bzw. notiere/platziere den Hinweis auf dieses Rätsel entsprechend den Erläuterungen für das vorangegangene Rätsel.

Rätsel 4: Gut versteckt

20. Lege den Hinweis auf das nachfolgende Rätsel in die Kiste, verschließe diese mit dem Schlüssel und lege die Kiste in den Beutel der Gruppe. Verstecke den

Schlüssel zu der Kiste an dem von dir dafür ausgewählten Ort, z. B. indem du ihn mit Klebeband unter etwas klebst. Achte darauf, dass du den Schlüssel so versteckst, dass ihn nicht aus Versehen jemand findet und wegräumt. Lege den Hinweis auf dieses Rätsel in die Kiste des vorangegangenen Rätsels bzw. notiere/platziere den Hinweis auf dieses Rätsel entsprechend den Erläuterungen für das vorangegangene Rätsel.

Rätsel 5: Shopping

21. Lege den Hinweis und genug (aber auch nicht zu viel) Kleingeld in die Kiste des vorangegangenen Rätsels. Eine Mitarbeiterin / ein Mitarbeiter platziert sich gut sichtbar an dem beschriebenen Ort. Sie/er erhält das von dir angepasste Dokument „Vorlage Rätsel 5“, um die Übersicht über die mitzubringenden Gegenstände und die zu gebenden Hinweise zu haben.

Rätsel 6: Stadtplan

22. Lege die Puzzleteile des Stadtplans in die Kiste des vorangehenden Rätsels (bzw. gib sie der Mitarbeiterin / dem Mitarbeiter aus Rätsel 5 o. Ä.). Schreibe mit Kreide die Lösungszahlen an den passenden Orten auf den Boden – je älter die Kinder desto kleiner/schwerer auffindbar kannst du die Zahlen schreiben. Lege den Hinweis auf das nachfolgende Rätsel in die Kiste, verschließe diese mit dem Schloss und lege die Kiste in den Beutel der Gruppe.

Rätsel 7: Buchstabenchaos

23. Wenn du das Rätsel noch nicht zu Hause angepasst hast, musst du vor Ort noch die Schablone erstellen und dafür entsprechend Zeit einplanen. Lege die Schablone in die Kiste des vorangegangenen Rätsels (bzw. gib sie der Mitarbeiterin / dem Mitarbeiter aus Rätsel 5 o. Ä.) Lege den Hinweis auf das nachfolgende Rätsel in die Kiste, verschließe diese mit dem Buchstabenschloss und lege die Kiste in den Beutel der Gruppe.

Rätsel 8: Schwergewicht

24. Platziere ggf. eine Waage an einem geeigneten Ort. Wenn das Spiel z. B. auf einer Ferienfreizeit gespielt wird, kann die Waage beim letzten Essen vor dem Spiel irgendwo im Speiseraum vorkommen. Noch schöner ist, wenn ein ortsansässiger Supermarkt zugänglich ist und man dort etwas abwiegen kann. Lege die Bibel in die Kiste des vorangegangenen Rätsels (bzw. gib sie der Mitarbeiterin / dem Mitarbeiter aus Rätsel 5 o. Ä.). Lege den Hinweis auf das nachfolgende Rätsel in die Kiste, verschließe diese mit dem Zahlenschloss und lege die Kiste in den Beutel der Gruppe.

Rätsel 9: Eingeschlossen

25. Lege den Hinweis für das nachfolgende Rätsel in ein Schließfach vor Ort und verschließe dieses. Lege den Schlüssel in die Kiste des vorangegangenen Rätsels (bzw. gib sie der Mitarbeiterin / dem Mitarbeiter aus Rätsel 5 o. Ä.).
Tipp: Wenn durch das Öffnen des Schließfaches z. B. ein Eurostück übrig bleibt, kann man an dieser Stelle hervorragend Rätsel 5 anschließen und dieses Geld gleich weiterverwenden.

26. Lege den Schatz in die Abschluss-Schatztruhe und verschließe diese mit dem Abschluss-Schloss. Verstecke den Schatz an dem von dir ausgewählten Ort. Falls dies ein öffentlicher Raum ist, sollte sich ggf. ab dann eine Mitarbeiterin / ein Mitarbeiter in der Nähe des Schatzes aufhalten und sich erst entfernen, sobald die Spielerinnen und Spieler ankommen.

Wiederaufbau

Für den Wiederaufbau für eine neue Spielrunde müssen alle Schritte 16. bis 26. „Aufbau vor Ort" noch einmal durchgegangen werden.

6. Spieldurchführung

6.1 Anmoderation

Erklärung für die Spielenden

Eine City Live Escape Game ist eine Mischung aus Schatzsuche, Escape-Room und Stadtralley. Als Team erhält man eine Aufgabe. Auf dem Weg, diese Aufgabe zu lösen, ist es notwendig, verschiedene Rätsel zu entschlüsseln. Dazu müsst ihr viele Hinweise richtig zusammenzubringen. Die Aufgaben und Rätsel lassen sich nach einem einfachen Prinzip lösen: suchen, sammeln, kombinieren, zählen und anwenden.
Ihr nehmt als Team die Rolle des Mannes ein, der den Schatz im Acker sucht. Gleich müsst ihr irgendwo anfangen und dann ist es wie bei einer Schnitzeljagd: Ihr folgt als Team einem roten Faden und setzt verschiedene Dinge zusammen, u m das große Puzzle zu lösen.
Viel Spaß und Freude beim Entdecken des Ortes, beim Öffnen von Schatztruhen und Kisten!

Regeln

- Bitte achtet auf den Straßenverkehr und eure Mitmenschen. Lasst keinen Müll liegen und macht keine Dinge kaputt.
- Die Aufgaben und Rätsel sind ohne Gewalt lösbar. Ihr müsst nichts demontieren oder mutwillig auseinandernehmen.
- Schlösser werden mittels Schlüssel oder Code geöffnet und nicht „geknackt" oder durch Herumprobieren geöffnet, es sei denn, es sind z. B. die Zahlen bekannt, aber nicht die Reihenfolge.

- Legt alles, was ihr nicht mehr braucht, in euren Beutel und bringt es am Ende wieder mit.
- Die Nutzung eigener technischer Hilfsmittel ist verboten!
- Ebenso das Anfertigen von Foto-, Video- oder Audioaufnahmen. Bewahrt das Geheimnis, damit sich bei einem solchen Spiel nicht die Lösung verbreitet.
- Eine Mitarbeiterin /ein Mitarbeiter wird euch auf eurem Weg begleiten und ggf. Tipps und Hinweise geben, wenn ihr nicht weiterkommt.

Aufgabe
An dieser Stelle bietet es sich an, eins der vielen Kurz-Videos zu zeigen, die es zum Gleichnis vom Schatz im Acker gibt. Alternativ kann die Geschichte vom Schatz im Acker (gern etwas ausgeschmückt) auch erzählt werden. Je nach Gruppe reicht es auch, die Geschichte anhand des Verses aus Matthäus 13,44 einzuführen. Danach folgen Erläuterungen der Spielleitung: Der reiche Kaufmann will diesen Schatz unbedingt finden. Er macht sich auf die Suche, aber es ist nicht so leicht. Daher braucht er eure Hilfe. Gebt alles und findet den Schatz!

6.2 Das Team begleiten – Tipps

- Jede Gruppe sollte von einer Mitarbeiterin / einem Mitarbeiter begleitet werden, der die Lösungen der Rätsel kennt und ein Handy dabeihat, um sich mit den Mitarbeiterinnen und Mitarbeitern der anderen Gruppen über den zeitlichen Fortschritt zu verständigen.
- Diese Mitarbeiterin / dieser Mitarbeiter sollte sich – abhängig vom Alter der Gruppe – möglichst völlig zurückhalten und nur einschreiten, wenn
    - » die Gruppe etwas Gefährliches machen möchte.
    - » einzelne Gruppenmitglieder nicht mit einbezogen werden.
    - » die Gruppe nicht mehr weiterweiß.
- Wichtig: Es geht nicht darum, dass deine Gruppe die schnellste ist. Also baut keine Konkurrenzsituation mit den anderen Gruppen auf!

6.3 Spielablauf

- Du erklärst das Spielprinzip und die Regeln.
- Du stellst die Aufgabe vor.
- Verteile die Beutel an die jeweiligen Gruppen.
- Die spezifischen Rätselelemente dieses Spiels müssen in der richtigen Reihenfolge gelöst werden.

6.4 Spielende

- Andacht
- Auswertungsrunde
- Foto zum Schluss

7. Lösungswege

7.1 Beschreibung der Rätsel

Jede Gruppe macht sich auf einen individuellen Weg, den Schatz im Acker zu finden. Du selbst wählst aus, welche der unten beschriebenen Rätsel gut zu den Kids und dem Spielort passen. Vier bis fünf Rätsel genügen für eine Spieldauer von 60 – 90 Minuten Spielzeit. Die Reihenfolge der Rätsel gibst du vor – dabei solltest du vor allem darauf achten, dass die Kinder nicht zu weite Strecken zwischen den verschiedenen Stationen zurücklegen müssen. (Eine Übersicht über alle Rätsel s. Downloads.)

Nach der inhaltlichen Einführung (s. oben) erhält jede Gruppe einen Beutel mit Materialien für ihre Suche. In diesen Beutel legst du alles, was sie für die Lösung der einzelnen Rätsel braucht sowie die zu öffnenden Kisten. Bei warmem Wetter kannst du auch noch etwas zu trinken mit in den Beutel legen oder z. B. Süßigkeiten zur Motivation, die nach einer gewissen Zeit gegessen werden dürfen.

Rätsel 1: Die magische Schatzkarte

Dieses Rätsel eignet sich gut als Einstiegsrätsel. Die Spielerinnen und Spieler finden in ihrem Beutel eine Schatzkarte (s. Schritt 7.), auf der ein Ort abgebildet ist. Dieser hat nichts mit dem realen Ort zu tun und dient nur der Illustration. Auf der Rückseite der Schatzkarte steht: „Ihr gebt alles, um den Schatz zu finden? Dann solltet ihr diese Schatzkarte bügeln!“ Durch Bügeln der Schatzkarte wird ein Satz sichtbar, der den Kindern sagt, was sie als nächstes tun sollen – also die Anleitung für das nächste Rätsel.

Rätsel 2: Wie aus dem Nichts

Dieses Rätsel eignet sich ebenfalls gut als Einstiegsrätsel – z. B. für eine zweite Gruppe oder als Alternative zu Rätsel 1. Die Spielerinnen und Spieler finden in ihrem Beutel eine Schatzkarte (s. Schritt 7.), auf der ein Ort abgebildet ist. Dieser hat nichts mit dem realen Ort zu tun und dient nur der Illustration. Auf der Rückseite der Schatzkarte steht: „Ihr wisst nicht, wohin? Probiert mal, ob die Taschenlampe Licht ins Dunkel bringt!“ In dem Beutel befindet sich eine UV-Taschenlampe. Mit dieser entdecken die Kinder auf der Schatzkarte die Anleitung für das nächste Rätsel.

Rätsel 3: Klingeling!

Die Kinder werden aufgefordert, an einem Ort etwas zu zählen, z. B. die Stufen bis zu einem bestimmten Ort oder die Anzahl von Fenstern an einem Gebäude. Die Lösungszahl wird in eine Rechnung eingesetzt, deren Lösung eine Telefonnummer ergibt. Das müssen die Kinder erkennen (bei Kindern, die jünger sind als 8 Jahre, ist das nicht selbstverständlich und braucht ggf. einen Tipp) und sich dann trauen, mit dem Handy des begleitenden Erwachsenen die Nummer anzurufen und das angegebene Codewort zu nennen. Die angerufene Mitarbeiterin / der angerufene Mitarbeiter weiß anhand des Codeworts, welche Gruppe ihn gerade anruft, falls mehrere Gruppen spielen, und gibt den Hinweis auf das nächste Rätsel.

Rätsel 4: Gut versteckt

Die Kinder werden aufgefordert, einen Ort aufzusuchen und dort einen Schlüssel zu suchen. Dieser öffnet eine Kiste, die mit einem Vorhängeschloss verschlossen ist, die sie in ihrem Beutel mitbringen. In der Kiste befindet sich der Hinweis für das nächste Rätsel.

Rätsel 5: Shopping

Die Spielerinnen und Spieler finden in einer Kiste Kleingeld und den Auftrag, einen bestimmten Ort aufzusuchen, um dort den nächsten Hinweis zu erhalten. Allerdings dürfen sie dort nur mit einem bestimmten Gegenstand erscheinen, z. B. einer Tafel Schokolade. Sie müssen erkennen, dass sie mit dem Geld den Gegenstand erwerben können, diesen kaufen und an den angegebenen Ort bringen. Dort sitzt eine Mitarbeiterin / ein Mitarbeiter und gibt den Hinweis auf das nächste Rätsel, falls der richtige Gegenstand abgegeben wird. Sollten mehrere Gruppen dieses Rätsel spielen, kannst du verschiedene Gegenstände vorgeben, sodass die Mitarbeiterin / der Mitarbeiter individuell für jede Gruppe weiß, welchen Hinweis sie/er geben muss.

Rätsel 6: Stadtplan

Die Kinder finden in einer Kiste Puzzleteile eines Stadtplans vom Spielort (s. Schritt 12.). Diesen müssen sie zusammenpuzzeln. Auf dem Stadtplan sind mehrere Orte deutlich markiert mit A, B, C, usw. An jedem dieser Orte finden sie eine Zahl, die mit Kreide auf die Straße geschrieben ist. Die Reihenfolge der Orte gibt die Reihenfolge der Zahlen vor, die zusammen den Lösungscode für das nächste Zahlenschloss liefern.
Alternative: Hast du ein Buchstabenschloss, markiere den Stadtplan mit den Zahlen 1, 2, 3 usw. und schreibe die Lösungsbuchstaben mit Kreide auf.

Rätsel 7: Buchstabenchaos

Die Kinder erhalten als Hinweis eine Schablone und einen Ort (s. Schritt 13.). An diesem Ort finden sie eine Hinweistafel/Infoschild o. Ä., auf das die Schablone genau passt. Die Schablone hat Löcher, hinter denen bei richtiger Platzierung Buchstaben erscheinen. Die Löcher sind auf der Vorderseite durchnummeriert. Durch die Nummerierung ergibt sich die Reihenfolge der Lösungsbuchstaben.

Rätsel 8: Schwergewicht

Die Spielerinnen und Spieler erhalten als Hinweis eine Bibel. Durch den beiliegenden Hinweis erschließen sie, dass sie das Gewicht der Bibel benötigen, um das nächste Schloss zu öffnen. Die Kinder müssen am Spielort eine Waage finden (z. B. im Supermarkt, in einer Küche), die Bibel dort abwiegen und mithilfe des Ergebnisses die nächste Truhe öffnen.

Rätsel 9: Eingeschlossen

Die Kinder erhalten als Hinweis einen Schlüssel mit einer Nummer, aber ohne zusätzliche Informationen. Der Schlüssel öffnet ein Schließfach am Spielort, z. B. in der örtlichen Bücherei oder im Schwimmbad (Achtung: Nur, wenn ohne Eintritt zugänglich). Sie müssen ggf. durch Befragung der Passantinnen und Passanten herausfinden, wo sich passende Schließfächer befinden, diese dann aufsuchen und mit dem Schlüssel das passende Schließfach öffnen.

Abschlussrätsel: Der Schatz

Die Gruppen haben im Laufe des Spiels bunte Papierziffern (s. Schritt 4.) gefunden, die sie bisher nicht verwenden konnten. An der letzten Station erhalten sie den Hinweis darauf, wo sich der Schatz befindet. Sie suchen diesen Ort auf, finden die Schatztruhe, die mit einem Schloss verschlossen ist und auf der sie die bunten Markierungen finden. Diese geben vor, in welcher Reihenfolge die Lösungszahlen am Schloss eingestellt werden müssen. Das Schloss kann erst dann geöffnet werden, wenn alle Gruppen ihre Zahl beigetragen haben.

Tipp: Es bleibt nicht aus, dass die Gruppen unterschiedlich schnell arbeiten. Die begleitenden Mitarbeiterinnen/Mitarbeiter sollten sich über den aktuellen Stand auf dem Laufenden halten und ggf. ein kurzes Spiel oder eine Pause einplanen, wenn eine Gruppe deutlich schneller ist als die anderen. Die Schatzsuche sollte erst beginnen, wenn alle Gruppen den Ort erreicht haben.

7.2 Spielschema

In der folgenden Übersicht ist der Lösungsweg schematisch und kompakt aufgezeigt. Dieses Spielschema ist ausdrücklich keine Aufbauanleitung, sondern dient der Prozessverfolgung, an welcher Stelle sich die Gruppe gerade auf dem Weg zum Ziel befindet. Die verschiedenen Schraffierungen sollen die verschiedenen Arten deutlich machen und dienen der besseren Erkennung.

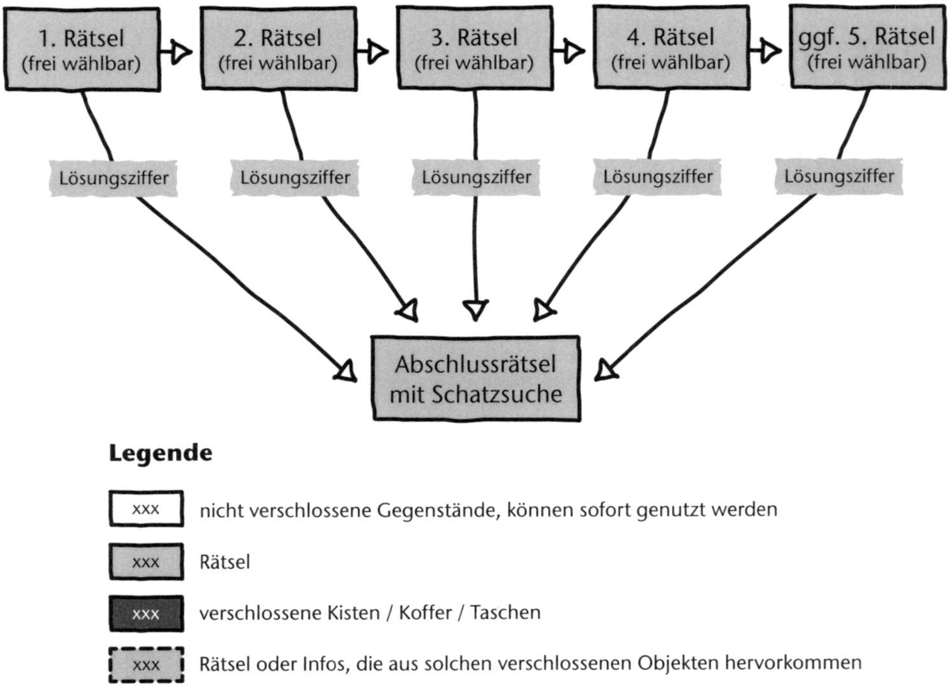

8. Tipps zur Andacht

Nun habt ihr den Schatz gefunden! Erinnert ihr euch noch an die Geschichte von dem reichen Kaufmann, der alles für diesen Schatz tun wollte? Schauen wir uns an, wie das weiterging! (An dieser Stelle kann der Rest des Videos gezeigt oder alternativ die Geschichte erzählt werden.) Die Geschichte von dem Kaufmann und dem Schatz findet ihr übrigens in der Bibel. Dort erzählt Jesus sie seinen Freunden. Und am Ende sagt er, dass es mit dem Schatz ein bisschen so ist wie mit Gott. Gott ist unglaublich wertvoll für unser Leben und es lohnt sich, ihn zu suchen.

Impulsfragen

- Warum war es dem Kaufmann so wichtig, den Schatz zu finden?
- Was gibt es in deinem Leben, das dir so wichtig ist, dass du alles dafür tun würdest?
- Wie kann das aussehen, nach Gott zu suchen?
- Wo könnte Gott zu finden sein?
- In dem Spiel gerade habt ihr gemerkt, dass es leichter ist, wenn man sich zusammen mit anderen auf die Suche macht. Das ist auch bei der Suche nach Gott so. Wo könnt ihr mit anderen zusammen nach Gott suchen?

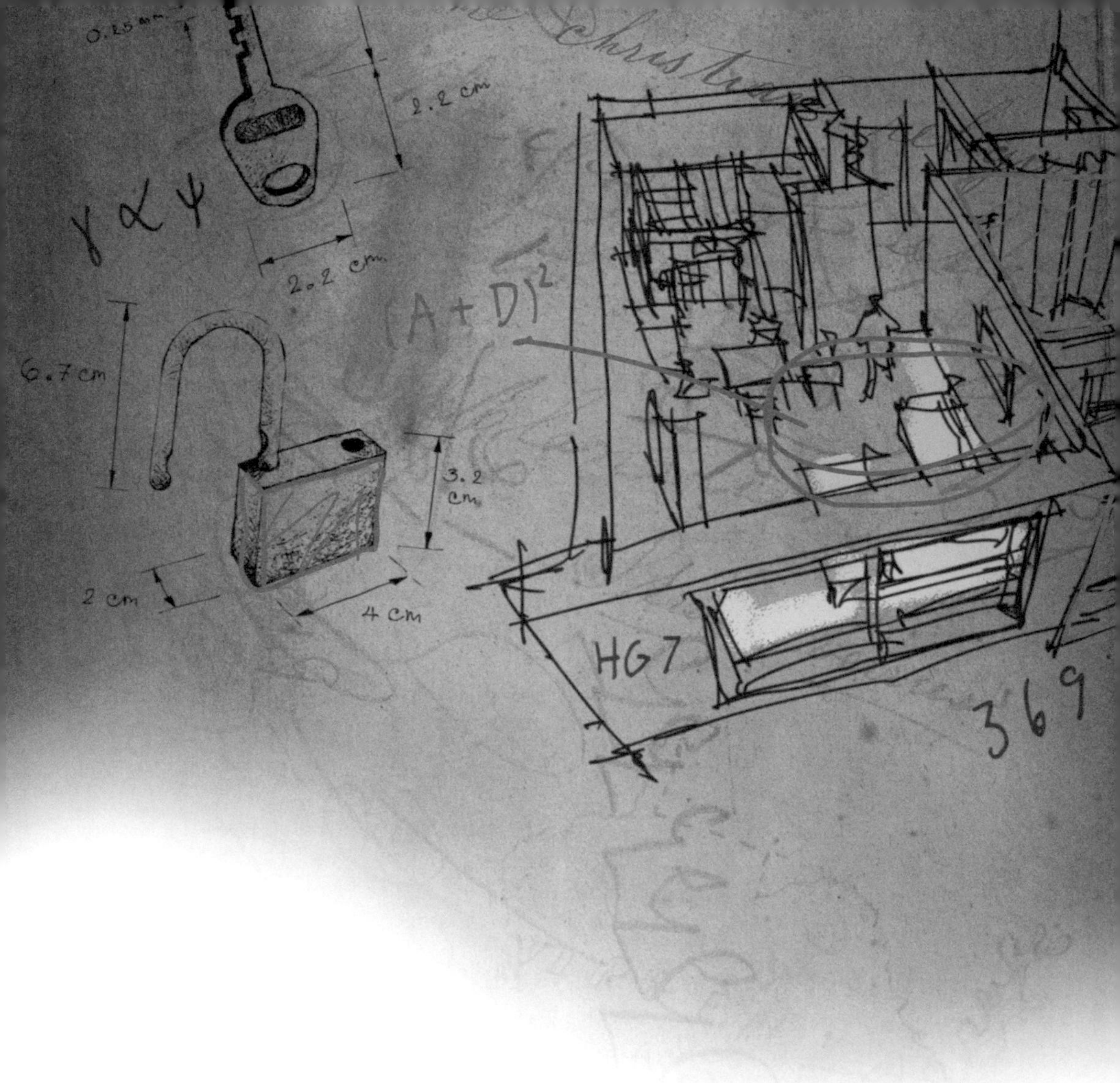

DAS GAME

DAS VIDEO

von Jan Freiwald

1. Allgemeine Informationen

Ziel des Spiels:	Die Gruppe muss eine Kamera, auf der Videoaufnahmen von Jesus Christus gespeichert sind, für die Nachwelt retten. Die Videoaufnahmen hat ein Zeitreisender gemacht, der sich als Thomas unter die Jünger Jesu gemischt hat.
Thema:	Wie wäre es, wenn Liveaufnahmen von Jesus Christus existieren würden?
Alter:	ab 12 Jahren
Gruppengröße:	3 – 6 Personen
Aufgabe:	Die Spielerinnen und Spieler durchlaufen eine Kette von Rätseln, die die Verfasserin / der Verfasser der Videoaufnahmen zum Schutz der Kamera aufgebaut hat. Das letzte Rätsel, das mithilfe eines alten Stadtplanes von Paris geknackt werden muss, startet einen Generator, der die Kamera so lange mit Strom versorgt, bis in ferner Zukunft sein Bildspeicher gelesen werden kann. So werden die Spielerinnen und Spieler zu „Retterinnen und Rettern" der Videoaufnahmen, ohne sie jedoch selbst sehen zu können.
Dauer:	**Vorbereitung zu Hause:** 50 Stunden **Aufbau vor Ort:** 2 Stunden **Spieldauer:** ca. 1 Stunde plus 5 Minuten Einführung und 15 Minuten Auswertung und Andacht
Spielformat:	Hightech Live Escape Game
Raumanforderungen:	Der Raum sollte über einen Tisch, einen soliden Stuhl, ein Bücherbord sowie ein Schränkchen verfügen. Ferner braucht man zwei Wandflächen und Haken für das Aufhängen der Bilder. Der Spielreiz wird erhöht, wenn man versucht, Ambiente, Dekoration oder sogar Möbel an die Zeit des frühen 20. Jahrhunderts in Frankreich anzupassen. Dies ist jedoch nicht zwingend erforderlich. Auch einige alte Bücher auf einem verstaubten Regal, ein alter Tisch oder eine staubige Tischdecke erfüllen den Zweck. Französische Accessoires, Bücher, Fahnen usw. sind auch nützlich, aber wiederum nicht zwingend notwendig.

Spielprofil mit Schlussbemerkung:

●●○ RAUMANFORDERUNG

●●● VORBEREITUNGSAUFWAND

●●○ WIEDERAUFBAU

●●● MATERIALAUFWAND

●●● KOSTEN

●●● IMMERSION

●○○ SUCHEN

●●○ KOMBINIEREN

●●○ TEAMWORK

●●●●● SCHWIERIGKEITSGRAD

Der Reiz des Spiels liegt u. a. darin, dass die Informationen über Sinn und Zweck des Spiels erst nach und nach zum Vorschein kommen, sodass die Gruppe also zu Beginn völlig im Dunkeln tappt: Der fiktive Zeitreisende Thomas war im Jahr 2120 in die Zeit Jesu geschickt worden, kam jedoch leider 200 Jahre zu früh von seiner Reise zurück, also im Jahre 1920. Nun musste er dafür sorgen, dass die Kamera die Zeit überdauern konnte, bis die Technik zur Sichtbarmachung der wertvollen Filmaufnahmen zur Verfügung stehen würde. Er richtete den vorhandenen Raum ein, sicherte ihn mit Rätseln und baute einen Generator, der den Speicher der Kamera für 100 Jahre mit Energie versorgen konnte. Das Spiel beginnt kurz vor Ablauf dieser 100 Jahre: In 60 Minuten wird der Speicher der Kamera unwiederbringlich verlöschen, sollte das Team es nicht schaffen, den Generator wieder in Betrieb zu setzen und die Kamera für weitere 100 Jahre aufzuladen.

Aus Live Escape Games professioneller Anbieterinnen und Anbieter sind elektronisch gesteuerte Geräte und Effekte nicht mehr wegzudenken. Kisten, die sich von selbst öffnen, Schriften, die hinter Spiegeln erscheinen oder Stimmen, die aus dem Nichts ertönen gehören hier zum Standard und erhöhen den Spielreiz. Da die hierfür eingesetzten Mikrocomputer recht preisgünstig sind, ist die Herstellung auch nicht sehr kostspielig. Allerdings erfordern sie einen längeren Vorlauf, eine gewisse Bastelfreude und Kenntnisse im Programmieren mit C++.

2. Herangehensweise

- Als Hintergrund ist es nützlich, etwas über den Jünger Thomas zu wissen, der als der „Zweifler“ bekannt ist. Zwar war Thomas natürlich kein Zeitreisender, aber in unserer Geschichte nimmt die Hauptfigur dessen Platz ein. Lies also die wichtigsten Stellen über Thomas nach, vor allem Johannes 20,24-31. Überlege dir anschließend, was dir an der Geschichte wichtig ist und welche Botschaft darin steckt, die du den Teilnehmerinnen und Teilnehmern vermitteln möchtest. Du kannst auch bereits damit beginnen, die abschließende Andacht vorzubereiten. Lies dazu das Kapitel „Tipps zur Andacht“.
- Nun solltest du dir einen ersten Überblick über die Spielvorbereitungen und den Spielablauf verschaffen. Wirf dazu einen Blick auf die Materialliste und lies die Kapitel „Vorbereitung zu Hause“, „Aufbau vor Ort“ und „Spieldurchführung“.
- Besorge sämtliche Materialien, die auf der Liste stehen. Im Idealfall sprecht ihr euch im Team zwei Wochen vorher ab, wer welches Material besorgen kann und was noch besorgt werden muss. Da die Geräte schwierig herzustellen sind, ist eine ausreichende Vorlaufzeit erforderlich (ca. sechs Wochen).
- Wenn du die erforderlichen Materialien besorgt und die Geräte gebaut hast, kannst du mit den Vorbereitungen zu Hause beginnen, indem du die Schritte 1. bis 8. befolgst. Vorher solltest du jedoch das Kapitel „Lösungswege“ mit der Erklärung der Rätsel gelesen haben. Die Vorbereitungen fallen nämlich leichter, wenn man weiß, wie die einzelnen Rätsel funktionieren.
- Nach den Vorbereitungen zu Hause kannst du dich um den Aufbau vor Ort kümmern. Wähle einen Raum aus, der die erforderlichen Bedingungen erfüllt, und absolviere die Schritte 9. bis 19. Auch hier gilt: Der Sinn der einzelnen Aktionen ist teilweise erst dann erkennbar, wenn man weiß, wie das Spiel später ablaufen wird.
- Wenn die Vorbereitungen abgeschlossen sind, lies dir noch einmal sorgfältig das Kapitel „Spieldurchführung“ durch. Dann kann es endlich losgehen!

3. Materialliste

Manche Materialien können mit einer passenden Idee auch durch etwas anderes ersetzt werden – da gibt es oft viele Optionen. Einige Materialien sind zwingend erforderlich, andere Materialien dienen nur dem Flair oder der Veranschaulichung. Sie sind nicht notwendig und werden daher extra aufgeführt.

Material, das zwingend erforderlich ist

- ☐ 1 Lutherbibel, in die geschrieben werden darf
- ☐ 1 Unterlegscheibe aus Metall (nicht so dick, dass man sie ertasten kann, aber groß genug, dass der Detektor sie erkennt)
- ☐ 1 handelsüblicher Hand-Metalldetektor (Taschenlampengröße)
- ☐ 1 alter Fotoapparat oder Kamera (kann auch selbstgebastelt sein, muss nicht funktionieren)
- ☐ 1 altes Telefon mit Wählscheibe (Bauanleitung s. Downloads)
- ☐ 1 kleines Notizbuch oder Aufkleber auf Wählscheibe
- ☐ 1 Generator-Attrappe mit Zahlentastatur (Bauanleitung s. Downloads)
- ☐ 1 wasserlöslicher, dicker Folienstift
- ☐ Akkus für alle Geräte
- ☐ 1 Buchattrappe (im Bastelbedarf erhältlich)
- ☐ zahlreiche Bücher, zwischen denen man die Buchattrappe verstecken kann
- ☐ 1 alte Schatulle/Kiste, die eine Lasche hat, an der ein Zahlenschloss befestigt werden kann; alternativ Kette, die um Kiste gewickelt und mit Zahlenschloss verschlossen wird
- ☐ 1 Zahlenschloss mit 3-stelligem Zahlencode
- ☐ Isolierband
- ☐ Klebeband
- ☐ 1 Bild „Abendmahl" mit verstecktem Schalter (Bauanleitung s. Downloads)
- ☐ 1 Schatulle, die sich automatisch entriegelt (Bauanleitung s. Downloads)

Material, das nur bei der Vorbereitung zu Hause benötigt wird

- ☐ 1 (Farb-)Drucker
- ☐ 1 Computer mit installierter Arduino-Software (www.arduino.cc)
- ☐ 1 USB-Kabel
- ☐ 1 weicher Bleistift
- ☐ DIN-A2- oder DIN-A0-Papier
- ☐ Klebeband
- ☐ Kleber
- ☐ Bucheinbandfolie
- ☐ 1 Lötkolben
- ☐ Werkzeug (Bohrer, Säge usw.)

Material, das aus dem Downloadbereich benötigt wird

- ☐ Sketche (müssen nicht ausgedruckt werden)
- ☐ Bibliotheken (müssen nicht ausgedruckt werden)
- ☐ Bauanleitungen (muss nicht ausgedruckt werden)
- ☐ Automatische Schatulle (muss nicht ausgedruckt werden)
- ☐ Bild mit Druckschalter (muss nicht ausgedruckt werden)
- ☐ Generator (muss nicht ausgedruckt werden)
- ☐ Abendmahl
- ☐ Metalldetektorrätsel
- ☐ Metalldetektorrätsel Lösung (muss nicht ausgedruckt werden)
- ☐ Kirchen in Paris
- ☐ Lösung Stadtplan von Paris um 1900 (muss nicht ausgedruckt werden)
- ☐ Nachricht 1
- ☐ Nachricht 2
- ☐ Nachricht 3
- ☐ Buchstabenrätsel
- ☐ Zahlenrätsel
- ☐ Nachricht 4

Material, das nur optional benötigt wird

- ☐ 1 alte Schreibmaschine
- ☐ Laminiergerät und Folien (zum Haltbarmachen der Materialien)
- ☐ Raumdeko
- ☐ rot-weißes Absperrband (zum Abtrennen von Bereichen, die nicht zum Spiel gehören)

4. Vorbereitung zu Hause

1. Erstelle dir eine persönliche Materialliste anhand der angegebenen Liste und besorge alle Materialien. Sind mehrere Mitarbeiterinnen und Mitarbeiter beteiligt, könnt ihr euch die Geräte und Gegenstände auch aufteilen.

2. Stellt die Gegenstände und Geräte nach den Bauanleitungen (s. Downloads) her, nehmt Verdrahtungen entsprechend der Schaltpläne (s. Dokumente „Automatische Schatulle", „Bild mit Druckschalter", „Telefon mit Sprachnachricht" und „Generator" in den Downloads) vor.

3. Für die Programmierung der Arduinos ist ein wenig Ausprobieren und Geduld erforderlich. Hierfür ist zunächst folgende Erklärung hilfreich: Zum Betrieb eines Arduinos braucht man drei Dinge: 1.) Die Arduino-Software auf einem PC zur Kommunikation mit dem Arduino; 2.) bestimmte Programmteile, so genannte Bibliotheken; 3.) den „Sketch", also das eigentliche Programm, das dann auf dem Arduino abläuft. Der Sketch selbst muss für jede Anwendung selbst geschrieben werden. Die erforderlichen Sketche sind im Downloadbereich verfügbar. Die Bibliotheken sind im Internet frei verfügbar, man findet sie am besten mit einer Suchmaschine: „Arduino", „library" und den Namen der gesuchten Bibliothek eingeben. Die Bibliotheken müssen heruntergeladen und im Arduino-Verzeichnis abgelegt werden. Sie werden bei der Übermittlung der Programme an die Arduinos (mittels USB-Kabel) automatisch mitgeladen. Welche jeweils für einen Sketch erforderlich sind, erkennt man im Sketch: Die Bibliotheken stehen ganz oben, jeweils hinter dem Befehl „#include".

4. Drucke alle nötigen Seiten aus (s. Downloads). Beim Ausdrucken der Downloads auf die Jahreszahlen achten: Das Jahr, in dem der Raum gespielt wird, sollte exakt 100 Jahre nach dem Datum der Nachrichten liegen. Die Nachrichten müssen also angepasst werden (die Anpassungen können in der PDF im Downloadbereich vorgenommen werden).

5. Die Bibel wird mit einem weichen Bleistift präpariert. Hierzu werden an den folgenden Stellen Buchstaben unterstrichen, die nacheinander gelesen das Lösungswort ergeben: 2. Mose 3,1-8 „Suche die Hand"; Psalm 23,1-5 „die niemandem" und Lukas 2,1-5 „gehoert".

6. Das Dokument „Metalldetektorrätsel" (s. Downloads) muss ausgedruckt und auf mindestens A2 vergrößert werden – besser sogar auf A1 oder A0. Auf die Rückseite der im Dokument „Metalldetektorrätsel-Lösung" (s. Downloads) rot markierten Zeichen klebst du je eine Unterlegscheibe aus Metall.

7. Zerschneide das Dokument „Kirchen in Paris" (s. Downloads) in zwei Hälften. Präpariere nun das Dokument „Stadtplan von Paris um 1900" (s. Downloads): Wichtig ist, dass das Bild eine gewisse Größe hat, damit man die Kirchen und deren Namen noch erkennen kann. Also mindestens DIN A2, besser noch DIN A1 oder sogar A0. Man kann den Plan auch aus mehreren A3-Blättern

zusammenkleben. Damit mit einem abwaschbaren Filzstift die Wege zwischen den Kirchen nachgezeichnet werden können, muss das Ganze mit einer Folie geschützt werden. Hierfür nimmt man am besten selbstklebende Bucheinbandfolie.

8. Schreibe auf ein Stück Papier „Lukas 2,1-5“ und auf ein anderes „Psalm 23,1-5“.

5. Aufbau vor Ort

9. Dekoriere den Raum (s. Raumanforderungen).
10. Hänge das präparierte Dokument „Abendmahl“ an die Wand.
11. Hänge das Bild „Stadtplan von Paris um 1900“ an die Wand.
12. Versehe alle elektronischen Geräte mit vollgeladenen Akkus.
13. Hänge das Plakat mit dem Metalldetektorrätsel an eine Wand oder Pinnwand.
14. Lege den Zettel mit der Bibelstellenangabe „Lukas 2,1-5“ (s. Schritt 8.) und das Dokument „Zahlenrätsel“ in die Buchattrappe und verstecke sie im Bücherregal zwischen den anderen Büchern.
15. Lege folgende Gegenstände in die Schatulle/Kiste: Metalldetektor, erste Hälfte des Dokuments „Kirchen in Paris“, die Dokumente „Buchstabenrätsel“ und „Nachricht 2“ (s. Downloads). Verschließe die Schatulle/Kiste mit dem 3-stelligen Zahlenschloss und dem Code 719. Verdrehe dann das Zahlenschloss und stelle die Schatulle/Kiste auf den Tisch.
16. Verstecke die zweite Hälfte des Dokuments „Kirchen von Paris“ im Plastikschutzbecher einer Deckenlampe. Umwickle vorher die Stromklemmen mit Isolierband! (Wenn es im Raum keine Lampe mit Plastikschutzbecher gibt, suche dir ein anderes Versteck und passe das Rätsel entsprechend an (s. „Buchstabenrätsel“).)
17. Lege das Dokument „Nachricht 3“ in die automatische Schatulle und verschließe diese. Stelle die Schatulle auf einen Tisch oder in ein Regal.
18. Verstecke den Zettel mit der Stellenangabe „Psalm 23,1-5“ (s. Schritt 8.) irgendwo im Raum.
19. Verstecke den Folienstift im Raum.

Wiederaufbau

Für den Wiederaufbau für eine neue Spielrunde müssen alle Schritte „Aufbau vor Ort“ 9. bis 19. noch einmal durchgegangen werden. Zudem muss das Dokument „Stadtplan von Pariss um 1900“ mit einem feuchten Tuch wieder saubergewischt werden. Da die Akkus teilweise nur zwei bis drei Stunden durchhalten, sollten genügend geladene Ersatzakkus bereitgehalten werden, sodass immer ein Satz geladen wird, während der andere in Betrieb ist.

6. Spieldurchführung

6.1 Anmoderation

Erklärung für die Spielenden

Ein Live Escape Game lässt sich mit vier Begriffen erklären: ein Raum – ein Team – eine Aufgabe – eine Stunde Zeit. Man hat als Team 60 Minuten Zeit, um verschiedene Rätsel zu entschlüsseln und die Aufgabe zu lösen. Dazu ist es notwendig, viele Hinweise richtig zusammenzubringen. Die Aufgaben und Rätsel lassen sich nach einem einfachen Prinzip lösen: suchen, sammeln, kombinieren und anwenden.
Ihr seid als Team auf den vorhandenen Raum gestoßen und versucht, seine Rätsel zu lösen, ohne zunächst zu wissen, wohin euch die Suche führen wird und welches Geheimnis der Raum verbirgt. Gleich müsst ihr irgendwo anfangen und dann ist es wie bei einer Schnitzeljagd: Ihr folgt als Team einem roten Faden und setzt verschiedene Dinge zusammen, um die Aufgabe zu lösen. Gefundene Nachrichten solltet ihr laut vorlesen, damit sie jede/jeder hören kann.
Viel Spaß und Freude beim Öffnen von Schubladen, Türen und Fächern!

Regeln

- Die Aufgaben und Rätsel sind ohne Gewalt lösbar. Ihr müsst nichts demontieren oder mutwillig auseinandernehmen.
- Schlösser werden mittels Schlüssel oder Codes geöffnet und nicht „geknackt" oder durch Herumprobieren geöffnet, es sei denn, es sind z. B. die Zahlen bekannt, aber nicht die Reihenfolge.
- Lasst bitte geöffnete Schlösser ggf. mit Schlüssel einfach hängen.
- Alles, was durch Klebeband festgeklebt oder anderweitig fixiert ist, soll an diesem Ort bleiben!
- Mit rot-weißem Band markierte Bereiche dürfen nicht betreten werden bzw. die Gegenstände dürfen nicht berührt werden – sie gehören nicht zum Spiel.
- Ihr dürft parallel arbeiten, ihr müsst also nicht immer alle dasselbe machen, sondern ihr könnt euch auch aufteilen.
- Die Nutzung eigener technischer Hilfsmittel ist verboten!
- Ebenso das Anfertigen von Foto-, Video- oder Audioaufnahmen. Bewahrt das Geheimnis, damit sich bei einem solchen Spiel nicht die Lösung verbreitet.
- Nehmt keine Bilder von den Wänden, es ist nichts dahinter versteckt!
- Ihr habt 60 Minuten Zeit. Ich stoppe für euch die Zeit und erinnere euch zwischendurch daran. (Gemeinsam runterzählen und den Wecker / die Stoppuhr einstellen.)

Aufgabe

Eine dekorativ aufgestellte Kamera muss mit Strom versorgt werden. Warum, ist zu Beginn nicht klar. Die Gruppe wird kommentarlos in den Raum geschickt und findet im Laufe des Spiels die Hintergrundinformationen heraus.

6.2 Das Team begleiten – Tipps

Hat das Spiel angefangen, hältst du dich so weit wie möglich im Hintergrund. Setze dich am besten auf einen Stuhl in eine Ecke des Raumes und tu so, als wärst du gar nicht da. So erkennt die Gruppe schnell, dass sie selbst gefragt ist. Halte dich mit Tipps zurück, denn der Reiz besteht im Selbstknobeln und Erraten. Erst wenn die Gruppe zu viel Zeit verliert durch Sackgassen oder falsche Fährten, gib einen Hinweis, der sie auf die richtige Spur zurückführt. Hinweise sollten aber niemals direkt die Lösungen nennen, sondern nur die Richtung. Die Gruppe sollte nicht zu sehr an den Geräten herumfingern oder versuchen, sie zu öffnen. Die Bilder an den Wänden sollten auch nicht abgenommen werden.

6.3 Spielablauf

- Du erklärst das Spielprinzip und die Regeln.
- Du stellst den Wecker / die Uhr.
- Die spezifischen Rätselelemente dieses Spiels müssen in der richtigen Reihenfolge gelöst werden.

6.4 Spielende

- Andacht
- Auswertungsrunde
- Foto zum Schluss

7. Lösungswege

7.1 Beschreibung der Rätsel

Die verborgene Schrift

Das Dokument „Nachricht 1“ ist am Anfang des Spiels in einer alten Schreibmaschine eingespannt oder liegt auf dem Tisch. Auf der Seite sind zusätzlich Buchstaben verteilt, die ohne Farbband getippt wurden. Sie sind also nur ins Blatt eingedrückt und nur in Umrissen erkennbar. Von oben nach unten bzw. von links nach rechts gelesen ergeben sie den Satz „Suche das leere Buch“. Die Buchstaben können auch in einem hellen Grauton ausgedruckt werden oder (schwerer) auf die Rückseite des Blattes gedruckt oder geschrieben werden.

Achtung: Wenn das Blatt in einer Schreibmaschine eingespannt ist, dürfen die Gruppenmitglieder nicht auf der Maschine herumtippen, weil sich sonst der Lösungstext verändern könnte.

Zahlenrätsel

In der Buchattrappe, die zwischen anderen Büchern im Regal versteckt ist, liegen der Zettel mit der Stellenangabe „Lukas 2,1-5“ und das Dokument „Zahlenrätsel“. Beim Zahlenrätsel müssen einfache Rechenaufgaben gelöst und die Symbole entsprechend ausgefüllt werden. Die Lösung ergibt den Code 719 für das 3-stellige Zahlenschloss, das die alte Schatulle/Kiste öffnet. Die Bibelstelle wird später für das Rätsel „Bibelstellen“ benötigt.

Metalldetektor

In der alten Schatulle/Kiste liegen die erste Hälfte des Dokuments „Kirchen in Paris“, das Dokument „Buchstabenrätsel“, der Metalldetektor sowie das Dokument „Nachricht 2“. Für dieses Rätsel benötigt die Gruppe nur den Metalldetektor: Fährt man mit dem Detektor über das Plakat „Metalldetektorrätsel“, spricht der Detektor bei einigen Zeichen an. Das Plakat sollte groß genug sein (mindestens DIN A2), damit der Detektor auch zweifelsfrei die richtigen Zeichen ausgibt und nicht gerätselt werden muss, ob vielleicht das Zeichen daneben gemeint war. Hintereinander gelesen ergibt das die Bibelstelle 2. Mose 3.

Bibelstellen

Drei Bibelstellen sind im Raum zu finden: Eine liegt in der Buchattrappe, eine ist im Buchstabenrätsel verborgen und die dritte ist im Raum versteckt. Schlägt die Gruppe unter den angegebenen Stellen in der Bibel nach, findet sie unterstrichene Buchstaben (s. Schritt 5.), die nacheinander gelesen die Lösungsworte ergeben, deren Reihenfolge aber erraten werden muss. Die Lösungswörter sind 1.) „Suche die Hand“, 2.) „die niemandem“ und 3.) „gehört“.
Wichtig: Es ist darauf zu achten, dass die wichtigste Stelle – nämlich 1.) – als letzte gefunden wird, also mit dem Metalldetektor.

Bild mit Geheimschalter

Der Lösungssatz „Suche die Hand, die niemandem gehört“ weist auf das Bild „Abendmahl“ hin. Tatsächlich gibt es auf diesem Bild eine Hand zwischen den Jüngern Jesu, die keiner Person zugeordnet werden kann; es ist die Hand mit dem Messer auf der linken Seite. Hinter dieser Hand ist unsichtbar ein Drucktaster in den Bilderrahmen eingebaut (s. Bauanleitungen in den Downloads). Drückt man auf die Hand, wird ein Funksignal gesendet, das die automatische Schatulle entriegelt.

Telefon

In der Schatulle liegt der Zettel mit dem Dokument „Nachricht 3“. Auf dieser Nachricht ist ganz unten klein der Satz zu lesen: „Jesaja 55,6 Lu: Ruft den Herrn an, solange er nahe ist. Appelez le Seigneur, puisqu'il est proche.“ Dieser berühmte Satz aus dem Buch des Propheten Jesaja weist mit dem Stichwort „anrufen“ auf das alte Telefon hin, das in einer Ecke des Raumes auf einem Schränkchen oder Bücherbord steht. Die französische Übersetzung wiederum deutet mit dem fettgedruckten „Seigneur“ (= Herr) an, welche Nummer man wählen muss. Auf der Wählscheibe oder in einem danebenliegenden Notizbuch sind nämlich auf französisch – der Raum spielt ja in Paris – Telefonnummern angegeben: Police (Polizei), Pompiers (Feuerwehr), Medecin (Notarzt) usw. Darunter ist auch die Nummer Seigneur – 573. Nachschlagen unter Jesaja 55 bringt in diesem Fall nichts, man muss nachdenken und kombinieren. Das Telefon ist so präpariert, dass im Hörer eine Sprachnachricht abgespielt wird, sobald die richtige Nummer gewählt wird (s. Bauanleitungen in den Downloads).

Buchstabenrätsel

In der alten Schatulle/Kiste lag unter anderem das Buchstabenrätsel, mit dem die Gruppe aber bisher nichts anfangen konnte. Jetzt aber kann mithilfe der Sprachnachricht der Lösungssatz „Selig sind die nicht sehen und doch glauben" aus Johannes 20,29, einer der bekanntesten Sätze der Geschichte vom Jünger Thomas, eingetragen werden. Die mit Zahlen markierten Buchstaben ergeben das Lösungswort „Deckenleuchte". Sollte der Raum nicht über eine Deckenleuchte mit Plastikschutz verfügen – das ist eine Art Becher, der die Kabel schützt, die aus der Decke kommen – müssen ein anderer Ort und ein anderes Lösungswort für das Buchstabenrätsel gefunden werden.

Kirchen in Paris

In dem Plastikschutzbecher der Deckenlampe steckt die zweite Hälfte des Dokuments „Kirchen in Paris". Die erste Hälfte wurde schon in der alten Schatulle/Kiste am Anfang gefunden, aber erst beide Hälften nebeneinandergelegt führen weiter. Zum Auffinden des Zettels ist der Stuhl erforderlich, auf den ein Gruppenmitglied klettern muss, um an die Deckenleuchte zu kommen. (Die Klemmen der Stromkabel unbedingt vorher mit Isolierband umwickeln!) Legt man nun beide Hälften des Zettels mit den Kirchen von Paris nebeneinander, erkennt man einen Weg, den man auf dem Stadtplan von Paris, der an der Wand hängt, von Kirche zu Kirche gehen kann. Die Buchstaben „St." stehen für „Sankt". Wenn mit dem abwischbaren Folienstift, der irgendwo im Raum versteckt ist, die Kirchen in der angegebenen Reihenfolge verbunden werden, ergeben sich von Weitem gesehen die Lösungszahlen 314.

Schlussrätsel Generator

Die Aufgabe der Gruppe besteht darin, die Kamera mit Strom zu versorgen. Hierfür ist die Kamera – oder der Sockel, auf dem sie platziert ist – auffällig durch ein Kabel mit einem Generator verbunden. Dies kann eine einfache dekorierte Holzkiste mit Tastenfeld sein, aber auch ein aufwändiges Steampunk-Gerät. Hauptsache, das Gerät fängt an zu blinken oder zu brummen oder sich sonst irgendwie bemerkbar zu machen, sobald die Zahlenfolge 314 eingegeben wird. Ist der Generator gestartet, gratuliert die Spielleitung der Gruppe und erklärt das Spiel für gewonnen.

7.2 Spielschema

In der folgenden Übersicht ist der Lösungsweg schematisch und kompakt aufgezeigt. Dieses Spielschema ist ausdrücklich keine Aufbauanleitung, sondern dient der Prozessverfolgung, an welcher Stelle sich die Gruppe gerade auf dem Weg zum Ziel befindet. Die verschiedenen Schraffierungen sollen die verschiedenen Arten deutlich machen und dienen der besseren Erkennung.

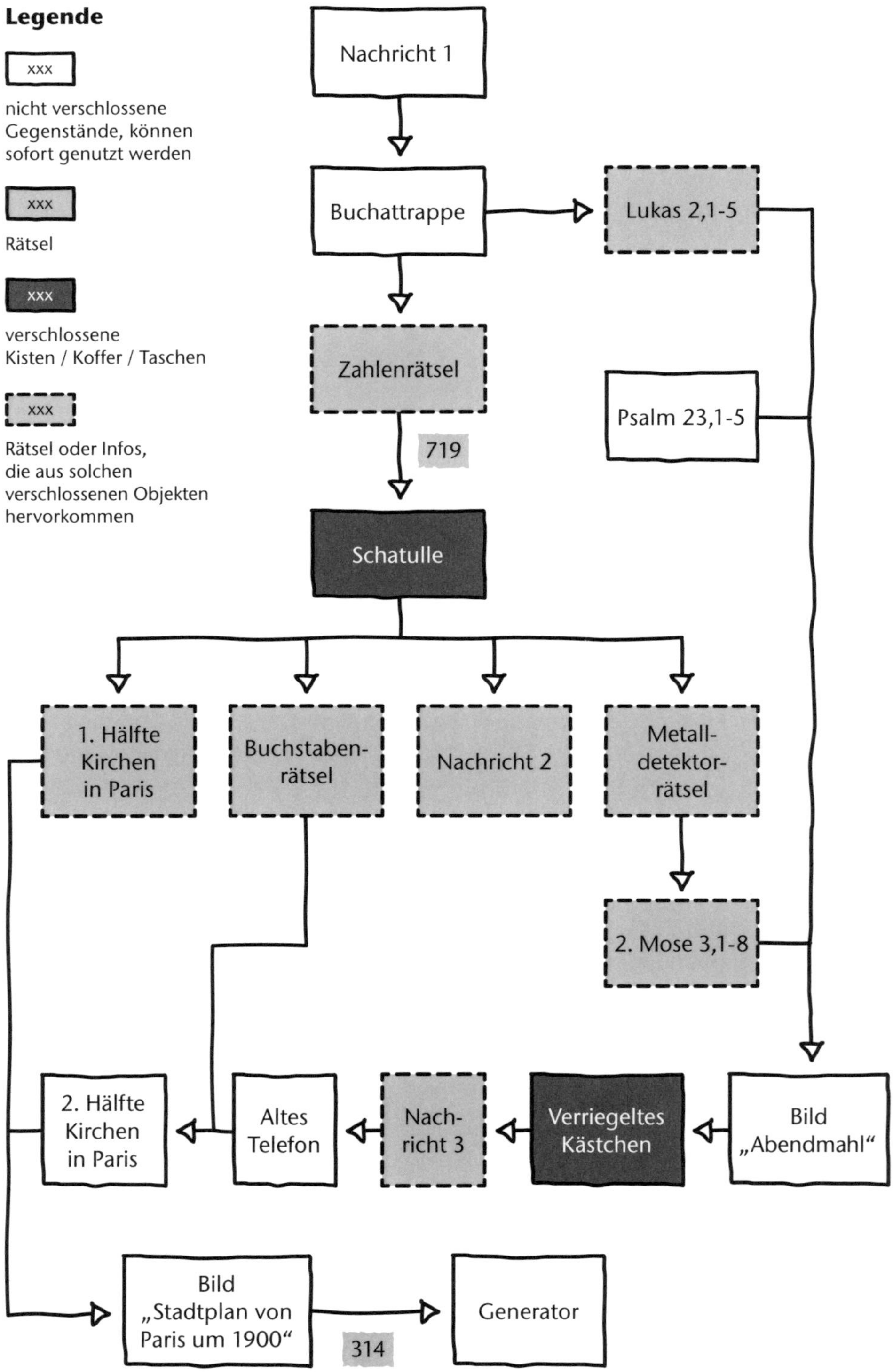
Legende
xxx
nicht verschlossene Gegenstände, können sofort genutzt werden
xxx
Rätsel
xxx
verschlossene Kisten / Koffer / Taschen
xxx
Rätsel oder Infos, die aus solchen verschlossenen Objekten hervorkommen
Nachricht 1
Buchattrappe
Lukas 2,1-5
Zahlenrätsel
Psalm 23,1-5
719
Schatulle
1. Hälfte Kirchen in Paris
Buchstabenrätsel
Nachricht 2
Metalldetektorrätsel
2. Mose 3,1-8
2. Hälfte Kirchen in Paris
Altes Telefon
Nachricht 3
Verriegeltes Kästchen
Bild „Abendmahl“
Bild „Stadtplan von Paris um 1900“
Generator
314

8. Tipps zur Andacht

Im Anschluss an dieses Live Escape Game bietet sich eine Andacht über das Thema „Nicht sehen und doch glauben" oder das Verhältnis von Glaube und Wissen an.

Da die Geschichte vom Zeitreisenden Thomas fiktiv ist, sollte hier noch einmal darauf hingewiesen werden, dass der Jünger Thomas in der Bibel tatsächlich eine andere Rolle hatte: Im Johannesevangelium ist er der Zweifler, der unbedingt alles genau wissen will, bevor er glaubt. In der Bibel gibt es noch viele andere Personen, die an Gottes Wort und Willen zweifeln. Für uns ist das sehr tröstlich, stehen sie doch für die sehr menschliche Eigenschaft, den Dingen auf den Grund gehen und sie mit dem Verstand begreifen zu wollen. Auf etwas zu vertrauen, das wir nicht sehen können, ist der Grundzug des Glaubens, und gerade wegen dieser Ungewissheit steht er bei vielen heute in der Kritik. Andererseits: Was wäre Vertrauen, wenn absolute Sicherheit da wäre? Eröffnet nicht gerade die Spannung, etwas nicht genau zu wissen und trotzdem sein Herz daran zu hängen, einen großen Spielraum? Wäre Jesus „beweisbar", etwa mit einer Videoaufnahme – würden wir dadurch nicht gerade diesen Spielraum von Vorstellen, Träumen, Ausprobieren und Scheitern verlieren?

Impulsfragen

- Ein Video von Jesus zu haben: Wäre das gut oder schlecht?
- Hast du dir schon einmal gewünscht, einen unumstößlichen Beweis für Gottes Existenz zu haben?
- Was würde das für deinen Glauben oder für dein Gottesbild bedeuten, wenn es wirklich eine Videoaufnahme von Jesus Christus gäbe?

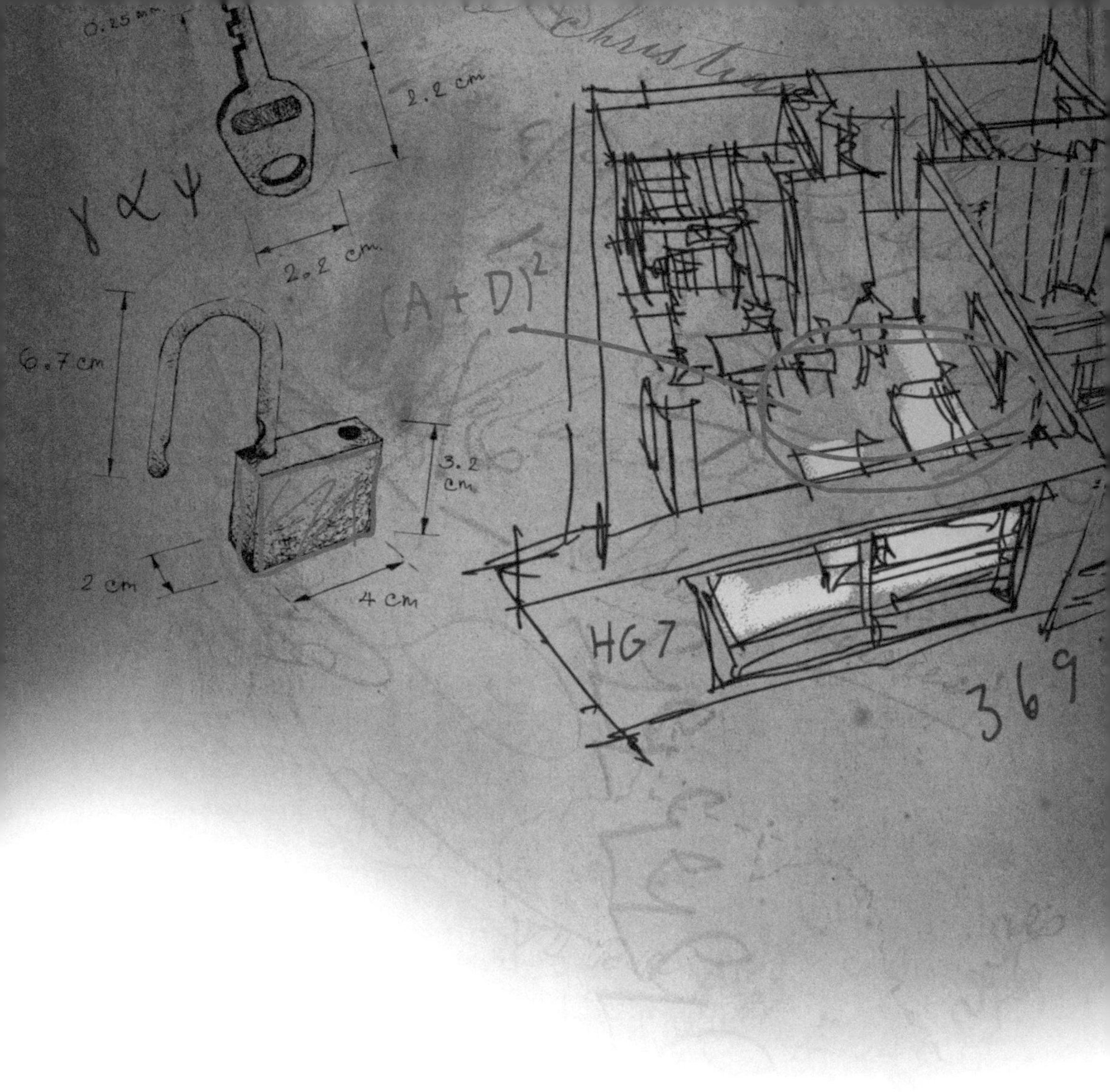

TEIL 2:

VERKÜNDIGUNG UND REFLEXION

METHODEN DER VERKÜNDIGUNG

Du kannst natürlich nach dem Live Escape Game eine mehr oder weniger klassische Andacht halten, um den Glauben und das Game miteinander zu verknüpfen. Wir haben in Kapitel „Andachten zur inhaltlichen Vertiefung“ ein paar Andachten zu allgemeinen Themen aufgeschrieben. Alternativ kannst du dir auch eine Situation überlegen, die mit Sicherheit eintreten wird oder einen Gegenstand für deine Andacht nutzen, der im Game vorkommt. Das erhöht die Identifikation mit dem Gesagten, weil die Teilnehmerinnen und Teilnehmer eben noch Ähnliches erlebt oder den Gegenstand benutzt haben.

Dialog-Modell

Kurzbeschreibung
Das Live Escape Game dient quasi der Einführung in das biblische Setting. Danach geht es mit folgenden Schritten weiter:

Schritt 1: Wir lesen in der Bibel
„Es geschah Folgendes:“ (Bibeltext lesen)

Schritt 2: Kurze Lesephase im Stillen und eigene Entdeckungen machen
„Jetzt hast du Zeit, den Bibeltext noch einmal zu lesen und eigene Entdeckungen zu machen. Was findest du auf Anhieb klasse? Was ärgert dich? Was verstehst du gar nicht? Du hast ein paar Minuten Zeit – ich sage dir, wenn es weitergeht.“

Schritt 3: Entdeckungen mit zwei bis drei Personen teilen und sich auf eine Frage / ein Statement für die Nachhak- und Ausquetschrunde einigen
„Seid ihr soweit? Dann teilt jetzt eure Entdeckungen mit zwei bis drei Leuten um euch herum. Zwei bis drei – nicht mehr. Ihr müsst keine Vorträge halten, nur sagen, was euch aufgefallen ist. Und dann einigt ihr euch auf einen Punkt für die Nachhak- und Ausquetschrunde. Eine Frage oder ein Statement. Ihr habt nun wieder kurz Zeit – es lohnt sich, gleich in die Gänge zu kommen.

Was habt ihr entdeckt?“

Schritt 4: Nachhak- und Ausquetschrunde
Die Personen in den Kleingruppen nennen jetzt nacheinander ihren Punkt aus Schritt 3. Wichtig ist:

- Falls die Gruppe sich noch nicht kennt: Die Person, die an der Reihe ist, nennt zunächst ihren Namen, damit sich alle persönlich anreden können!
- Den Punkt / die Frage der anderen würdigen!
- Frage an die anderen: „Ist der Punkt / die Frage okay für dich?“

- Alltagsrelevanz: „Was bedeutet das für uns heute? Das ist wichtig für uns, weil ... Ist das für mich wichtig? Jetzt wirst du sagen: Ich glaube ja, denn ..."
- Sachliche Fragen knapp beantworten.
- Die Antworten sind Teil der Verkündigung!
- „Jetzt ist eure Möglichkeit, eine Frage oder ein Statement loszuwerden. Statements lassen wir stehen, Fragen versuche ich als Leitung zu beantworten."
- „Ihr meldet euch einfach, sagt euren Vornamen und dann geht es los!"

Schritt 5: Was mir wichtig geworden ist
Ein kurzer Impuls über das, was dir als Spielleitung wichtig geworden ist:

- Was nimmst du mit?
- Frage an die Teilnehmerinnen und Teilnehmer: „Was denkst du? Was ist dir heute wichtig geworden? Was nimmst du mit? Welchen Satz, welchen Gedanken? Nimm dir im Stillen noch einmal einen kurzen Augenblick Zeit dafür. Ein Punkt. Ein Gedanke. Was nimmst du mit?"
- Kurze Stillephase für ca. 20 Sekunden.
- „Ist dir was eingefallen? Das halte fest. Alles andere lass hinter dir. Aber diesen einen Punkt, der dir jetzt sofort wieder vor Augen stand, den nimm mit – den halte fest. Der ist wirklich wichtig für dein Leben."
- Einladung zur Reaktion der Teilnehmerinnen und Teilnehmer auf das Gesagte und Erlebte.
- Überlege dir eine kleine symbolische Handlung als Reaktion auf das Erlebte.

Nach Braun, Dieter: Dialog-Prinzip. Wenn das Gespräch mit Jugendlichen die Predigt wird, buch+musik, Stuttgart [2]2019.

Escape-Talk

Kurzbeschreibung

Hier nutzt du den aufgebauten Raum und die Erfahrung, die die Teilnehmerinnen und Teilnehmer darin gemacht haben, um mit ihnen ins Gespräch zu kommen. Anhand der Fragen der Teilnehmerinnen und Teilnehmer entsteht ein Gespräch. Die Mitarbeiterinnen und Mitarbeiter haben die Aufgabe, das Gespräch so zu leiten, dass alle sich beteiligen können. Die Fragen der Teilnehmerinnen und Teilnehmer stehen im Mittelpunkt. Gemeinsam versucht die Gruppe, Antworten zu finden. Die Mitarbeiterinnen und Mitarbeiter steuern eigene Gedanken und Erfahrungen bei. Am Ende schließt eine Mitarbeiterin / ein Mitarbeiter das Gespräch ab, indem sie/er die Fragen und Gedanken noch einmal zusammenfasst, sie in Beziehung zu dem Live Escape Game setzt und den Teilnehmerinnen und Teilnehmern einen Segen zuspricht.
Damit dieser Talk gelingen kann, bekommen die Teilnehmerinnen/Teilnehmer und Mitarbeiterinnen/Mitarbeiter einen Stift und einen Zettel mit verschiedenen Fragen, die zu dem Setting des Raums passen. Diese beantworten sie erstmal nur für sich, indem sie über die Fragen nachdenken und den Ort auf sich wirken lassen.

Es gibt ein paar Einstiegsfragen:

- „Was hörst du? Was riechst du? Was siehst du?"
- „Welche Gefühle verbindest du mit diesem Ort?"
- „Warum gibt es diesen Ort?"

Dann folgen die Fragen in Bezug auf den Ort und die Hauptintention, z. B.:

- „Was nimmt dich in deinem Leben gefangen?"
- „Wo bist du auf Hilfe angewiesen?"
- „Was bedeutet dir Freiheit?"

Danach lassen alle Beteiligten sich gegenseitig an den Erfahrungen und Erkenntnissen teilhaben. Im Zentrum stehen die Fragen, Erkenntnisse und Antworten der Teilnehmerinnen und Teilnehmer.

Material: jeweiliger Fragenzettel, Stifte

Nach Müller, Ingo / Pfalzer, Bernd: Andachten in 4D. 104 Impulse für Teens und Jugendliche, Born-Verlag, Kassel [4]2022.

Message to go

Kurzbeschreibung
Bei dieser Methode greifst du mitten in das Escape Game ein. Mitten im Spiel unterbrichst du in einem passenden Moment das Spiel und hältst dann deine ganz kurze Andacht. Dieser Impuls sollte max. 3 Minuten lang dauern. In dieser Variante hält die Mitarbeiterin / der Mitarbeiter eine Andacht, die genau in diese unterbrochene Situation passt. Dabei geht es vor allem darum, dass die Verkündigung mitten ins Leben spricht. Schließlich haben gerade alle diese Situation erlebt.

Mögliche Situationen und Themen:

- Fehlversuch: „Wie gehst du mit Vergebung, Frust und Scheitern um?"
- Jemand hilft einem anderen: Die vier Freunde und der Gelähmte; Freunde, die tatkräftig helfen (Mk 2,1-12).
- Streit: „Kennt ihr die Tempelreinigung (Mk 11,15-19)? Worum geht es dir im Streiten wirklich?"
- Jemand gibt alles bei einem Spiel: „Paulus fordert uns auf, unser Bestes zu geben (1. Kor 9,24-27). Danke, dass du hier alles gegeben hast!"

Natürlich sind auch Situationen möglich, die sehr konkret auf das jeweilige Live Escape Game bezogen sind.

Nach Pfalzer, Bernd / Kretzschmar, Thomas / Müller, Andreas / Müller, Ingo (Hrsg.): Sechsmalzehn. Ideen zum Selberglauben, Born-Verlag, Kassel 2019.

Real Life

Kurzbeschreibung

Du lädst jemanden ein, der die Thematik, die im Live Escape Game vorkommt, persönlich erlebt und mit Gott an seiner Seite überwunden hat. Du kannst es gern auch als Blind Date machen, dann weiß niemand außer den Mitarbeiterinnen und Mitarbeitern, wer die Person ist.
Nach dem Live Escape Game werden Snacks und Getränke verteilt. Das Essen ist eine auflockernde Nebensache und darf ganz einfach gehalten sein. Ein paar Getränke sollten gestellt werden (Wasserkaraffen reichen auch aus). Die Teilnehmerinnen und Teilnehmer setzen sich bequem hin und eine Mitarbeiterin / ein Mitarbeiter interviewt die Person über ihre Erfahrungen mit der Thematik und mit Gott.
Das Lebenszeugnis einer Person hat eine enorm tiefe Wirkung für viele Menschen, gerade für Jugendliche. In einer Andacht kann man viel erzählen, aber das Leben schreibt eine ganz persönliche Geschichte und von dieser zu hören ist persönlich, tiefgehend, vertrauensstiftend und anrührend.
Das Gespräch/Interview sollte gut vorbereitet sein, damit die Person passend zum Thema ausgewählt wird und die Fragen auch auf das zielen, was die Person erzählen kann und will. Bereitet euch gut auf das Interview vor. Ein gutes Interview mit Tiefgang entsteht nicht von allein. Bereitet das Gespräch auch mit der erzählenden Person vor, damit sie weiß, worum es geht.

Für das Interview mitten im Live Escape Room dienen euch folgende Gesprächsimpulse:

Erzähle uns, ...

- ... in was für einer Situation Gott in dein Leben eingegriffen hat.
- ... was deine leidvolle Situation war oder ist, in der du nach Freiheit suchst.
- ... was du erlebt hast, das mit diesem Raum zu tun hat.
- ... wo du ausgebrochen, geflüchtet bist.
- ... wo Gott in deinem Leben eingegriffen hat.
- ... was für dich Freiheit ist.
- ... wo du Freiheit finden willst.
- ... wo du dich für Freiheit einsetzt. Was kostet dich das?

Ablauf nach dem Live Escape Game

- Stellt den Spielerinnen und Spielern nach dem Game vor, was heute noch passiert.
- Startet nach dem Game mit ein paar Liedern.
- Essen und Getränke verteilen.
- Bequem und gut einsehbar hinsetzen.
- Interview/Gespräch mit der Person.

Material: Verpflegung

Rückblick

Kurzbeschreibung
Nach dem Live Escape Game setzen sich alle in den Raum. Du erklärst ganz kurz, was jetzt passiert: „Viel zu selten bemerken wir, dass das, was wir erleben, eigentlich mit Gott und unserem Glauben an ihn zu tun hat. Darum nehmen wir uns heute mal ein paar Minuten Zeit dafür, damit wir das trainieren und realisieren können. Dabei gibt es kein falsch und kein richtig. Jede/jeder kann es für sich ganz anders deuten! Was hat das mit deinem Glauben an Gott zu tun?“ Jetzt erzählen die Teilnehmerinnen und Teilnehmer, was die erlebte Aktion mit ihrem Glauben zu tun hat. Höre dabei gut zu und bedanke dich bei jeder/jedem, die/der etwas sagt. Das wertschätzt die Aussage und den Mut. Gleichzeitig motiviert es andere, auch etwas zu sagen. Deine Auslegung äußerst du auf Augenhöhe ebenso kurz und knapp, während die anderen auch ihre Eindrücke und Interpretationen äußern.
Zum Abschluss erzählst du nicht nochmal, was du dazu denkst, denn das könnte dazu führen, dass die Teilnehmerinnen und Teilnehmer ihren Aussagen weniger Wichtigkeit zusprechen. Du schließt mit den Worten: „Es ist alles gesagt. Ich möchte noch beten.“ Und dann betest du, ohne etwas in deinem Gebet predigen zu wollen. Du dankst für die Gedanken, freust dich über den Glauben usw.

Nach Müller, Ingo / Pfalzer, Bernd: Andachten in 4D. 104 Impulse für Teens und Jugendliche, Born-Verlag, Kassel [4]2022.

ANDACHTEN ZUR INHALTLICHEN VERTIEFUNG

Ein ganz besonderes Team

Was ist für dich ein Team? Welche Fähigkeiten zeichnen ein funktionierendes Team für dich aus?
Ein Team ist eine Gruppe von Personen, die gemeinsam eine Aufgabe erledigen sollen. Meist besteht innerhalb des Teams keine formelle Hierarchie. Grundidee der Arbeit im Team ist das Zusammenwirken ergänzender Fähigkeiten und Fertigkeiten der Teammitglieder, um ein Ergebnis zu erreichen, das für jedes einzelne Teammitglied allein nicht leistbar gewesen wäre.

Auch im Sport bilden wir immer wieder Teams. Mal große Teams wie beim Football, Rugby oder Fußball, aber manchmal auch kleine Teams wie beim Badminton oder Beachvolleyball. Beim Alpinklettern sucht man sich ebenfalls eher kleine Teams, meist zwei bis drei Personen. Gemeinsam besteigen sie hohe Berge. Manchmal in wenigen Stunden oder auch in mehreren Tagen. Sie sichern sich gegenseitig mit Seilen, Klettergurten und Karabinern. Sie vertrauen einander ihr Leben an. Sie müssen sich Tag und Nacht auf ihre Teammitglieder verlassen können, denn schon ein falscher Handgriff kann das Leben des gesamten Teams in Gefahr bringen.

Wenn ich mir eine Seilschaft anschaue – also eine Gruppe von Personen, die im Bergsport oder beim Klettern durch ein Seil verbunden und damit gegen Absturz gesichert ist – erfüllt die eigentlich alles, was ein gutes Team für mich ausmacht. Teams brauchen:

- ein gemeinsames Ziel
- Bereitschaft, sich füreinander einzusetzen
- eine gute Kommunikation
- Vertrauen
- Gewissenhaftigkeit

Unter anderem diese Eigenschaften sorgen dafür, dass ein Team gemeinsam das Ziel oder die Ziele erreicht, die sie verfolgen. Hierbei gilt, dass das Ziel nicht über das Team gestellt wird. Sollte das Ziel nicht erreichbar sein, ist es auch eine Entscheidung des Teams, von einer eventuellen Berg-Begehung abzusehen oder eben gemeinsam die Entscheidung zu treffen: Wir als Team sind bereit für das Erreichen des Ziels, unser Leben aufs Spiel zu setzen.

Ich möchte euch eine Geschichte von einem, finde ich, sehr besonderen Team erzählen. Es ist ein eher kleines Team, um genau zu sein, besteht es aus nur zwei Personen, zwei jungen Männern, die unterschiedlicher nicht sein könnten. Der Erste ist der Sohn eines großen Herrschers. Sein Vater ist für die Verwaltung, für die Kriegsführung und Herrschaft über ein ganzes Land zuständig. Er ist der älteste Sohn und kann davon ausgehen, dass irgendwann einmal, wenn sein Vater alt ist, er den Platz seines Vaters einnehmen wird und viel Verantwortung übernehmen muss. Sein Name ist Jonathan. Der Zweite ist der Jüngste von acht Söhnen eines Landwirts. Er muss sich um die Tiere kümmern, während seine älteren Brüder im Krieg sind. Aber dafür ist er noch zu klein und zu schwach, ansonsten macht er noch gern Musik und schreibt Lieder – nicht die typischen Dinge, die ein gestandener Mann normalerweise macht. Er heißt David.

Nachdem Davids Vater ihn beauftragt hat, seinen älteren Brüdern Verpflegung zu bringen, wird David doch in den Krieg involviert und ist verantwortlich für den Sieg seines Volkes. Als der König, Jonathans Vater, davon hört, lässt er David zu sich kommen und bedankt sich bei ihm. Dort begegnen sich Jonathan und David das erste Mal und verspüren direkt eine innere Verbundenheit. David bleibt ab diesem Tag ebenfalls am Königshof und so haben die beiden Zeit, sich immer besser kennenzulernen. Sie schließen Freundschaft.

In der kommenden Zeit zieht David noch einige Male für den König in den Krieg und ist sehr erfolgreich. Er besiegt viele Feinde des Landes, weshalb er immer beliebter beim Volk wird. Der König aber wird eifersüchtig auf David und verlangt von seinem Sohn Jonathan und seinen Dienern, David zu töten. Jonathan ist aber Davids Freund und erzählt ihm von den Mordplänen seines Vaters. Glücklicherweise überzeugt Jonathan seinen Vater nochmal davon, dass David, genau wie er, nur das Beste für das Land will und es keinen Grund gibt, ihn zu töten. Nach einem weiteren Sieg für David wird der König aber erneut sehr wütend auf ihn und wirft sogar mit einem Speer nach ihm. Deshalb flieht David, er hat Angst.

Heimlich hat er sich mit seinem Freund Jonathan verabredet, dem er erzählt, was passiert ist und fragt, weshalb der König so wütend auf ihn ist, weshalb er ihn töten möchte. Jonathan kann gar nicht glauben, was David erzählt und verteidigt seinen Vater. David aber ist sich sicher, dass der König ihn töten will. Deshalb vereinbaren die beiden Freunde, dass Jonathan die Haltung seines Vaters gegenüber David in Erfahrung bringen und diese David heimlich erzählen soll. Für die Kommunikation erfinden die beiden kurzerhand eine Geheimsprache, damit sich keiner von ihnen in größere Gefahr begeben muss. Die Idee der beiden funktioniert so: Jonathan wird am folgenden Tag, wenn er die nötige Information erhalten hat, Bogenschießen üben auf einem Feld. Er wird einen Laufjungen mitnehmen, der dafür verantwortlich sein wird, die abgeschossenen Pfeile zurückzuholen. Auf demselben Feld soll David sich verstecken und Jonathan und den Laufjungen beobachten, denn wenn Jonathan dem Jungen sagt: „Sie sind auf dieser Seite“, soll David wissen, dass alles in Ordnung ist und keine Gefahr für ihn droht. Wenn Jonathan aber sagt: „Geh noch weiter, die Pfeile sind noch ein Stückchen weiter vorn“, dann wird David wissen, dass er fliehen muss.

Jonathan und David vereinbaren diese Geheimsprache und besiegeln ihre Vereinbarung mit einem Bund. „Der Herr sei mit dir, wie er mit meinem Vater gewesen ist. Und begegne mir, solange ich lebe, mit der treuen Liebe des Herrn, damit ich nicht sterbe. Und halte auch meiner Familie diese Treue, selbst wenn der Herr alle deine Feinde vernichtet. Der

Herr soll alle deine Feinde vernichten“ (1. Sam 20,13b-16 NLB)! Das sagt Jonathan zu David, obwohl er genau weiß, dass sein eigener Vater ein Feind von David ist. Auch David schwört seine Liebe zu Jonathan.

Dann ist es soweit und Jonathan betritt mit Pfeil und Bogen das Feld. David ist im vereinbarten Versteck und wartet ungeduldig auf die Antwort seiner Frage. Muss er fliehen oder hat er sich getäuscht? Jonathan schickt den Laufjungen los und schießt drei Pfeile ab. Als der Junge die Stelle fast erreicht, an der die Pfeile liegen, ruft er ihm zu: „Der Pfeil liegt noch etwas weiter vor dir. Schnell, schnell, halte dich nicht auf.“ Der Junge hat keine Ahnung, was Jonathan mit dieser Aussage bezweckt, aber David weiß genau, was sein Freund ihm mitteilt: Er musst um sein Leben fürchten und auf der Stelle die Stadt verlassen. Nachdem Jonathan den Jungen nach Hause geschickt hat, kommt David aus seinem Versteck. Er fällt vor Jonathan nieder und verneigt sich dreimal. Dann küssen sie sich zum Abschied und beide weinen, besonders David. Schließlich sagt Jonathan zu David: „Geh in Frieden, denn wir haben einen Bund im Namen des Herrn geschlossen. Dafür wird der Herr zwischen uns und unseren Kindern für immer Zeuge sein“ (1. Sam 20,42 NLB).

Für mich ist dieses Team ein ganz besonderes! David und Jonathan verbindet eine tiefe Freundschaft, wie zwei Kletterer, die durch ein Seil verbunden sind.
Die beiden haben ein Ziel: Gott zu dienen – oben anzukommen.
Die beiden haben die Bereitschaft, sich füreinander einzusetzen.
Die beiden kommunizieren gut miteinander.
Sie können 100 % aufeinander vertrauen.
Beide erfüllen ihre Aufgabe gewissenhaft, um das Leben des jeweils anderen nicht zu gefährden oder zu riskieren.

Nehmen wir uns ein Beispiel an David und Jonathan und versuchen wir, in unseren Beziehungen, unseren Freundschaften und in unseren Teams diese fünf Punkte immer wieder in den Fokus zu nehmen: gemeinsames Ziel, Bereitschaft, eine gelingende Kommunikation, Vertrauen und Gewissenhaftigkeit.

Kathrin Nöh

Gott befreit

Welche Personen fallen euch ein, die nicht so sehr an sich geglaubt haben, wie Gott an sie geglaubt hat? Vielleicht geht es euch mit den Personen genauso, wie es Mose und Gott ging. Gott beruft Mose zu etwas ganze Besonderem. Von außen nicht nachvollziehbar: Gott will Mose gebrauchen! Hat Mose vergessen, was er mit Gott alles erlebt hat? Wieso ist er so strikt dagegen, das zu tun, was Gott von ihm will? Warum zweifelt er an seiner Begabung und Gottes Berufung? Es ist wie bei den tollen Menschen, die du eben genannt hast! Es ist aber bei dir vermutlich genauso – warum glaubst du nicht an das, was Gott dir gegeben hat? Was ist dein Problem?

Das denke ich ganz oft bei anderen. Von manchen weiß ich, dass sie es auch von mir denken. Warum habe ich keine Kraft mehr? Warum jetzt die Krise? Woher die Stimmungsschwankungen? Woher die Selbstzweifel? Warum traue ich mir so wenig zu? Warum sind alle anderen oft viel begabter als ich?

Wisst ihr, wo sowas herkommt? Wo wir unserer Freiheit beraubt werden? Die Leichtlebigkeit verlieren? Wo wir immer neue Begrenzungen zugefügt bekommen? Bei der Ausbildung, im Arbeitsklima und in der Erziehung. Mit allen drei Bereichen haben auch wir sehr häufig zu tun. Sowohl persönlich als auch in der Jugendarbeit.

Wir haben eigentlich alles, was nötig ist, um die Freiheit unserer Persönlichkeit so richtig zu blockieren. Egal ob im Elternhaus, im Job, in der Schule oder in der Jugendarbeit. Wir lernen es bzw. verlernen es, an uns zu glauben und auf unsere Gaben und Talente zu vertrauen. Wir bekommen so oft gesagt: „Das geht nicht und das kannst du nicht!“, dass Gottes Berufungen immer schwerer zu hören sind.

Und dann kommt noch die „Für den Herrn“-Blockade. Kennt ihr das? Für den Herrn nur das Beste. Perfektionismus hoch zehn! Wenn ich ehrlich bin, kann ich es nicht mehr hören. Ja, es stimmt, für den Herrn nur das Beste, und nein, es stimmt auch nicht. Nicht um jeden Preis! Nicht, wenn ich mich selbst dabei verliere. Nicht, wenn ich mich blockiere! Nicht, wenn der Druck mich fertigmacht! Dann nicht. Denn Gott macht frei und nicht unfrei! Gott befähig, beauftragt und beruft nicht zwanghaft, sondern in Freiheit und im Vertrauen.

(Für jeden ausgesprochenen Punkt pustest du etwas Luft in einen Luftballon. Am Ende soll er prall gefüllt sein.)

- Strikte Zielorientierung (Luftballon aufpusten)
- Angst vor Misserfolg (Luftballon aufpusten)
- Versagensängste (Luftballon aufpusten)
- Bewertungsängste (Luftballon aufpusten)
- Leistungsdruck (Luftballon aufpusten)
- Erfolgsorientierung (Luftballon aufpusten)
- Zeitdruck (Luftballon aufpusten)
- Perfektionismus (Luftballon aufpusten)
- Alles für den Herrn (Luftballon aufpusten)
- Luftballon zuknoten und vor sich halten

(Namen nennen, die bei der Sammlung am Anfang zusammengekommen sind) und ich hatten Zweifel, Angst, Druck. Wir sind blockiert.

Aber Gott lässt nicht locker. Gott lässt uns nicht so in einem Gefängnis stehen. Gott möchte dich wieder freisetzen. Frei von deinen Blockaden. Frei von dem, was dir Angst macht. Frei von dem Druck, den du dir oder andere dir machen. (Überraschend den Luftballonzerplatzen lassen.) Mit einem freien Kopf. Ohne Blockaden. Mach, was du am besten kannst. Mit deinen Talenten und Gaben. Klar sind da die Herausforderungen groß und du bist da, bei dem was deine Leidenschaft ist, am verletzlichsten. Gott ist bei dir! Selbst wenn die Begabung da manchmal nicht so groß ist wie bei Mose. Er dachte, er könne gar nicht reden. Gott beruft dich trotzdem oder gerade deswegen. Dahin, wo er dich haben will. Womit er dich ausgestattet hat. Gott hat dich ausgewählt! Dich begabt, dich berufen. Es ist dein Auftrag. Hab keine Angst! Hab keinen Druck! Du musst nicht, du darfst. Gott will, dass du das machst, was er in dich hineingelegt hat. Gott kommt auf die Erde und nimmt alles weg, was uns hindert ganz bei uns und ganz bei ihm zu sein. Damit wir frei sind. Frei in ihm und frei, ihm zu dienen, unsere Gaben einzubringen. Ohne jede Angst. Ohne jeden Druck. Befreit!

Ingo Müller

Rätselhafter Heiliger Geist

Der Heilige Geist wirkt oft wie ein Rätsel. Etwas, was man nicht versteht und auflösen kann. Unverfügbar und doch zu erleben. Manchmal wirkt es so, als sei er da und dann, als wäre er spurlos verschwunden.

Jesus schwärmt von dem, der nach ihm kommt: Dem Heiligen Geist!

„Doch ich sage euch die Wahrheit: Es ist gut für euch, wenn ich fortgehe. Denn wenn ich nicht fortgehe, kommt der Beistand nicht zu euch. Aber wenn ich fortgehe, werde ich ihn zu euch schicken." (Joh 16,7 BB)

Wir spulen etwas vor und schreiben das Jahr 33 nach Christus. Schauen wir mal rein, wo der Heilige Geist das erste Mal so richtig für alle auftaucht: Jesus ist schon nicht mehr auf der Erde. In Jerusalem waren die Jünger eben noch eingeschlossen wie in einem Live Escape Game. Petrus hatte eben noch die Hosen voll und jetzt predigt Petrus vor 3.000 Menschen. Viele davon sind Ausländer. Und während er predigt, kommt ein Rauschen. Hier liegt was in der Luft! Die Leute spüren das auf der Haut. Aber was ist es? Etwas Zerstörerisches? Oder etwas Angenehmes? Etwas Geheimnisvolles! Petrus sieht plötzlich Feuerzungen auf den Köpfen der anderen. Er merkt, dass die Menschen in Sprachen sprechen, die er nicht mehr versteht, aber die Leute unterhalten sich so. Verständigen sich so. Viele staunen: Was war das? Manche machen sich lustig: Die haben zu viel Wein getrunken!

Das Ziel des Heiligen Geistes ist nicht maximale Verschleierung, sondern maximale Verständlichkeit! Es ist nicht toll, wenn niemand mehr versteht, was du mit Gott als dem Heiligen Geist erlebt hast, sondern wenn die Menschen, denen du das erzählst, merken: Wow, ich verstehe!" Und sie merken, was du mit Gott als dem Heiligen Geist erlebt hast!

Er möchte sich dir persönlich vorstellen und verständlich machen! Der Heilige Geist tritt nicht so vielfältig auf, damit niemand mehr weiß, was er eigentlich ist, sondern um für alle so zu sein, dass sie Gott verstehen und erleben können. Irgendwie ist der Heilige Geist rätselhaft. Ein Rätsel, das wir nicht endgültig begreifen können, aber er ist ein Rätsel, das verstanden werden möchte. Was sich quasi genau auf deinen Schwierigkeitsgrad und deine Art zu Denken eingestellt hat. Für jedes Rätsel brauchen wir unser Gehirn. Das, was der Heilige Geist bewirkt, kann man sich so vorstellen, als würden wir in Gottes Gehirn spazieren gehen. So wie wir einen Geist haben, der unsere Gedanken ausmacht, so hat auch Gott einen Geist, der seine Gedanken widerspiegelt. Und durch den Heiligen Geist können wir in Gottes Gehirn spazieren gehen, an seinen Gedanken über uns Anteil haben und sie sogar spürbar erleben.

„Ja, uns hat Gott dieses Geheimnis durch den Heiligen Geist enthüllt. Denn der Heilige Geist erforscht alles, selbst die geheimsten Absichten Gottes." (1.Kor 2,10 BB)

Es geht also nicht darum, dass der Heilige Geist so rätselhaft ist, dass wir nichts mehr verstehen, sondern der Heilige Geist ist die Lösung, um das Rätsel zu verstehen und Anteil an Gottes Gedanken zu haben.

Ingo Müller

Sprühen vor Begeisterung

„Abgefahren! Das war ein Erlebnis! Wow!" Mit solchen Worten hat hoffentlich soeben das Live Escape Game geendet. Ihr (die Spielerinnen und Spieler) habt euch richtig in die Situation hineinversetzt. Ihr seid Teil einer Geschichte geworden und habt an der ein oder anderen Stelle gespürt, was es bedeutet im Team zu arbeiten, welchen Druck man vielleicht aushalten muss, wo man sich gegenseitig im Weg steht und vielleicht auch, wie es sich in der jeweiligen Situation (z. B. der biblischen Geschichte) angefühlt hat.

Spielerisch kommen wir da manchmal mehr oder wenig nah dran an Situationen, von denen andere live berichten und wir häufig „nur" in der Bibel lesen können. Situationen und Begebenheiten, die nicht nur ziemlich fesselnd, sondern auch begeisternd und motivierend sind. Mit Gott und Jesus kann man Dinge erleben, die prägen. Nicht jede/jeder von uns hat schon selbst eine Wunder-Geschichte erlebt und das ist auch gar nicht das Entscheidende. Trotzdem habe ich manchmal den Wunsch, bei so einer Sturmstillung, bei Daniel in der Löwengrube, bei der Übergabe der Zehn Gebote oder dem Besuch eines Engels dabei gewesen zu sein. Ich behaupte von mir, ein begeisterter Jesus-Nachfolger zu sein, und dennoch stelle ich mir vor, dass die Begeisterung für ihn ungleich höher sein muss, wenn man so ein Wunder selbst miterlebt hat. Ich stelle mir vor, dass ich dann noch viel mehr und besser und eindrucksvoller für meinen Glauben einstehen und auch dafür werben könnte.

Live Escape und Adventure Games vermitteln ansatzweise ein ähnliches Gefühl: Die Spielerinnen und Spieler kommen nach einer mehr oder weniger erfolgreichen Mission aus der Location und sprühen vor Begeisterung. Da nicht jede/jeder Beteiligte alle Details mitbekommen hat, wird sich ausgetauscht und gefachsimpelt, wie man an welcher Stelle noch die ein oder andere Sekunde oder Kraftaufwand hätte sparen können und welche alternativen Lösungswege einem später noch eingefallen sind. Das Mitteilungsbedürfnis ist groß und die Begeisterung ebenso. Live dabei. Mittendrin. Teil des Teams. Das schafft Begeisterung und Begeisterungsfähigkeit. Gott stellt uns unglaublich viele Ressourcen zur Verfügung – wir müssen sie nur nutzen. Und wir müssen bereit sein.

Lasst euch also begeistern! Nicht nur von solchen Spielen, sondern von dem, was Gott euch sagen will. Von dem, was Gott für uns getan hat und immer wieder tun will. Er hat es uns versprochen!

Und sobald ihr begeistert seid, nutzt das! Steckt andere damit an – begeistert weitere Menschen von und für Gott! Manchmal reicht es immer wieder, von der eigenen Begeisterung zu erzählen und die Menschen spüren zu lassen, dass die Begeisterung echt ist. Sprüht vor Begeisterung!

Tipp zur Andacht

- Um es etwas persönlicher zu gestalten, passe die Andacht auf dein Game an! Gerade der erste und zweite Absatz eignen sich dafür gut!
- Zitiere auch gern noch eine Wundergeschichte dazu oder wiederhole einen Vers aus dem gespielten Abenteuer.

Diese Andacht ist sehr passend, wenn es um Mitarbeiterschaft in der Gemeinde geht.

Timo Nöh

REFLEXION DER LIVE ESCAPE GAMES

Um einen bewussten Teamprozess in Gang zu setzen empfiehlt es sich, die Live Escape Games am Ende zu reflektieren, um das Erlebte zu festigen. Nehmt euch dazu ein paar Minuten Zeit und gebt jeder/jedem der Teilnehmerinnen und Teilnehmer einen der Fragebögen, den sie in Ruhe und für sich ausfüllen sollen. Im nächsten Schritt werden die Ergebnisse zusammengetragen und in der Gruppe besprochen. Achtung: Es geht dabei nicht darum, sich gegenseitig die Schuld für einen potentiellen Misserfolg zu geben oder andere an den Pranger zu stellen. Vielmehr soll die Gruppe gemeinsam überlegen, was gut oder schlecht gelaufen ist.

Material

- Kopien der Reflexionszettel (je einen pro Gruppenmitglied; s. Downloads)
- Kugelschreiber
- Flipchart
- Edding oder Filzstift (möglichst in so vielen unterschiedliche Farben wie Personen anwesend sind; zur besseren Visualisierung beim Übertrag)
- Karten Schiffsbesatzung (s. Downloads)

Fragen für die persönliche Reflexion

Bestimmte Fragen zum Erlebnis werden je mit einer Skala versehen, welche von -5 bis +10 geht. Setze je einen Punkt an die entsprechende Stelle auf der Skala. Notiere dir bei allen Fragen ein paar Gedanken.

Wie war die Team-Atmosphäre?

-5				-1	+1				+5	+6				+10

Bist du zufrieden mit eurer Teamleistung?

-5				-1	+1				+5	+6				+10

Wie hast du dich als Teil von deinem Team gefühlt?

-5				-1	+1				+5	+6				+10

Was hat für dich super funktioniert?

Was hättet ihr als Team besser machen können? (Kommunikation, Konfliktlösung, Einbeziehung, Beteiligung, Aufgabenverteilung)

Wo haben die Stärken der anderen dir geholfen?

Erinnere dich an die Zeit im Live Escape Game und stelle dir vor, ihr als Team wart eine Schiffsbesatzung! Wer warst du? (Rolle von Dokument „Karte Schiffsbesatzung" wählen)

Welche Rolle in der Schiffsbesatzung haben deiner Einschätzung nach die Anderen eingenommen?

Austausch über die Fragen, Markierungen und Karten

1. Stellt eure Markierungen auf den Skalen vor und übertragt diese auf ein großes Flipchart.
2. Diese persönliche Einschätzung ist immer erstmal richtig und wird von den anderen nicht kommentiert!
3. Erkläre, warum du dich für genau diese Einstufung entschieden hast.
4. Welchen Schritt kannst du / könnt ihr gehen, um zur nächsten Zahl zu kommen?
5. Stellt eure Antworten auf die Fragen kurz vor!
6. Stellt eure Auswahlkarten der Schiffsbesatzung vor. Erklärt, warum ihr diese Einschätzung getroffen habt und nutzt dann die Gelegenheit, euch gegenseitig an eurer alternativen Einschätzung teilhaben zu lassen!

Erkenntnis zum Mitnehmen

Welche Erkenntnis nimmst du vom Live Escape Game (für die Gruppe) mit?
(Erst nach dem gemeinsamen Austausch notieren.)

Meine Notizen

Meine Notizen

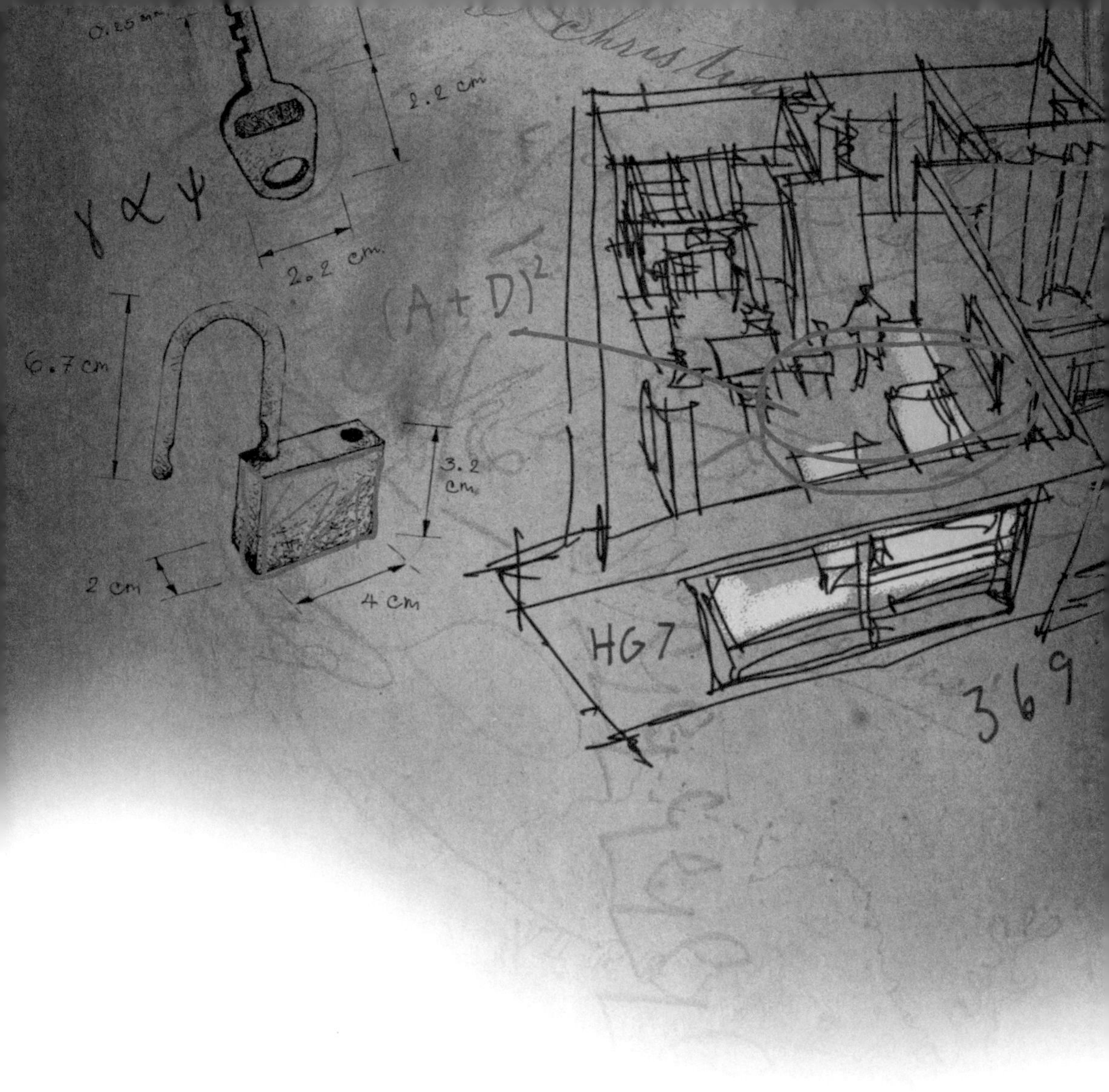

ANHANG

DIE HERAUSGEBER

Ingo Müller studierte am CVJM-Kolleg in Kassel Theologie und Sozialpädagogik. Er arbeitet als Jugendreferent für Teenagerarbeit und Team-EC beim Deutschen EC-Verband in Kassel und lebt mit seiner Familie in Schauenburg. Er hat eine Fortbildung zum Partizipationstrainer und eine Weiterbildung zum Wildnis- und Erlebnispädagogen abgeschlossen. Ingo Müller arbeitet bei den Initiativen „Liest du mich?“ und „Jugendarbeit in 4D“ mit und entwickelte weitere praktische Spiele und Bücher wie z. B. „Unbelievable Stories 2“, „Macke“, „Let's Pray“, „Die verschollenen Kapitel“, „Mitmachandachten in 4D“, „Der Freizeitplaner“, „Follow“ und „Der geheimnisvolle Raum“.

Timo Nöh ist Veranstaltungstechniker und Betreiber des MysteRiOOM, dem ersten Live Escape Game in Südwestfalen. Ehrenamtlich ist er als Kreispräses im CVJM Siegerland, im CVJM Büschergrund im Bereich Freizeiten und Freizeitgestaltung und im „Fachverband der Live Escape und Adventure Games“ aktiv.

DIE AUTORINNEN UND AUTOREN

Viktoria Adam ist staatlich anerkannte Erzieherin und Diakonin und studierte Bildung und Erziehung in der Kindheit. Sie arbeitet seit 2013 als Jugendarbeiterin/Gemeindereferentin der Evangelischen Jugend im Kirchenkreis Fritzlar-Homberg.

Robin Feldhaus absolvierte eine Ausbildung an der Evangelistenschule Johanneum und ein Studium in Soziale Arbeit in Siegen. Nun arbeitet er im Evangelischen Dekanat Biedenkopf-Gladenbach als Gemeindepädagoge. Sein Ziel ist es, Glaube und Nerdculture zu verbinden.

Dr. Jan Freiwald ist Gemeindepfarrer in Germering bei München. Live Escape Games entwickelt er seit 2017 und setzt sie in der Gemeindearbeit und insbesondere im Konfirmandenunterricht ein.

Thomas Göttlicher schätzt gutes Essen, verbringt gern Zeit mit seiner Frau und seinem Kind und tourt mit seiner Band KLANGWERK durch ganz Deutschland.

Birke Lorenz-Reeh studierte in Göttingen Pädagogik, Jura und Soziologie als Magisterstudiengang. Sie arbeitet seit 2004 als Jugendarbeiterin/Gemeindereferentin der Evangelischen Jugend im Kirchenkreis Schwalm-Eder.

Damaris Märte hat einige Jahre im CVJM Baden gearbeitet und war dort unter anderem mit Menschen aus unterschiedlichen Ländern unterwegs. Jetzt arbeitet sie als Erzieherin in einer Krippe. gleitung, Ermutigung und Sensibilisierung in der Arbeit mit Geflüchteten.

Nico Niermann ist pädagogischer Mitarbeiter bei den FeG Freiwilligendiensten und Schulsozialarbeiter. Er gestaltet regelmäßig kreative, verrückte und herausfordernde Seminare und Aktionen für junge Menschen.

Kathrin Nöh studierte Religions- und Gemeindepädagogik / Soziale Arbeit an der CVJM-Hochschule in Kassel und engagiert sich seit vielen Jahren ehrenamtlich in verschiedenen Bereichen des CVJM.

Kathi Sandmann war viele Jahre Jugendreferentin bei der ökumenischen Arbeit „crossover" und arbeitet jetzt als Lehrerin für Mathe, katholische Religion und Latein.

Jakob Schlosser arbeitet seit 2017 im CVJM Bayern und baut dort nicht nur Live Escape Games, sondern engagiert sich für mehr Offenheit im Umgang mit Geflüchteten.

Gudrun Schwehn hat ein Herz für ausgefallene Aktionen und engagiert sich ehrenamtlich in einer Freikirche.

Gesa Titgemeyer war pädagogische Mitarbeiterin für Freiwilligendienste, Lehrerin, Theaterpädagogin, ist freie Dozentin in der Ausbildung zur Kunst- und Theatertherapie und baut Gemüse an.

Franziska Vorländer ist Referentin des Projekts „Bunt steht dir!" in der Evangelischen Jugend Baden, welches interkulturelle Öffnung innerhalb der evangelischen Jugendarbeit fördert.

Praxisverlag buch+musik bm gGmbH
bestellung@praxisverlag-bm.de | +49 711 83000-0
www.praxisverlag-bm.de

Anna Böck

Mord unter Schafen

Das geht unter die Wolle

Ein Krimispiel für Gruppen. Diese Box beinhaltet mit Anleitung, 17 Rollen- und 10 Beweiskarten alles, was man zum Spielen benötigt. Alle Materialien sind wiederverwendbar. Mit den Bausteinen für ein Rahmenprogramm kann das Krimispiel zur Vertiefung mit biblischen Geschichten und Themen verknüpft werden.

17 Rollen-Karten, 10 Beweis-Karten, Begleitheft mit 16 Seiten (DIN A6), in Stülpdeckelbox (160 x 116 x 34 mm), durchgehend farbig und illustriert, mit Downloads

Anna Böck

Streit unter Bauern

Die Macht der Straße

Ein Krimispiel für Gruppen. Die Box beinhaltet mit Anleitung, Rollen- und Beweiskarten alles, was man für das Spiel benötigt. Alle Materialien sind wiederverwendbar. Mit den Bausteinen für eine Vertiefung zu verschiedenen Themenaspekten (Zukunft/Klima, Gruppendynamik, Sucht) ist das Krimispiel vielseitig einsetzbar.

16 Rollen-Karten, 12 Beweis-Karten, Begleitheft mit 16 Seiten (DIN A6), in Stülpdeckelbox (116 x 160 x 34 mm), durchgehend farbig und illustriert, mit Downloads

Ingo Müller, Tobi Liebmann (Hg.)

Die verschollenen Kapitel

8 interaktive Krimispiele für spannende Begegnungen

Krimispiele bieten viele Möglichkeiten, Gemeinschaft zu erleben. Die Box „Die verschollenen Kapitel" beinhaltet das Material für 8 praxiserprobte Krimispiele für 8 bis 9 Personen: Basisheft mit Informationen zur Durchführung, 7 Spielhefte, 72 Charakterhefte für jede Hauptrolle.

80 Hefte mit 16-32 Seiten (DIN A6), in Stülpdeckelbox (227 x 317 x 43 mm), durchgehend farbig

Alexander und Wiebke Otto, Merle und Nils Weilandt
Illustration: Elisabeth Rybalsky

One Paper Escape Games

10 biblische Escape Games aus einem Blatt Papier für die Jugendarbeit

10 Escape Games tauchen mit wenig Vorbereitung in die Welt biblischer Geschichten ein. Das Buch umfasst alle Infos für die Spielleitung – die Games selbst bestehen meist aus nur einem Blatt Papier als Spielplan für 1–5 Personen. Ein Praxisbuch für alle Kontexte der Jugendarbeit.

112 Seiten, 16,5 x 23 cm, kartoniert, durchgehend farbig illustriert, mit Downloads